이대리만 모르는 전무님의 비밀수첩

이대리만 모르는 전무님의 비밀수첩
일만 잘하면 절대 알 수 없는 승진의 법칙

초 판 1쇄 2025년 09월 17일

지은이 이대영
펴낸이 류종렬

펴낸곳 미다스북스
본부장 임종익
편집장 이다경, 김가영
디자인 임인영, 윤가희
책임진행 안채원, 이예나, 김요섭, 김은진

등록 2001년 3월 21일 제2001-000040호
주소 서울시 마포구 양화로 133 서교타워 711호
전화 02) 322-7802~3
팩스 02) 6007-1845
블로그 http://blog.naver.com/midasbooks
전자주소 midasbooks@hanmail.net
페이스북 https://www.facebook.com/midasbooks425
인스타그램 https://www.instagram.com/midasbooks

© 이대영, 미다스북스 2025, *Printed in Korea*.

ISBN 979-11-7355-493-3 03190

값 19,500원

※ 파본은 구입하신 서점에서 교환해드립니다.
※ 이 책에 실린 모든 콘텐츠는 미다스북스가 저작권자와의 계약에 따라 발행한 것이므로 인용하시거나 참고하실 경우 반드시 본사의 허락을 받으셔야 합니다.

미다스북스는 다음세대에게 필요한 지혜와 교양을 생각합니다.

일만 잘하면 절대 알 수 없는 승진의 법칙

THE HIDDEN RULES OF PROMOTION

이대리만 모르는 전무님의
비밀수첩

이대영 지음

"직장생활, 그냥 하시겠습니까?"
임원 자리에 오르는 사람들의 결정적 차이!

삼성전자
마케팅 기획실
출신!

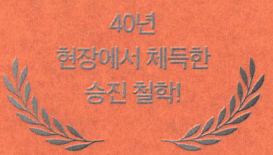

40년
현장에서 체득한
승진 철학!

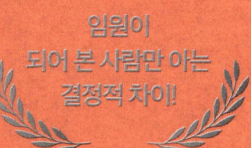

임원이
되어 본 사람만 아는
결정적 차이!

미다스북스

프롤로그　회사는 당신에게 모든 것을 말해주지 않는다　7

PART 1
회사가 가르쳐주지 않는 생존 법칙

1장 | 조직이라는 세계에서 살아남는 법칙

1. 경쟁은 시작일 뿐이다: 삼성 GSAT에서 장그래까지 …… 17
2. 개인보다 팀워크, 결국 협력이 이긴다 …………………… 22
3. 조직은 고상한 인격이 아닌 실력을 원한다 …………… 27
4. 돈 꼴레오네에게 배운 약속의 무게 …………………… 31
5. 버핏이라면 당신에게 투자하겠는가 …………………… 35
6. 작지만 멈추지 않는 힘: 카이젠의 진짜 의미 …………… 40

2장 | 평가와 선택이 있는 문턱에 서다

1. 두 날개 평가법: 진짜 리더를 가르는 기준 …………… 47
2. 뼈를 묻을 각오를 보여라 ……………………………… 51
3. MBA가 많은 것을 보장하지는 않는다 ………………… 55
4. 남의 뒷다리는 잡지 마라 ……………………………… 60
5. 머슴입니까 주인입니까 ………………………………… 65
6. 직원을 보이게 하면 성공은 따라온다 ………………… 70

3장 | 상사와 일하는 기술로 승진의 절반을 쥐다

1. 선을 넘지 마라, 넘으면 위협으로 바뀐다 …………… 77
2. 악마로 태어난 상사는 아무도 없다 …………………… 82
3. 상사를 '칠종칠금' 전략으로 만족시켜라 ……………… 87
4. 임원처럼 말하고 임원처럼 행동하라 ………………… 92
5. 판을 읽는 자가 판을 주도한다 ………………………… 97
6. 불편한 보스는 있어도 나쁜 보스는 없다 …………… 101

부록 1　회사 생활 기초 체력 자가진단　106

PART 2
승진하는 사람의 전략과 태도

4장 | 태도와 전략이 만드는 한 수 위의 과정

1 리더는 어떻게 말하는가 ·········· 111
2 임원이 졸면, 직원은 잔다 ·········· 115
3 일은 시작만큼 마무리가 중요하다 ·········· 119
4 임원은 미션의 최고 사령탑이다 ·········· 124
5 1초의 싸움이 승부를 가른다 ·········· 129
6 실패도 경험에 포함된다 ·········· 133

5장 | 위기 속에서 빛나는 CEO의 책임

1 내가 사장이다 생각하면 달라진다 ·········· 141
2 말 한마디로 직원을 움직이는 법 ·········· 145
3 우물쭈물하다가 기회를 놓치지 마라 ·········· 150
4 질문은 답을 찾기 위한 과정이다 ·········· 155
5 가능한 것은 목표가 아니다 ·········· 160
6 눈치는 흐름을 읽는 눈이다 ·········· 165

6장 | 임원이 되기 위해서 멈추지 않는다

1 멈추면 달팽이한테도 추월당한다 ·········· 173
2 지금 필요한 건 완벽을 깨뜨릴 용기다 ·········· 177
3 익숙함을 벗고 불편함을 입어라 ·········· 181
4 돈을 좇는 직장인 vs 일을 따르는 직장인 ·········· 185
5 왜? 당신은 평범할 수밖에 없는가 ·········· 189
6 자기 계발은 자신을 아는 것이다 ·········· 194

부록 2   승진 준비 셀프 점검표   199

PART 3
사내정치와 관계의 기술

7장 | 사내정치와 평판 관리의 룰

1. 사내정치는 피할 수 없는 현실이다 ············ 205
2. 평판은 회의실 밖에서 결정된다 ············ 209
3. 보스를 이해하면 판이 보인다 ············ 214
4. 비공식적인 자리를 놓치지 마라 ············ 218
5. 칭찬 한마디에 상사도 춤춘다 ············ 222
6. 지나친 계산은 길을 막는다 ············ 226

8장 | 경쟁력을 만드는 차이의 힘

1. '나'라는 가치에 집중하라 ············ 233
2. 무조건 예스맨은 아니다 ············ 237
3. 브랜드는 무엇이 다른가 ············ 241
4. 듣기만 잘해도 된다 ············ 245
5. 무엇을 들었는가가 중요하다 ············ 249
6. 경청, 타인의 세계에 진입하는 것 ············ 253

9장 | 임원 곁에서 배우는 성공 전략

1. 눈앞에 있는 사람이 기회를 잡는다 ············ 261
2. 직장생활은 눈치게임이 아니다 ············ 265
3. 승진을 부르는 인맥의 힘 ············ 269
4. 최고 자리를 향한 로드맵 만들기 ············ 274
5. 목표는 사람에게서 배운다: 멘토 활용법 ············ 277
6. 결국은 일에 대한 열정과 태도 차이다 ············ 281

부록 3   관계·정치 역량 체크리스트   286

참고문헌   287

프롤로그

회사는 당신에게
모든 것을 말해주지 않는다

"내 그럴 줄 알았어."

이 대리는 모니터에 뜬 사내 게시판을 보면서 씁쓸한 마음을 감출 수 없다. 어제저녁까지만 해도 공지사항에 별 아무 말이 없었는데, 그런데, 갑자기 '특진'이라니? 눈을 씻고 다시 확인해 봐도 마찬가지다. 그것도 나와 같이 입사한 김 대리가 주인공이라니? 믿을 수 없다. 어떻게 이럴 수가. 이렇게 되면 나보다 빨라지는데, 내년 되면 과장 승진 대상자를 뽑을 것이다. 거기에 들어가야만 그래도 희망을 걸 수 있다. 하~ 한숨밖에 나오지 않는다.

같이 출근한 신입이 내 옆에 와서 슬쩍 모니터를 쳐다보더니 "어! 김 대리님 아니세요?" 하고는 아차 싶었던지 얼른 손으로 입을 막았다. "전, 그냥…", "그래! 아침부터 김샜다."

어제 늦게까지 일하다가 퇴근한 것 같은 박 과장님. 여전히 떡 진 머리로 들어오시더니 모니터를 켜자마자 "야!" 하는 탄성과 함께 나를 쳐다본다. "이 대리, 너무 걱정하지 마, 내년도 있잖아. 그럼, 내년에 하면 되지."

'근데 과장님, 특진은 아무 때나 하는 게 아니거든요. 특진하면 과장 진급 1순위라고요.' 속에서 소리 없는 아우성이 일어났다. 과장님도, 과장님 동기들이 빨리 승진할 때 애를 태웠다면서요? 저도 그렇거든요. 맨날 죽으라고 땅만 열심히 판다고 되는 게 아니라고요. 신입이 내 생각을 읽었는지 눈을 끔뻑거리면서 쳐다본다. 말도 못 하고 꿀 먹은 벙어리다.

"나오십니까?" 최 부장이다. 드라마에 나오는 '만년 과장'이 아니라, '만년 부장'이다. 그런데 부장님도 알고 계신 것 같다. 미안해할까? 싶어서인지 눈길도 주지 않는다. 그러면서 박 과장 눈치를 살핀다. '김 대리 알지?' 하는 눈치다. '예, 압니다.' 떨어져 앉아 있으면서도 무언의 말들이 오고 갔다.

그리고 원수까지는 아니지만, 오늘 아침 화제의 주인공이 사무실 문을 열고 들어왔다. 김 대리다. 잇몸까지 보이며 웃는 그의 트레이드 마크가 오늘은 더 유별나게 보인다. 아니나 다를까? "김 대리, 한턱내야지?" 하면서 웃으며 박 과장이 입을 뗐다. 여기까지면 그래도 다행인데, 가만히 있을 부장님이 아니시다. "그럼, 한턱내야지." 나는 진 것인가?

사내에서 일 열심히 한다고 소문난 세 사람. 김 대리, 박 과장, 최 부장. 김 대리는 이런 일이 처음이어서 그런지 모르지만, 박 과장과 최 부장은 이런 일을 많이 겪어서인지 아무렇지 않다는 표정이다. 그들도 처음에는 이런 일 때문에 속이 많이 상했을 것이다. 예전에 술자리에서 신입사원 때와 대리 때 일을 말한 적이 있다. "아! 기분 진짜 X 같더라고." 그날 두 사람과 함께 엄청나게 술을 마셨다. 그날은 박 과장 동기가 1년 빨리 진급한 날이었다.

같이 일하면서 이런 일들이 일어나면 경쟁에서 밀린다는 생각이 든다. 말을 안 해서 그렇지, 아무것도 아닌 게 아니다. 때가 되면 승진이라는 게 찾아오는데, 그때 승진하지 않으면 남보다 뒤처진다는 생각이 든다. "그래, 먼저 해라."가 아니다. 그건 양보가 아니다. 자기 자신에 대한 배신이다. 때문에 절대 양보해서도 안 되고, 포기해서도 안 된다. 급여 날이 되면 어김없이 통장에 월급이 입금되듯이 시간이 되면 승진 열차를 타야 한다. 그렇지 않으면 다음 기차가 올 때까지 한참을 기다려야 한다.

자타공인 김 대리도 일 열심히 하는 것으로 둘째가라면 서러워할 사람이다. 박 과장, 최 부장 따라서 일 열심히 하는 DNA를 이어받아서인지는 모르지만, 일 열심히 하는 것으로 따지면 성실한 사람이 맞다. 그런데 회사라는 조직은 그게 다가 아니다. 흔히 하는 말로 '일머리'는 있을지 몰라도, 남보다 빨리 승진을 하고, 임원이 되는 길은 또 다른 차원이다. 가만히 생각해 보면 김 대리가 있는 관리부 양 과장이 그렇고, 장 부장도 그렇다. 초록은 동색이라고, 승진은 그렇게 대를 잇는다. 양 과장이 특진 케이스를 거쳐 다른 과장들보다 빨리 과장을 달았고, 장 부장 역시 다른 부장들보다 2년이나 빠르게 부장을 달았다. 뭔가 공통점이 있는 것 같았다.

부자가 되기 위해서는 '부자의 법칙'이 있듯이. 승진에도 '승진 법칙'이 있다. 임원 승진도 마찬가지다. 어쩌면 일반 간부까지 승진하는 것보다 더 특별하다고 하겠다. 그것은 경영학과를 졸업하고, 경제학을 나와도 다시 배워야 할 과목이다. 미국 명문 하버드 MBA 과정에서도 가르쳐 주지 않는다. 임원이 되고 싶다면 배워야 할 진짜 과목이 따로 있다.

직장은 실력과 인맥으로 잘 짜인 조직이다. 위의 세 사람이 일에서는 최고 '갑'일지는 몰라도, 인맥, 라인 관리는 쉽게 생각했을 확률이 아주 크다. 그렇지 않으면 문제가 달라졌을 것이다. 그렇기 때문에 조직에서는 일을 가르쳐주는 것만큼 조직의 '규칙'과 '생리'를, 내가 데리고 있는 직원에게 가르쳐 줄 필요가 있다. 박 과장과 최 부장이 그렇게 선뜻 나서지 못한 것은 조직을 어떻게 관리해야 하는지에 대해 무관심했기 때문이다. 어쩌면 선천적으로 몸이 안 따라줬을지도 모른다. '창피해서.', '뭘, 그렇게까지.' 이런 말을 하며 지냈을지도 모른다. 그렇다면 내가 말해줄 건 한 가지다. "그렇게 맨날 지내든지."

지금까지 많은 사람을 만나봤다. 이 책에는 내가 만난 많은 사람과 기업 이야기가 나온다. 이대로 꼭 따라 하라는 것은 아니다. 하지만, 책을 읽다 보면 내가 겪지 않아도 될 시행착오를 많이 줄일 수 있는 것은 분명하다. 또 책에는 많은 경영인, 경제인, 학자들이 나온다. 그들의 강의를 직접 들을 수는 없지만, 그들의 말을 통해 경험을 나눌 수 있고, 그것만으로도 우리 시야를 넓히기에 충분하다.

누구 마음은 누가 안다고, 임원이 되면 임원이 되고 싶어 하는 사람의 마음을 안다. 그냥 쳐다만 봐서는 안 되겠다고 생각했기 때문에 시간을 내어서 책을 썼다. 그동안 내가 만났던 그리고 모셨던 많은 사람이 생각 사이로 지나갔다. 나도 이 대리가 고민하는 일을 경험하였고, 꿈도 많았고, 욕심도 많았다. 나도 내색은 하지 않았지만 부러워했던 적이 있었다. 남들만큼 박수받는 일도 있었다. 치열하기는 밀림이나 회사조직이나 마찬가지다. 방심

하면 금방 먹이를 낚아채 간다. 빼앗기면 돌려 달라고 말할 수도 없다. 그때 박 과장이 이렇게 말했다. "잘 봐둬, 우리처럼 되지 말고, 여기는 밀림이야, 잘못하면 잡아먹힌다고."

　임원들은 말이 없다. 그들은 생각을 많이 하는 사람들이다. 회사 일은 기본이고, 일의 많은 부분이 사람 관리, 인사관리라고 해도 틀린 말이 아니다. 사람은 많아도 '쓸만한 사람'이 없다고 말한다. 말인즉, '필요한 사람', '맡길만한 사람'이 없다는 뜻이다. 아마 그들도 자기와 같은 사람을 찾고 있을 것이다. 신입사원이라면 시간만큼이나 기회가 많다. 대리, 주임이라면 이제 어느 정도 회사 생리는 충분히 알 것이다. 과장, 부장은 더 쉽다. 그러나 누구에게 줄을 대라는 말은 절대 아니다. 실력으로 자신을 먼저 증명해 보이기를 바란다. 그러면 예상치 않을 때 기회가 찾아올 것이다. 모두 잘되기를 진심으로 바란다.

이대영

PART 1

회사가 가르쳐주지 않는 생존 법칙

1장

조직이라는 세계에서 살아남는 법칙

THE HIDDEN RULES OF PROMOTION

　　세계적인 기업은 이름만 들어도 연상되는 것이 있다. 애플-아이폰, 마이크로소프트-소프트웨어, 엔비디아-반도체 설계, 구글-검색포털·유튜브, 아디다스, 나이키-운동화(신발), 넷플릭스-영화 영상물 공급, 도요타-자동차, 이케아-가구, 아마존-미국 종합 인터넷몰, 알리바바-세계 최대 온라인 B2B 거래 플랫폼, 국내 기업으로는 삼성, 현대, 한화, 롯데, 두산, SK 등. 이들 기업은 모두 대표적인 사업과 함께 대표 제품을 하나씩 가지고 있다.

　그중에서 어떤 것은 경쟁할 수 없는 것이 있는가 하면은, 어떤 것은 뺏고 뺏기는 치열한 경쟁 속에 있어 살아남기 위해 잠시도 긴장의 끈을 놓지 못한다. 그래서 기업들은 경쟁에서 이기고 살아남기 위해 투자를 늘리고, 연구·개발에 천문학적인 비용을 쏟아붓고, 유명 인재들을 영입하기 위해 시간과 노력을 아끼지 않는다.

1

경쟁은 시작일 뿐이다
: 삼성 GSAT에서 장그래까지

　삼성은 1957년 국내 기업 최초로 공채를 시행했다. 삼성은 이를 통해 인재를 꾸준히 확보하고 체계적으로 관리하는 효과를 냈다. '가장 입사하고 싶은 기업' 순위에서 삼성전자와 1~3위를 다투는 네이버의 이해진(GIO · 글로벌투자책임자) 창업자와 카카오의 김범수(미래이니셔티브 센터장) 창업자도 삼성SDS(당시 삼성데이터시스템) 1992년 공채 동기다.

　삼성은 1995년에 삼성 직무적성검사(GSAT · Global Samsung Aptitude Test)를 도입했다. '삼성 수능'이라고 불리는 GSAT(지사트)는 "졸업장으로 기회의 차별을 두지 말고 능력으로 평가해야 한다."라는 고(故) 이건희 회장의 뜻에 따라 만든 제도다.

　10여 년 전부터 GSAT 기출문제 유형을 분석하거나 빨리 푸는 법을 알려주는 학원 강좌가 생겼다. GSAT 문제집이 베스트셀러에 오르는가 하면, 포털에서 '삼성 채용'을 검색하면 GSAT 집중분석 등의 상품 소개 사이트가 주르르 뜬다. 삼성전자의 한 신입사원은 "생각보다 많은 수험생이 유료 강좌를 이용한다."라고 말했다.

네 살 아이들이 자기 몸만큼이나 큰 책가방을 등에 메고 스쿨버스를 타고 향하는 곳은 일반 유치원이 아니라 소위 말하는 '영어 유치원'이다. 아이들이 영어 유치원에 들어가려면 '4세 고시'라는 입학시험을 통과해야 하는데, 알파벳을 쓸 줄 알아야 하고, 읽기와 쓰기가 가능해야 한다. 영어 단모음(Short Vowel) 발음도 할 줄 알아야 한다.

교육부가 5세 이하 영유아들을 조사했더니 절반 정도가 영어를 포함해 논술, 과학 등 사교육을 받고 있고, 2세 이하 영아도 네 명 중 한 명꼴로 받는다고 한다. 여기에 지출되는 비용은 월평균 35만 원이다. 과목별로는 영어가 가장 높았다. 실제로 학부모들은 아이를 영어 유치원에 보내면서 매달 154만 원을 쓴 것으로 나타났다. 1년 치로 환산하면 대학 등록금의 두 배가 훌쩍 넘는다고 한다.

삼성그룹 'GSAT 시험'과 아이들 '영어 유치원'은 경쟁 사회에서 어쩔 수 없는 것이다. 기업으로서는 최고의 인재를 뽑겠다는 것이고, 아이들을 영어 유치원에 입학시키는 것은 내 아이를 경쟁에서 지게 할 수 없다는 부모들의 '불안 심리' 때문이다. 그리고 그렇게 시험을 치르고 경쟁에서 살아남은 사람들은 이제 같은 동급의 사람들과 다시 경쟁을 치르게 된다. 모두가 똑같은 출발선 위에 있는 것이다.

같은 동기라도 처음에는 별로 표시가 나지 않지만, 시간이 지나면서 조금씩 그 격차가 벌어지는 것을 보게 된다. 마라톤처럼 처음에는 별로 느껴지지 않지만, 시간이 지나면서 점점 간격이 멀어지는 것이다. 나중에는 보이지 않게 된다. 그때 이미 누군가는 결승선에 들어가 있다. 환호성과 함성이 그를 맞이한다. 동기 중에 누가 선두를 치고 나가면 의식하지는 않지만, 마음속에 동요가 일어난다. 무슨 일을 해도 늘 그 생각뿐이다. 그러다 보면 자기 페이스를 잃게 되고, 실수하게 되고, 동기가 이제는 경쟁상대가 되고 만다.

경쟁에서 자유로운 직장인은 아무도 없다. 경쟁을 통해서 이겨야만 승진하고 원하는 자리에 앉을 수 있다. 아프리카 밀림과 같다. 밀림이 평온한 것처럼 보이지만 밀림은 쫓고 쫓기는 약육강식의 세계다. 사자가 나타나면 동물들은 사자에게 먹잇감이 되지 않기 위해 사력을 다해 도망간다. 다른 짐승보다 앞서야 먹히지 않는다. 사자는 먹이 사냥을 위해 전력을 다해서 쫓아간다. 사자는 무리 중에 최고가 되기 위해 다른 사자와 싸우기도 한다. 피 흘리고 상처 입는 것을 감수해야 한다.

삼성전자에 처음 입사했을 때 B 선배가 있었다. 그는 다른 동기들보다 열심히 일했다. 회사 일은 물론이고, 회사 일을 마치고 나면 가방을 챙겨 야간 대학에 다니면서 열심히 공부했다. 그리고 시간이 얼마나 흘렀을까? 어느 순간 상무가 되었고, 전무가 되었고, 얼마 지나지 않아 일본 지사장으로 발령이 났다. 동기들은 B 선배가 그렇게 될 줄 아무도 몰랐다. 모두 똑같다고 생각했기 때문이다.

B 선배가 다른 동기들처럼 똑같이 했다면 그렇게 되지 않았을 것이다. 그는 생각이 달랐고 행동이 달랐다. 그는 똑같은 것을 다르게 만들었다. 그것은 노력이었다. 결과는 지금 나타나지 않는다. 그것은 미래 이야기다. 보이지 않는 미지의 세계와 같은 것이다. 보이지 않으면 욕심나지 않는다. 그

러나 시간이 지나면 동기 중에 누구는 회사의 주요 직책을 맡는 것을 보게 된다. 분명히 입사할 때는 입사 기준과 전형에 맞는 스펙을 가지고 모두 같이 들어왔는데 결과에서 차이가 난다. 다니고 있는 직장에서 큰 그림을 그리고 있다면, 가장 먼저 조언하고 싶은 것은 지금 가지고 있는 '스펙'은 모두 잊으라는 것이다. 둘러보면 다들 고만고만한 스펙 정도는 모두 가지고 있다.

지금 유능해 보이는 것은 의미가 없다. 지금이 미래를 보장해 주지 않는다. 그것은 기업이나 사람이나 똑같다. 기업으로 치면 '명성(名聲)'이다. 모토로라, 사브, 소니, 노키아 같은 명성 있는 기업들이 하루아침에 무너졌다. 그 기업들은 변화하는 시대의 흐름을 따라가지 못했다. 현재의 성공에 도취되어 기회를 놓친 것이다.

경영학자 짐 콜린스는 자신의 저서 『위대한 기업은 다 어디로 갔을까』에서 위대한 기업들이 몰락했던 원인을 '성공으로부터의 자만'이라고 하였다. 위대한 기업들이 그동안 이룬 성공에 도취해서 자신을 스스로 격리시키고, 성공을 당연한 것으로 간주해서 거만해지고, 진정한 성공의 근본 요인을 잊을 때 몰락이 시작된다는 것이다.

드라마 〈미생〉에서 철강팀에 배치된 장백기는 한동안 제대로 된 업무를 맡지 못하다가 강 대리에게 "도대체 왜 저를 이렇게 대하시는 겁니까?"라며 불만을 터뜨린다. 그러자 강 대리는 "나는 아직 장백기 씨가 충분히 배웠다고 생각하지 않습니다."라고 말하며 단순한 엑셀 정리 작업을 지시한다.

하지만 장백기가 제출한 엑셀 파일은 기존 형식과 완전히 달랐다. 이를 본 강 대리는 그가 기본적인 업무수행 방식도 제대로 익히지 못했다고 판단했다. 이에 강 대리는 계약 서류를 건네면서 오탈자 검토와 우편 발송 준비를 맡기지만, 장백기는 이를 못마땅해했다. 그는 강 대리를 향해 그런 것은 인턴 때 충분히 경험했다며 반발한다.

장백기는 서울대 독어독문과, LF 패션, GL 전자 등에서 인턴 경력, PPT 마스터 등으로 누가 봐도 우월한 스펙을 가지고 있다. 그에 비해 장그래는 고졸 검정고시, 사원 1년, 컴활 1급, 바(둑)밍 아웃, 무역 용어 암기술이 전부다. 장백기와 장그래 두 사람의 모습은 우리에게 무엇을 말하는가?

2

개인보다 팀워크,
결국 협력이 이긴다

눈에 보이는 것이 다가 아니다. 잘 만들어진 회사 홈페이지와는 동떨어진 회사가 많다. 경영 철학은 있으나 직원들에게서 철학을 읽을 수 없다. 오너의 경영에 관한 생각을 아느냐는 질문에 아무도 답을 못한다. 임직원 모두를 아우르는 공통 분모를 찾을 수 없다.

미국 프로야구 MLB뿐 아니라 미국 스포츠를 대표하는 팀으로 '뉴욕 양키스(New York Yankees)'가 있다. 양키스는 1901년 '볼티모어 오리올스'라는 이름으로 창단된 후 1903년 뉴욕으로 연고지를 옮겨 현재의 구단명이 되었다.

야구팀마다 전통이 있지만, 양키스는 더욱 유별나다. 양키스의 전통은 개인보다 팀워크, 철저한 규율, 불굴의 투지로 미국의 정신을 표상한다. 미국 프로야구에서 유니폼에 등 번호를 처음 붙인 것이 양키스다. 세계 최고 연봉을 받는 스타 선수들도 등 번호만 붙이고 경기를 한다. 그보다 더한 것은 수염도 긴 머리도 허락하지 않는 것이다. 수염과 긴 머리를 트레이드 마크로 다른 팀에서 활약하던 선수도 양키스 유니폼을 입는 순간 수염을 깎고 머리카락을 짧게 잘라야 한다. 유니폼 단추도 풀 수 없다.

메이저리그 공식 홈페이지 MLB닷컴에 따르면 슈퍼스타 외야수 후안 소토는 뉴욕 메츠로 팀을 옮기면서 15년간 총 7억 6,500만 달러(약 1조 980억 원)에 입단 합의했다고 한다. 인센티브까지 합치면 소토가 받는 최대 금액은 8억 5,500만 달러(약 1조 2,270억 원)까지 늘어난다. 메츠는 디퍼(Deferred, 지급유예) 없이 계약 기간 내에 모든 금액을 지급하기로 했다.

소토같은 세계적인 스타 선수들이 양키스의 전통을 따랐던 이유는 자기가 몸담은 팀이 '양키스'이기 때문이다. 양키스의 전통은 선수들 한 명 한 명이 뛰어난 선수이기 이전에 모두 똑같은 양키스팀의 일원이라고 본다.

"양키스에는 패배를 허락하지 않는 공기가 있다. 그런 팀이 날 원하는데 거절할 이유가 없다."

올스타에 열 번이나 뽑혔던 일본 출신 강타자 스즈키 이치로의 말이다. 그는 메이저리그 역대 두 번째로 리그 최우수선수와 신인상을 동시에 차지하였다.

팀이라는 게 그런 것이다. 우리는 직장에서 일을 통해서 동료들과 연결되어 있다. 직장에서 일하는 한 동료들과 지속적인 관계를 형성해 나간다. 혼자일 수 없고, 혼자여서도 안 된다. 혼자 있게 내버려둬서도 안 된다. 회식 자리에서 "우리가 남이가!"라고 말할 때면 동질성을 느낀다.

왜 그렇게 말하는가? 같이 동고동락하면서 남이 아니기를 바라기 때문이다. '너'도 남이 아니고 '나'도 남이 아니라는 말이다. 그래서 술잔을 부딪치며 목청을 돋우는 것이다. 그리고 다음 날 아침이면 술 냄새를 풀풀 풍기면서 벌건 얼굴로 자판기 커피를 한 잔씩 들고는 회의실로 모인다. 이게 우리가 사는 방식이다.

　200대 1의 경쟁을 뚫고 광고회사 TBWA에 입사해서 막내 카피라이터로 시작해서 크리에이티브이자 팀장이 된 작가 김민철이 있다. 그는 자신이 쓴 책 『내 일로 건너가는 법』에서 "좋은 팀은 태어나는 것이 아니라 결국 빚어가는 것이다."라며, "오랜 시간 모두가 함께 공들여서 함께 비도 맞고 눈물도 흘리지만, 시간 대부분에 같이 웃으며, 각자가 생각하는 최적의 우리 팀을 향해 계속 나아가는 것이다."라고 말한다.

　Y 과장은 궂은일을 도맡아 하는 스타일이다. 천성이 착해서인지 팀에 목표가 내려가면 팀원들에게 부담을 주지 않으려고 애를 쓴다. 그래서 내가 "그렇게 해서는 팀원들 실력이 늘지 않는다, 야성을 길러야 한다."라고 말해주지만, 옆에서 봐도 팀원들이 약해 보인다. 돌격적이고 전투적인 모습 없이 모두 바람에 날아갈 듯해 보였다. 그런 모습은 본인도 그렇고, 팀원들도 그렇고, 회사에도 도움이 되지 않는다. 극단 처방이 필요했다. 담당 부장에게 지시를 내렸다. "목표를 두 배로 하고 목표를 다 채우지 못하더라도 책임은 내가 진다."

　그날부터 그 팀에 비상이 걸렸다. 정말 듣도 보도 못한 황당한 목표에 팀원들 모두 기가 질린 표정이다. 어떻게 이런 일이 생겼는가? 알고 보니 모두 내가 내린 지시라는 것을 알고는 아무도 말을 못 했다. 구내식당에서 나와 마주친 Y 과장은 난처한 표정을 지으며 말했다. "…해보겠습니다." 그가 하는 말에서 하겠다는 의지가 느껴졌다. 그도 분명히 이 회사에 경쟁을 뚫고 들어온 사람이다. 그런데 어느 순간 경쟁심이 사라졌다. 같은 연차의 과장들끼리 있으니 경쟁심이 생기지 않았는지도 모른다.

어쩌면 내가 내린 '특명' 같은 지시 때문에 용기를 얻었는지 모른다. 군대에서도 소대장이 지시를 내리는 것보다 부대장, 사단장이 내리는 지시가 다르지 않은가. 철야 행군을 앞두고 캄캄한 밤에 연병장에 무거운 군장을 등에 진 군인들 앞에 지프차를 타고 사단장이 나타났다. 단상에 올랐다. 군인들은 사단장이 또 무슨 일장 연설을 할지 잔뜩 긴장해 있을 때 사단장은 짧고 강하게 말했다. "할 수 있나!" 장병들은 그런 사단장에게 마치 호랑이가 포효하듯이 우렁찬 목소리로 대답했다. "예! 할 수 있습니다."

1986년부터 2013년까지 27년간 맨체스터 유나이티드 감독을 맡았던 알렉스 퍼거슨 감독은 "팀보다 위대한 선수는 없다."라고 말하며 그 어느 감독보다 공격 위주의 축구와 팀플레이를 강조했다. 퍼거슨 감독은 호날두, 칸토나, 킨, 루니, 베컴 등 수없이 많은 스타 선수와 함께했는데, 제아무리 세계적으로 유명한 스타 선수라 할지라도 팀에 해가 되는 행위를 하면 그 선수는 맨체스터 유나이티드에서 영원히 경기를 뛸 수 없었고, 퍼거슨 감독의 신랄한 비난을 받아야만 했다.

대표적인 사건으로 데이비드 베컴의 삭발 사건이 있다. 영국 최고의 스타로 떠오른 데이비드 베컴은 '모히칸'이라는 파격적인 헤어스타일로 바꾼 후 퍼거슨 감독을 피해 다녔지만, 경기 당일 라커룸에서 적발되고 그 자리에서 바로 삭발을 당했다. 팀의 기강과 팀플레이를 중시하는 퍼거슨 감독은 선수들을 통제할 때 줄곧 그의 '헤어드라이어'를 사용했다. 선수를 질타

할 때, 얼굴 앞에서 고함을 지를 때 선수의 머리카락이 찰랑거린다고 해서 지어진 별명이다. 선수들은 퍼거슨 감독의 '헤어드라이어'를 두려워했고 이는 곧 퍼거슨 감독의 카리스마를 상징했다.

삼성그룹의 사훈(社訓)은 '사업보국', '합리추구', '창조경영', '인재제일'이다. 사훈에는 기업의 정신과 전통이 녹아 있다. 창업주로부터 연연히 이어져 내려오는 가업과 같은 것이다. 입사해서 연수원에서는 교육에 앞서 제일 먼저 회사에 대해 배운다. 경영 철학을 배우는 것이다.

삼성그룹 삼성경제연구소 인력개발원은 2009년 4월 '신지행(新知行) 33훈'을 발표했는데, 삼성그룹 신임 임원들을 상대로 진행한 〈삼성, 경영 철학에서 본 위기 극복의 지혜〉 교육에서 내놓은 '신지행 33훈'은 이건희 전 회장이 1993년 당시 내놓은 신경영 방침을 글로벌 경제 위기 상황에 맞게 재해석한 것이다.

3

조직은 고상한 인격이 아닌 실력을 원한다

언젠가 친구들과 함께 오래된 막걸릿집에 들렀다가 우연히 벽에 쓰인 글귀를 보았다. 거기에는 비뚤비뚤한 글씨로 이렇게 쓰여 있었다.

"폼 잡으면서 술 먹을라카믄 우리 집에 오지 마라."

주인 할머니가 쓴 게 분명했다. 아마도 돈 자랑깨나 하고, 내가 왕년에 누구네 하면서 거들먹거리면서, '라떼는 말이야.' 하는 사람들 때문에 할머니가 부아가 나서 쓴 게 틀림없었다.

술 먹는데 고상함은 필요 없다. 양푼이 그릇에 손가락을 집어넣고 휘휘 한번 휘젓고는 손가락 한번 쪽 빨고 목을 젖혀 마시면 되는데, 무슨 폼이 필요하겠는가. 그건 룸살롱이나 다른 데 가서 찾으면 된다.

나는 회사에 출근하면 안전화를 신는다. 물론 양복바지에 안전화다. 누가 보면 전혀 어울리지 않는 조합이다. 그런 모습으로 현장에 나간다. 그런 모습을 보고 직원들은 좋아한다. 격이 없다는 것이다. 직원들이 "나오시지 않으셔도 됩니다." 하고 말리지만, 큰 방에서 결재 서류나 만지면서 앉아 있고 싶지 않은 것이다. 나는 처음부터 그랬다. 중견기업으로 옮기고 나서는 제일 먼저 회사에 출근했고, 일찍 출근한 직원들과 함께 빗자루로 회사 마당을 쓸었다. 물뿌리개로 계단에 놓여있는 화분에 물을 주고 떨어진 잎사귀는 주워서 쓰레기통에 버렸다. 나는 임원이지만 여전히 신입사원처럼 행동했다.

회사는 일하는 곳이다. 고상한 척해서는 안 된다. 그룹의 많은 CEO가 '넥타이'를 매지 않고 일하는 것을 본다. 예전에는 정장에 흰 와이셔츠에 넥타이를 매는 것이 정석이었다. 그런데 과감하게 그 틀을 깬 것이다. 거추장스러운 것을 들어내었다. 사무실이든 현장이든 모두 일하는 곳이라고 생각한 것이다. CEO들은 어디서든 일하는 모습을 보여주었다. 공장을 순시하면서, 사무실에서 직원들과 이야기하면서, 회사 안에서나 바깥에서나 과감하게 형식을 벗었다.

20세기 말 경영학자인 피터 드러커는 "고용은 직무 수행을 위한 계약일 뿐, 피고용자는 아무런 '충성심'도 없고, 아무런 '애정'도, '태도'도 없다. 그는 직무 수행 능력 외에는 아무것도 없다."라고 말했다.

피터가 한 말 중에 피고용자는 "아무런 '충성심'도 없고, 아무런 '애정'도, '태도'도 없다."라는 말에 기분 상했는지 모르겠다. 그러나 피터가 한 말은 그게 아니다. 고용주는 다른 것을 요구해서는 안 된다는 말에 방점이 있다. '충성심', '애정', '태도'는 피고용주 것이기 때문에 '일' 외에 다른 것은 요구하지 말라는 것이다. '회사에 충성하는 것', '애정을 가지고 일하는 것' 모두 피고용주 자신이 알아서 하는 것이라는 뜻이다.

취업포털 '커리어'에서 직장인 992명을 대상으로 「직장생활을 하면서 직장 동료가 죽도록 미운 순간」이라는 주제로 설문 조사를 진행했는데, 설문에 참여한 992명의 직장인 중 '상사가 죽도록 미울 때는 언제인가?'라는 질문에 56.34%가 '인격을 무시하는 행동이나 말할 때'라고 답했고, 다음으로는 '독재자처럼 군림하려 할 때'(21.76%), '지시 사항을 무조건 수행하라고 할 때'(12.52%), '성과를 자신의 공으로 가로챌 때'(6.25%), '아랫사람을 자신의 비서처럼 여길 때'(3.13%)라고 답했다.

그리고 '부하직원이 죽도록 미울 때는 언제인가?'라는 질문에는 '의무는 뒷전이고 권리만을 주장할 때'라는 의견이 28.12%로 가장 많았고, 다음으로는 '매사에 불평불만을 달고 다닐 때'(25.04%), '일을 제대로 못 해서 내가 챙겨줘야 할 때'(18.75%), '말로만 그럴듯하게 업무처리를 할 때'(15.65%), '툭하면 잘못은 감추고 변명만 늘어놓을 때'(9.38%), '상사의 체면을 전혀 고려하지 않을 때'(3.06%)라고 답했다.

직장생활을 하다 보면 인격적으로 괴롭힘을 당할 때가 있다. 그러나 상대적으로 보면 상사의 생각이 다르고, 부하직원의 생각이 다른 경우가 많다. "의무는 하지 않고 권리만 주장한다."라는 말이 있다. 일방적으로 인격을 무시하는 사람도 있다. 그러나 대개는 무조건 일방적으로 인격을 무시하지는 않는다. 만약 있다면 그런 사람은 간부가 되고 임원이 되어서는 안 된다. 그런 사람이 있다면 말리고 싶다.

조직은 '함께(together)'하는 집단이다. "열외 없이."라는 말이 있다. '예외가 없다.'라는 말이다. 그런데 예외로 빠질 수도 있지만, 항상 그 예외에 속하는 사람이 있다. 자주 반복되면 당연히 사람들 눈 밖에 날 수밖에 없다.

심하면 나중에는 조직에서 인정하지 않는다. 아무리 하얀색 와이셔츠를 입었더라도 손에 기름을 묻혀야 할 때는 묻혀야 한다. 뺀질거리면서 뒤로 물러서면 나중에는 앞에 설 기회가 사라지고 만다. 지금은 편하지만, 나중에는 무서운 것이다. 그게 조직이다.

열심히 일하는 K 반장이 현장에서 다리를 심하게 다친 적이 있다. 목발을 못 짚을 정도로 다친 것이다. 그런데 수출 납기를 맞추기 위해 억지로 회사에 나왔다. "그 몸으로 어떻게?"라며 말렸지만, K 반장은 회사에 나와 현장을 돌아봤다. 나는 그 모습을 보고 매우 놀랐다. 그는 목발도 짚지 못하고 걷지도 못하게 되자 숫제 두꺼운 종이상자로 자신의 다리를 감고 테이프로 붙여 기어다니면서 현장을 둘러보는 것이었다.

인격이란 그런 것이다. 인격은 고상한 것이 아니다. 인격은 품위 유지가 아니다. 인격은 같이해야 할 때 같이 하는 것이다. 조직에서 사람을 끌어당기는 힘은 사람들이 그를 찾을 때 그가 거기에 있는 데서 나온다.

외국에 출장 나가 있던 대표에게서 전화가 온 적이 있다. 그때 공교롭게도 화장실에서 전화를 받게 되었다. 그런데 통화하면서 무의식적으로 물 내리는 레버를 그냥 내리고 말았다. 아뿔싸. 쿠루루! 하고 물 내려가는 소리가 생생하게 전화기로 전해졌다. 얼마나 당황했는지 모른다. 이런 실수가! 그때 전화기로 크게 웃는 소리가 들렸다. 그리고….

"전무님! 다음부터는 영상 통화합시다."

휴! 나는 가슴을 쓸어내렸다.

4

돈 꼴레오네에게 배운
약속의 무게

　영화 〈대부(Godfather)〉는 마리오 푸조의 소설 『대부』를 원작으로 파라마운트 픽처스가 제작하고 프랜시스 포드 코폴라가 연출, 마리오 푸조 본인이 직접 각색에 참여한 3부작 영화다. 영화에서 대부 '돈 꼴레오네(Don Corleone)'는 리더십이 어떤 것인가를 보여주는데, 그것은 '약속(promise)'을 지키는 것이었다. 그는 자신의 딸 콘스탄 지아 꼴레오네의 결혼식에 참석한 많은 사람 앞에서 자신이 부당한 도전을 받지 않는 이상 손끝 하나 건드리지 않을 것이라며, 자신의 명예를 걸고 하는 약속이라고 하였다.

　오랫동안 꼴레오네가 대부로서 사람들에게 인정받을 수 있었고, 사람들이 대부를 찾았던 것은 변하지 않는 약속 때문이었다. 그의 리더십은 약속을 지킬 줄 아는 자세에서 나왔다. 그는 도움이 필요로 해서 찾아오는 사람들을 실망시키지 않았다. 그는 그들을 진심으로 대했다. 빈말도 하지 않았고 지키지 못할 약속도 하지 않았다. 누구 탓이네, 무엇 때문에 식의 핑계도 대지 않았다. 변명도 하지 않았다. 힘든 일이라도 최선을 다해서 해결해 주려는 모습을 보였다.

또한 자기의 도움을 받고 상대가 사례할 형편이 아니어도 개의치 않았다. 다만 한 가지 조건만 지켜주면 되었다. 도움을 받는 사람이 그에게 우정을 맹세하기만 하면 아무리 가난하고 힘이 없는 사람이라 해도 그의 어려움을 해결해 주었다. 그리고 그는 자신의 이름 앞에 '돈(Don)'이라는 경의를 표하는 호칭이나 '대부(Godfather)'라는 호칭을 받는 것으로 만족했다. 그가 얻은 호칭은 인격적으로 얻은 것이었고, 그는 너그럽고 마음이 큰 사람이었다.

약속은 신뢰를 동반한다. 누구로부터 신뢰를 받는다는 것은 기분 좋은 일이고 뿌듯한 일이다. 신뢰란? 믿고 맡긴다는 뜻이다. 기업에서 대표이사가 자신의 방에 있는 금고 번호까지 알려줄 정도라면 어떻겠는가? 그리고 그 안에 있는 비밀 장부까지 보여주면서 나중에 일이 생기면 알아서 하라고 말할 때, 기분 좋은 것보다는 무한 책임감이 앞설 것이다.

해외에 공장이 많다. 동남아시아 I 국에 있는 공장에 지사장을 보낼 일이 생겼다. 그 공장은 미국 N 사 제품을 OEM 방식으로 생산하는 공장인데 본사에서는 아무나 보낼 수 없어 대표이사의 신임이 두텁던 본사 P 상무를 보내기로 하였다. 관련 분야에 오랫동안 경험이 있었기에 보내는 데 별문제가 없었다. 과거 그 나라에서 다른 일로 근무한 경험도 있었고, 그 나라 말도 현지인처럼 자유롭게 구사하고, 가서 근무하면 충분히 잘 해낼 것 같았다.

생각대로 현지 공장에 도착하자마자 일을 잘해 나갔다. 생산성이 올라갔고, 매출이 늘어났다. 현지 직원들과도 잘 어울렸고, 관계 회사들과도 소통에 불편함이 없이 원활하였다. 그런데 그렇게 시간이 흐르던 어느 날 현지

공장으로부터 다급한 연락이 왔다. OEM으로 납품하던 N 사에 문제가 생겼다는 것이다.

"무슨 문제?"

직원은 선뜻 말을 못 했다.

"P 상무는?"

"지금 N 사 사람들과 같이 계시는데, 내용은 잘 모르겠습니다."

"무슨 일인가?" 하고 추궁했지만, 대답 대신 확인해서 보고드리겠다는 말이 전부였다. 답답한 마음에 전화를 끊자마자 P 상무보다 먼저 파견되어 나갔던 L 공장장을 전화로 불렀다.

"전무님, 그게 사실은…."

공장장은 내막을 알고 있었다. 한숨을 쉬면서 이렇게 말했다.

N 사로부터 받은 수주 물량이 예전보다 두 배로 늘어나자 납품일을 맞추기 위해 하청 업체에 분산해서 일을 맡겼다는 것이다. 참고로 N 사는 자체적인 완제품 생산공장을 갖고 있지 않다. 그 때문에 각국에 하청 업체를 두고 지역 실정에 맞는 제품을 OEM 방식으로 발주를 내고 생산한다. 미국 본사는 기본적인 연구개발과 제품디자인만을 담당하고 있다. 실제로 신발과 각종 스포츠의류 생산은 해외 협력 회사들과의 하청에 의해 이루어진다. 이때 본사 스태프가 해외공장에 상주해서 제품의 질을 감시, 감독한다.

그런데 문제는 우려했던 제품의 문제가 아니었다. 물량이 많아지다 보니 기존에 거래하던 하청 업체에 물량을 맡겼는데, 그 업체로부터 리베이트를 받았다는 것이다. 공장장은 모르는 내용이었다. 하청을 줬던 회사 누군가가 내부고발로 N 사에 알렸다는 소문이 났고, 사실로 드러났다. 그건 기업으로서는 치명적인 일이었다. 리베이트를 받은 사람은 P 상무였다. 흔히 말하는 뒷돈이었다.

오랫동안 P 상무가 쌓아왔던 명성이 하루아침에 무너지고 말았다. 회사 역시도 N 사와 오랫동안 유지되었던 신뢰 관계가 무너지고 말았다. 안타깝지만 그는 면직 처리되고 회사를 떠날 수밖에 없었다. 실력은 뛰어났지만, 바르게 열심히 일하는 전체 직원을 위해서는 어쩔 수 없는 일이었다.

임원은 신뢰에 대하여 약속하고 책임을 지는 자리다. 한번 약속했다면 자기 이익에 반하더라도 약속은 반드시 지킬 줄 알아야 한다. 약속을 어긴 사람은 다음에도 약속을 어길 가능성이 크다. 한 번 배신한 사람이 다시 배신하기가 쉽다. P 상무의 일탈은 사람들 마음속에 '개인'이 존재한다는 사실을 깨닫게 하는 계기가 되었다.

5

버핏이라면
당신에게 투자하겠는가

　네덜란드의 사회 심리학자인 헤이르트 홉스테드는 IBM을 경영하면서 세계 40개국에 있는 IBM 직원들을 대상으로 조사해서 문화 차이에 대한 이론을 제시했는데, 개인이 집단보다 '스스로'를 얼마나 중요하게 생각하는지에 따라 문화가 구분된다고 하였다. 그는 이것을 가리켜 '개인주의-집단주의 척도(Individualism-Collectivism Scale)'라 불렀다. 숫자가 100에 가까울수록 개인주의 성향이 높았고, 1에 가까울수록 집단주의 성향이 강했다. 미국은 무려 91의 숫자가 나와 가장 개인주의가 강한 것으로 나타났다. 집단주의 경향이 가장 강한 나라는 과테말라로 점수가 6에 불과했다.
　그렇다면 한국은 어떨까? 대부분의 사람들이 예측하듯이 한국은 강한 집단주의 성향을 보였는데, 점수가 18로 나타나, 중국(20), 일본(46)보다도 훨씬 강한 집단주의 성향을 보이는 것으로 나타났다.
　회사 규모나 부서의 인원수에 따라서 개인주의와 집단주의의 모습이 확연히 드러난다. 인원이 많은 경우에는 단체의 영향이 크고, 인원이 적은 경우에는 개인의 영향이 크다. 그래서 큰 회사보다 작은 회사를 운영하기가 더 힘들다. 임원이 되면 이런 것을 염두에 두지 않으면 안 된다. 상사의 지시 한 마디에 일사불란(一絲不亂)하게 움직이던 것도 옛말이다. "오늘 야근이다." 하면 모두 야근하고, "오늘 잔업이다." 하면 두말없이 모두 잔업 하던 시절이 있었다.

그러나 사정이 달라졌다. 이제는 무엇을 하기 전에 먼저 개인의 형편과 사정을 묻고 확인하는 작업이 필요하다. 심할 경우 팀장, 과장이 직원에게 "좀 해주면 안 되겠니?" 하면서 사정해야 하는 경우도 생긴다. 속에서 불이 나지만 어쩔 수 없다. 그래서 짬밥이 오래된 사람들은 "아, 옛날이여~" 하면서 옛날을 찾는지도 모른다. 그렇게라도 자기를 달래지 않으면 안 되는 것이다.

시대가 바뀌니 어쩔 수 없는 일이다. 세대마다 시대가 다르다. 2차 세계대전 이후 태어나 집단주의와 희생정신을 배웠던 베이비붐 세대(1946~1964년생), 산업화·민주화·세계화 과정과 함께 PC, 인터넷 등 디지털 기술을 경험한 X세대(1965~1980년생), 인터넷·스마트폰과 함께 SNS·온라인 플랫폼 중심으로 소통한 밀레니얼 Y세대(1981~1996년생), 어릴 때부터 스마트폰·SNS를 사용한 디지털 네이티브인 Z세대(1997~2012년생), AI·메타버스 등 최신 기술과 함께 성장하며 유튜브·틱톡 등 영상 중심 콘텐츠를 소비하는 알파 세대(2013년 이후 출생)가 있다.

그리고 최근에는 밀레니얼 Y세대(1981~1996년생)와 Z세대(1997~2012년생)를 합쳐서 MZ세대라 부르는데, MZ세대를 이렇게 넓은 연령대로 하나로 묶는 이유는 '디지털 네이티브'라는 공통점과 새로운 문화를 주도한다는 특성 때문에 함께 언급되기 때문이다. 이들은 디지털 환경에 익숙하고 개성을 중시하면서 새로운 트렌드를 주도하는 특징을 가지고 있다.

이제는 어느 특정 세대만이 아니라, 각 세대 모두를 만족시켜야만 하는 시대에 이르렀다. 세대마다 개인이 지향하는 가치관이 다르고 시간이 지날수록 개인주의(이기주의라는 말이 아니다)가 점점 더 심화하는데, 회사가 이들에게 어떤 가치관을 심어줄 수 있느냐는 것이다.

기업의 HR 교육, 채용, 인사 문제를 돕는 '얼라이브커뮤니티' 이준희 대표가 「지원자가 없어 채용이 어렵다면? 바로 도입 가능한 핵심 인재 활용 리크루팅 방법 세 가지」라는 주제로 강연했다. 이준희 대표는 현장에 참석한 경영자들에게 '사람을 잘 뽑기 위해 무엇을 해 보셨나요?'라고 질문했는데, 경영자들은 1위 채용 광고(37%), 2위 복지 추가(21%), 이어서 유튜브, 인스타 등 SNS 홍보, 연봉이라고 대답했다.

이에 이준희 대표는 '핵심 인재를 통한 채용 시스템'을 제시하면서 "현재 시대의 흐름상 100명이 모여서 100억의 매출을 만드는 기업이 아닌, 열 명이 100억의 매출을 만드는 기업을 만들 수 있도록 핵심 인재를 관리하는 것이 더 중요한 요소."라고 강조했다.

이준희 대표는 "성장하는 회사는 직원들이 왜 지원하느냐? 연봉과 복지 때문에 지원하냐, 그렇지 않습니다. 그들이 지원하는 이유는 성장하기 때문에 오는 것입니다."라면서 "결국에는 회사와 개인의 성장이 가장 강력한 체험 브랜딩에 도움이 된다."라고 강조했다.

이준희 대표가 말하는 성장은 곧 가치를 말한다. 기업은 외부적으로 공시되는 경영 실적이 있다. 주주와 이해 관계자들은 그것을 보고 투자를 할지 말지를 결정하고, 기업은 다시 그 재원으로 투자를 늘리고 기업의 연속성을 이어 나간다.

그렇다면 개인은 어떨까? 임원이 되기를 원하는가? 누가 나에게 투자할까? 우량주까지는 아니더라도 최소한 저평가되는 일은 없어야 한다.

집 가까운 데 교보문고가 있다. 문고에 들어서면 책을 고르거나 책을 보는 모습이 눈에 들어온다. 소파에 앉아서 편하게 책을 보는 사람이 있는가 하면, 어떤 사람은 서서 책을 보기도 하고, 어떤 사람은 서가에 비스듬히 몸을 기댄 채 책을 보기도 한다.

그 사람들을 볼 때마다 저 사람들은 무슨 책을 읽을까? 하는 호기심이 생긴다. 그래서 사람들의 책을 살피게 되는데, 많은 사람이 '자기 계발'과 관련된 책을 보고 있었다. 간혹 '돈'과 관련된 책을 보는 사람도 있지만, 그 숫자는 몇 안 되었다. 사람들은 자기 계발을 통해 자기 가치를 높이려고 노력하고 있었다.

경제 영역에서 '가치투자'는 증권분석의 창시자로 가치투자 이론을 만든 벤저민 그레이엄이 제시한 투자 원칙으로, 워런 버핏이 투자 원칙을 세우는 데 큰 영향을 준 개념이다.

투자 귀재라 불리는 버핏은 기업의 재무 상태뿐만 아니라 경영 실적, 경영진의 역량, 해당 기업의 시장 경쟁력, 미래 가능성 등을 종합적으로 분석하여 투자를 결정하는데, 그는 시장에서의 단기적인 흐름이 아니라 기업의 장기적인 가치를 평가하는 데 많은 시간을 들인다. 그는 기업의 '내재 가치

(Intrinsic Value)'를 자세히 분석한 후, '안전 마진(Margin of Safety)'을 확보한 가격에 투자한다.

저평가된 가치는 가치를 끌어올려야 한다. 나에 대한 장기적인 투자계획이 필요하다. 저평가되었다면 저평가된 이유가 있을 것이다.

"버핏이라면 당신에게 투자하겠는가?"

6

작지만 멈추지 않는 힘
: 카이젠의 진짜 의미

캐나다에는 벌목꾼들이 모여서 실력을 겨루는 경기가 있다. 경기는 두 사람이 물에 띄워놓은 나무 위에서 발로 통나무를 굴려서 통나무가 도는 방향을 바꾸거나 속도를 다르게 해서 물에 먼저 떨어트리기도 하고, 두 사람이 커다란 나무 톱을 가지고 호흡을 맞춰서 통나무를 베기도 한다. 그런가 하면은 한쪽에서는 손도끼로 장작을 빨리 패서 이기는 경기도 열린다.

초보 나무꾼이나 벌목을 처음 하는 사람이 통나무를 벤다면 아마도 단단하고 튼튼한 톱이나 도끼를 준비하고 기다릴 것이다. 그러나 미국 남북전쟁에서 북부연방을 승리로 이끈 에이브러햄 링컨은 "(나에게) 나무를 베는 데 6시간을 준다면, 4시간은 도끼날을 가는 데 쓸 것이다."라고 말했다. 이 말은 우리가 일을 시작할 때, 당장 실행보다 준비가 얼마나 중요한가를 가르쳐 주는 말이다.

엔터웨이파트너스 김경수 대표는 임원에 대해서 "승진한 임원은 좁은 자기 영역에서 벗어나 회사 전체적인 시각에서 고민하고, 큰 그림 속에서 일해야 합니다."라고 말했다.

임원이 되기는 했지만, 임원 자리가 아직 '어색한 임원'과 임원이라는 '괴로운 자리에 앉은 임원'이 있다. 임원이 되기 전에는 주어진 일만 열심히 하면 되었는데, 막상 임원이 되고 보니 무엇을, 어떻게 해야 하는지를 모르는 것이다. 그렇다고 밑의 사람에게 물어볼 수도 없고, 물론 이것은 '어쩌다 임원'이 된 사람 이야기다.

그러나 이게 '남의 일'이 아니라 '내 일'이라고 생각하면 가슴이 철렁 내려앉는다. 언제 누가 그런 일을 당할지 모른다. 그러나 이건 현실이다. 변화가 없고 발전이 없으면 가만히 있는 그 자체가 퇴보하는 것이다.

일본 제조업에는 오래전부터 '카이젠(改善)' 철학이 전해져 내려오는데, 카이젠은 '개선(Improvement)'이라는 말로 '지속적인 개선을 통해 업무 효율을 높이고 성과를 향상시키는 것'을 의미한다.

카이젠은 제2차 세계대전 후에 미국의 품질관리 전문가인 윌리엄 에드워즈 데밍(W. Edwards Deming)의 '통계적 품질관리(SQC, Statistical Quality Control)' 개념을 일본이 받아들여서 일본식 개선 철학으로 발전하게 되었고, 1986년 마사아키 이마이(今井正明)가 『카이젠, 일본 경쟁력 강화의 열쇠』라는 책을 출간하면서 확고하게 일본식 개선 철학으로 자리매김하게 되었다.

카이젠 철학은 '작은 개선을 지속적으로 반복'하는 것을 중요하게 생각한다. '실무에서 배우고 데이터를 기반으로 해서 의사결정' 하는 것이 핵심이다. 그리고 그 실천으로는 '현장 중심 사고'로서, 현장에 직접 가서 보고 판단하는 것이다.

삼성전자는 1988년 국내 최초로 자체 개발한 휴대전화를 시장에 선보였다. 당시 모토로라가 지배하던 시장에서 삼성의 도전은 무모해 보이기까지 했다. 하지만 이건희 회장은 "1인 1무선 단말기 시대가 온다."라면서, 이를 '미래의 먹거리'로 지목했다. 그러나 그 예견은 맞았지만, 현실은 녹록지 않았다.

당시 삼성은 '따라잡기 전략'에 집중하며 제품 생산량을 늘렸고, 그 대가는 치명적인 품질 저하로 나타났다. 불량률은 무려 11.8%까지 치솟았고, 제품을 판매하던 대리점 사장이 고객에게 뺨을 맞는 일까지 일어났다. 이건희 회장은 이에 분노했고, "품질 혁신 없이는 미래도 없다."라고 일갈했다.

1995년 3월 9일, 삼성전자 구미사업장 운동장에서 전대미문의 '애니콜 화형식'이 거행되었다. "시중에 나간 제품을 모두 회수해서 직원들 앞에서 불태워라."라는 이건희 회장의 지시에 15만 대, 총 500억 원어치의 휴대전화기가 직원들에 의해 해머로 박살이 났으며, 불길 속에 사라졌다. '품질은 나의 인격이요, 자존심!'이라는 현수막 아래, 직원들은 뼛속 깊이 반성했다. 이 사건 이후 삼성의 품질 전략은 완전히 달라졌고, 훗날 '갤럭시 신화'의 기반이 되었다.

이 장면은 TV를 통해 뉴스 시간에 전국에 보도되었고, 삼성 직원들은 '사내 방송(SBC)'을 통해서 볼 수 있었다. 충격이었다. 이 일은 이건희 회장이 1993년 6월 독일 프랑크푸르트 회의에서 '질(質) 우선 경영'을 촉구한 후, 그룹 내 모든 제조업 관련 계열사에 라인에서 문제 발생 시 누구든지 즉시 라인 가동을 중지시켜 문제의 원인을 찾도록 하는 '라인 스톱 제도'를 도입한 직후에 일어난 일이라 변명할 말이 없었다.

사소하고 작은 것 하나도 놓치지 말아야 한다. 내가 안다고 하지만 아는 것이 아닐지도 모른다. 연차가 쌓이면 쌓이는 것만큼 '전문가'가 되어야 한다. 아마추어에서 프로로, 아무도 근접지 못하는 스페셜리스트, 명장이 되어야 한다. '명장(名匠)'은 실력이 뛰어난 장수를 일컫는 말이다.

대한민국 명장 선정 기준을 살펴보았다. 신청 자격을 보니, 산업 현장에서 최고 수준의 숙련 기술을 보유하고 동일 직종에서 15년 이상 종사한 자로, 1) 숙련 기술의 보유 정도가 높은 자, 2) 신청 직종의 숙련 기술 발전을 위한 성과가 우수한 자, 3) 숙련기술자, 지위 향상을 위한 성과가 우수한 자, 4) 신청 직종의 산업화 및 현대화 실적이 우수한 자(공예 분야)로 되어 있다. 눈에 들어오는 단어는 '숙련도', '전문성'이다. 임원이 된다는 것은 명장이 되는 것이다. 명장은 되는 것이 아니라 만들어지는 것이다.

2장

평가와 선택이 있는 문턱에 서다

THE HIDDEN RULES OF PROMOTION

인사철이 되면 두툼한 서류 봉투가 나에게 전해진다. 거기에는 개인별로 최근 5년간 있었던 근무평점과 실적, 상위 부서장의 평가 내용 등이 적혀있다. 대체로 평가 내용이 다 맞다. 오랫동안 봐왔던 사람들이라 서류를 넘기면서 사람들을 생각하며 다시 한번 복기하는 시간을 가진다. 한편으로는 그 시간만큼 긴장되는 일도 없다. 평가를 어떻게 하느냐에 따라 고과 내용이 달라지기 때문이다. 그건 직원들도 마찬가지다. 어떤 고과를 받느냐에 따라서 앞으로 승진이나 인사 내용이 달라진다. 그래서 고과를 잘 받으면 복도에서 마주쳐도 반갑게 인사를 하지만, 반대로 그렇지 않으면 서로 어색하게 묵례만 하고 지나간다. 그래서 고과에 신중을 기할 수밖에 없다. 논리적으로 설명하지는 않지만, 타당한 고과가 되도록 노력한다.

1

두 날개 평가법
: 진짜 리더를 가르는 기준

회사마다 고과 기준이 있겠지만 크게 '정량적 평가'와 '정성적 평가'로 나눌 수 있다. 정량적 평가는 평가 내용을 수치화한 것으로, 사전에 평가 기준을 정하고 그 기준에 맞게 점수화하는 방식이다. 그러므로 명확한 기준을 가지고 있고, 수치를 통해 객관적으로 평가할 수 있다.

반면 정성적 평가를 통해서는 개인의 능력, 가치관, 태도 등을 평가한다. 업무 자세, 대인관계, 관리 능력 등을 평가하며, 평가대상자의 보이지 않는 것까지 평가 대상이다.

문제는 이 부분이 제일 힘들다. 수치화되고 객관적인 정량 평가와는 다르게 정성 평가는 개인적이고 주관적인 평가를 하기가 쉽다. 속담에 '팔은 안으로 굽는다.'라는 말처럼 가장 가까이 있는 사람, 잘하는 사람, 눈에 들어오는 사람이 생각나기 마련이다. 그러나 그렇게 했다가는 회사 안에 좋지 않은 소문이 나고 회사가 어려워질 수 있다.

직장생활 하면서 많은 것을 봤다. 실적이 시원치 않아서 금방이라도 그만둬야 할 것처럼 보이던 직원이 어느 날 눈을 의심케 할 정도로 승진하는가 하면, 누가 생각해도 당연히 승진할 것처럼 보이던 직원이 승진 문턱에서 고배를 마시는 경우도 있었다.

그럴 때마다 사람들은 "누구에게 잘 보여서", "가방이 좋아서", "동문이잖아.", "아부를 잘해서"라고 말한다. 만약 그렇다면 그건 큰 문제다. 한 사람 때문에 전체로부터 신임을 잃는 일이 생기고 만다. 그렇게 해서는 조직을 이끌고 나갈 수 없다. 하지만 임원 승진은 또 다른 차원이다. 내용을 부정하는 것이 아니라, 기준이 다르다는 것이다.

피터 드러크는 "리더를 정할 때 무엇을 보아야 할까요?"라는 질문에 "나는 늘 스스로 묻는다. 내 아이가 그 사람 밑에서 일하기를 원하는지, 나는 그가 그동안 어떤 일을 행했는지, 어떤 강점이 있는지 살펴볼 것이다. 그리고 조직의 시급한 과제가 무엇인지 찾아보고 그 문제를 해결하는 데 강점이 있는지 자문해 볼 것이다. 그다음에 성실성을 볼 것이다."라고 말하였다.

S 전자가 임원을 발탁할 때 가장 중요하게 생각하는 것 두 가지가 있는데, 첫 번째는 인사고과 때 3년 연속 A등급 이상을 받아야 하는 것이고, 두 번째는 업적 기여도가 탁월해야 하는 것이다. 임원이 되기 위해서 일 잘하는 것은 기본이다. 특별한 일이 아니고서는 일하는 것을 도외시하고 다른 것으로 평가받을 수 없다.

매주 수요일 오전 8시에 서울 서초동 삼성 사옥 39층에 40여 명의 삼성그룹 계열사 사장들이 모였다. 삼성그룹 70여 개 계열사의 전체 시가 총액은 350조로 한국 증시 시가 총액의 13%를 차지한다. 또 우리나라 전체 법인세의 20%가 삼성 계열사에서 나오고, 그중에서 삼성전자 단독으로는

15%다. 한국 경제의 20%를 책임지는 사람들이 매주 같은 시각, 같은 장소에 모인 것이다. 바로 삼성 수요 사장단 회의에 참석하기 위해서였다.

삼성그룹 사장들이 이 자리에서 하는 것은 '경청'이었다. 삼성 사장들은 약 40분 동안 해당 분야에서 국내 최고란 평가를 듣는 전문가들의 강의를 듣는다. 이건희 회장은 "아무리 많은 책을 읽어도 그 분야 전문가들을 불러 직접 강의를 듣는 것만큼 효과적이지 못하다."라고 말하였다.

삼성 사장단이 어떤 사람에게 어떤 내용을 배웠는가를 한국 경제계 전체가 궁금해하였다. 그 내용이 삼성의 전략에 영향을 미칠 수 있기 때문이다. 삼성전자는 대한민국 대표 기업을 넘어 이제 명실상부한 세계 초일류 기업이다. 해외 경쟁 기업들도 삼성 사장단이 무슨 생각을 하는지 알고 싶기는 마찬가지다.

수요 사장단 회의는 2014년 5월 고(故) 이건희 삼성그룹 회장이 병원에 입원했을 당시에도 중단되지 않고 진행됐을 만큼 중요성이 컸는데, 국내 최대 기업인 삼성에서, 그중에서도 '별'이라 일컬어지는 사장들이 시간을 내어서 매주 수요일마다 교육에 참석해 강의를 들은 목적은 경영진들의 학습과 미래 먹거리 모색을 위한 것이었다.

사장들은 교육을 통해 지식을 얻고, 지식은 인사이트, 즉 사물이나 현상을 꿰뚫어 보는 능력을 가지게 하였다. 현재 '하는 일'과 앞으로 '해야 할 일'이 무엇인지를 알게 하였다.

2024년 한국경영자총협회에서 전국 219개 기업을 대상으로 신입사원이 임원이 되는 비율과 기간을 조사했다. 그 결과 신입사원 1,000명 중 7.4명만 임원으로 승진하였고, 임원이 되기까지 평균 22년이 소요되는 것으로 나타났다. 업종별로 차이는 있겠지만, 임원으로 승진하는 사람들은 30대에 회사에서 능력을 인정받는 경우가 많았다. 그런데 1,000명 중 선택받은 7.4명은 왜 임원이 되었을 때 기대만큼의 능력을 발휘하지 못하는 경우가 많을까? 30대에 성공한 리더가 왜 40~50대가 되면 존재도 없이 사라질까?

30년간 리더십을 연구한 백기복 국민대 경영학부 교수는 이에 대해 "준비를 안 했기 때문입니다."라고 말한다. 그리고 더불어 말하기를 "한국 리더들은 목표 달성, 윗사람과의 관계, 변화에 대한 대응은 잘합니다. 하지만 부하직원을 위로하고 보호해 주는 행동이나 미래 비전을 제시하며 이끌어가는 기술은 상대적으로 취약합니다."라고 말했다. 임원 평가는 이렇듯 일, 리더십, 추진력, 미래 비전 등 모든 것이 평가 대상이다.

모 기업은 직원들이 임원 등 상급자를 평가해 인사에 반영하는 '다면평가(多面評價)' 방식을 취하고 있다. 직원이 팀장이나 부서장을 평가하고, 부서장은 담당 임원을 항목에 따라 평가해 제출하는 것이다.

세계 3대 물류 회사 중 하나인 페덱스는 관리자에 대한 평가가 냉혹하기로 소문나 있다. 직원들은 매니저와 경영진, 회사를 총체적으로 평가한다. 서비스와 근무 환경 개선을 추진하기 위해 스미스 회장이 도입한 SFA(Survey, Feedback, Action)는 일종의 직원 만족도 평가시스템으로 직원들이 간부의 리더십을 다각도로 평가하기 위한 목적으로 만들어졌다.

2

뼈를 묻을
각오를 보여라

　사람들이 잘못 생각하는 것이 있다. "회사가 나를 신뢰하고, 나를 지원해 주면 나도 열심히 회사를 위해 일하겠다."라고 말하는데, 맞는 말처럼 들리지만 회사 차원에서는 동의할 수 없는 말이다. 회사는 한 사람만을 위한 조직이 아니라 모두를 위한 조직이고 모두를 위한 회사이기 때문이다. 이 말은 우리가 잘 아는 말에 답이 있다. 그 말은 "당신 아니라도 일할 사람은 많다."라는 것이다. 아마도 많이 들어봤을 것이다.

　우리는 어떤 면에서 극히 '이기적이다.'라고 생각한다. "내가 회사를 위해 일하니 보수를 받아야 하고, 대우해 달라." 어떤 경우에는 더 많이 요구하기도 한다. 물론 수고에 대한 적당한 보상은 있어야 한다. '무노동 무임금' 원칙이 아닌 다음에야 회사는 노동에 대한 보상을 해야 한다. 그러나 회사는 언제든지 당신을 내보낼 수도 있다는 사실을 잊어서는 안 된다.

　회사라는 조직은 당신이 얼마나 성과를 내는 사람인지, 얼마나 조직의 이익을 생각하는지, 그리고 위기 속에서도 회사를 지킬 수 있는 사람인지를 먼저 생각한다. 즉, 당신이 회사에 대가를 바라는 만큼 회사 역시도 당신에게 헌신을 요구하고, 당신은 회사에 진심으로 헌신해야 한다. 이 순서를 잊지 말아야 한다.

"어디까지 해주는지 지켜보겠다."라는 태도로 회사에 다니면 신뢰를 얻을 수 없다. 회사는 당신이 진심인지, 위기 속에서도 흔들리지 않는지를 생각한다. 회사를 단지 하나의 경력 관리 수단으로 생각하는지, '내가 뼈를 묻고 생활하는 곳'으로 생각하는지를 관심 있게 보는 것이다.

신뢰는 하루아침에 만들어지지 않는다. 매일 반복되는 업무 속에서, 예상치 못한 문제가 생겼을 때, 조직이 어수선할 때, 그럴 때 당신이 어떤 자세로 취하는지에 달려 있다. 그럴 때 '이 사람은 회사를 떠날 사람이 아니라, 함께 회사를 지탱할 사람이다.'라는 확신이 생기면, 회사는 당신을 신뢰한다.

가까운 지인 중에 직원들이 뭉쳐서 회사가 다시 살아난 기업이 있다.

정부 공공 물품을 조달하는 사무용 가구업체인데, 본의 아니게 어느 민간 아파트 공사에 납품했다가 공사가 중지되는 바람에 수십억 계약이 물거품이 되고 말았다. 회사는 하루아침에 부도를 맞게 되었고, 회사로서는 감당할 수 없는 거액의 금액이었다. 직원들도 수십 명이라 인건비며, 자재비며, 회사는 파산 일보 직전에 이르렀다.

그때 기적이 일어났다. 직원들 모두가 팔을 걷고 나선 것이다. 직원들은 누가 이야기하지도 않았는데 집을 담보로 맡기고, 전세금을 줄이고 하면서 회사 살리기에 나섰다. 회사 대표는 당시 상황을 말하면서 흥분을 감추지 못했다.

"눈물이 났습니다. 내가 직원들에게 많이 해준 것도 없는데, 직원들이 나서서 회사를 위해 돕고, 회사는 2년이 채 지나지 않아서 빚을 모두 갚을 수 있었습니다. 물론 직원들이 빌려준 돈도, 밀린 직원들 급여도 빠짐없이 다 줄 수 있었습니다. 그때까지 직원들은 한 사람도 나가지 않았습니다. 그런 직원들을 어떻게 회사가 내보낼 수 있겠습니까."

그 직원들은 평소에도 회사를 위해 열심히 일했을 것이다. 그러나 진짜 그들의 모습은 회사가 위기일 때 드러났다. 보통 그런 상황이 닥치면 자기 살길을 찾아서 대부분 흩어진다. 임금을 제대로 못 받으면 회사에 테러를 가하기도 하고, 폭언을 퍼붓기도 하고, 평소와 전혀 다른 모습을 보인다. 심지어는 야밤에 회사 기계를 몰래 실어 내다가 적발되는 일도 있었다.

회사에 뼈를 묻는다는 것은 요즘 시대에 어울리지 않는 구시대적인 말로 들릴 수 있다. 그러나 본질은 변하지 않는다. 회사가 당신을 끝까지 데려가는 이유는, 당신이 조직을 끝까지 책임지려는 모습을 보이기 때문이다. 인재가 넘쳐나는 시대에 '내가 이 회사를 책임진다.'라는 자세로 일하는 사람은 회사가 결코 다른 사람으로 당신을 대체하지 않는다.

2006년 3월, 미국 로스앤젤레스 대중교통국(MTA) 직원인 아서 윈스턴(Arthur Winston)은 100세를 맞아 모든 직원의 축하를 받으며 퇴직하였다. 가난한 가정에서 태어난 아서는 열 살 때부터 목화밭에서 일하기 시작하였고, 열여덟 살이 되어 버스 운전사가 되고 싶어 교통국 직원이 되었다. 하지만 인종차별이 극심하던 1920년대에 흑인에게 운전대를 맡기는 일은 없었고, 그가 한 일은 교통국 정비실에서 버스를 닦고 기름 치는 일이 전부였다. 그리고 그 정비실에서 그는 76년을 일했다.

아서의 출근 기록부에는 단 하루의 병가가 있었는데, 단 하루 병가는 1988년 어느 월요일로, 이틀 전 토요일에 아서의 아내 프랜시스가 세상을 떠난 뒤 처음 맞은 근무일이었다. 그리고 다음 날 화요일, 아서는 여전히 새벽 6시에 회사에 출근했다.

그의 성실함은 백악관에까지 알려졌다. 아서가 퇴직하기 10년 전인 1996년, 빌 클린턴 대통령은 그를 '세기의 일꾼'으로 표창하며, 1997년 로스앤젤레스 대중교통국은 그가 담당하던 5구역을 '아서 윈스턴 구역(ARTHUR WINSTON DIVISION)'이라고 이름을 붙였다.

아서의 퇴직을 앞두고 많은 언론의 인터뷰 요청이 있었는데, 한 기자가 아서에게 퇴직 후 계획을 묻자 그는 담담한 표정을 지으며 이렇게 말했다.

"평범한 버스 수리공인 나에게 이런 특별한 일이 일어나다니, 모두에게 감사할 뿐입니다. 앞으로 무슨 일을 하든지 쉬지 않고 움직일 것입니다. 나는 그저 나에게 주어진 일을 최선을 다해서 했을 뿐입니다."라고 말했다.

사람들은 빠르게 바꾸고, 빠르게 변신하는 것을 능력이라 생각한다. 다른 사람들보다 눈치 빠르게 움직이고, 빨리 좋은 직장 찾아서 이직하고, 남들처럼 트렌드에 맞추어 따라가고, 달리는 속도도 배로 앞서야 살아남는다고 말한다. 하지만 진짜는 그와 반대다. **쉽게 바꾸지 않고, 쉽게 포기하지 않고, 한 자리를 오래 지키는 것이 살아남는 길이다.** 자기 계발에서 '속도'도 중요하지만, 속도보다 중요한 것은 오래도록 계속하는 '지속성'이다. 자신이 맡은 분야에서 일정한 방향으로, 멈추지 않고 신뢰를 쌓으면서 오래도록 살아가는 사람만이 결국에 살아남는다.

3

MBA가 많은 것을
보장하지는 않는다

　승진이나 이직을 위한 대비책으로 많이 찾는 것 중의 하나가 'MBA(Master of Business Administration, 경영전문대학원)'다. MBA만 있으면 모든 게 문제없을 것 같다고 생각하는 모양이다. 승진에서 당연히 남들보다 돋보이고, 취업도 가산점을 받으면서 무난히 통과할 것으로 생각한다. 그런 생각은 자신이 가진 명함에도 잘 나타나 있다. 명함에는 무슨 대학 MBA라고 선명하게 인쇄되어 있다.

　실제로 유명 MBA 대학들은 앞다퉈 가며 "우리 MBA를 나온 사람은 경영 컨설팅, 투자은행, 사모펀드, 헤지펀드, 벤처 캐피털 등에 취업이 많이 되었습니다."라고 말하면서, MBA를 취득하면 어떤 회사든 문제없다는 식으로 광고한다. 그러나 실상을 알아보면 그들은 입학 전에 다니던 직장이 있었고, 다시 그런 직장에 취직한 사람들이 대부분이다. 모 대학 관계자는 "MBA 입학 전에 경력이 초라한 사람은 MBA 입학부터 어렵고, 졸업 후에도 다른 곳에서 받아주지 않습니다."라고 말하였다.

　신문기자로 있다가 '하버드 비즈니스 스쿨(Harvard Business School,

HBS)'에 입학했던 필립 델브스 브러턴은 그의 책 『하버드 경영학 수업』에서 말하기를 거의 매일 HBS 온라인 직업별 데이터 뱅크를 뒤졌으며, 모든 일자리는 2~4년의 투자은행이나 컨설팅 회사 근무 경력을 원하고 있는 것처럼 보였다고 했다. 그는 자존심을 땅바닥에 질질 끌고 다녀야 할 형편이라고 했다. 어렵게 면접을 잡은 곳도 세일즈쪽 일이었다. 하버드 MBA 졸업생들도 취업시장의 문을 두드리는 것은 우리와 마찬가지였다. 그들도 구인 업체 정보를 모으고, 입사 설명회에 참석하고, 면접을 보았다.

〈매일경제〉 2025년 3월 4일 기사에서 미국 최고의 경영학석사(MBA) 학위를 취득해도 취직이 안 되는 졸업생이 최근 수년 동안 계속해서 늘어난 것으로 전했다. MBA에 대한 수요가 줄어드는 가운데 기업들이 다양한 배경의 취업자를 뽑는 추세 때문이라는 것이다. 그러면서 블룸버그에 따르면 최근 몇 년간 미국 톱 MBA 출신자들의 취업률이 갈수록 낮아졌고, 매사추세츠공과대(MIT) 경영대학원(슬론)은 졸업 후 3개월간 아무런 직업도 구하지 못한 비율이 2022년 3.4%를 기록한 후 2023년 9.8%에 이어 2024년 14.9%로 크게 뛰었다고 한다. 다른 명문대 MBA도 사정이 비슷하다. 하버드대 MBA 졸업생 중 3개월 내 취업을 못한 비율은 2022년 5%, 2023년 14%, 2024년 15% 등으로 꾸준히 상승했다고 전했다.

우리나라 기업은 어떤가? MBA로 유명한 미국 대학 스탠퍼드, 와튼, 하버드, 펜실베니아, 시카고, 매사추세츠 공과대학, 뉴욕대학교와 국내 서울대 MBA, KAIST 경영대학원들 몇몇 학교에서 개설한 MBA 과정을 제외하고는 MBA에 대한 평가가 기대하는 것만큼 높지 않다.

인터넷 커뮤니티에서 MBA에 관한 생각을 물었더니 네티즌들이 이렇게 댓글을 달았다.

"국내 야간 MBA 등록금이 한 학기에 1,200만 원인데, 그럼 4학기 5천만 원. 대학들의 돈벌이 수단임."

"나도 그냥 MBA나 해볼까? 요즘 MBA 한물갔어."

"그냥 사람 만나고 교제하는 게 다임."

"MBA 과정은 학부에서 1~2학년 때 다 배워요."

사실 MBA 과정에서 가르치는 지식은 대학교 학부 1~2학년 때 배우는 내용과 거의 비슷하다. 학생들은 2년 동안 수업을 통해서 파이낸스, 회계, 운영, 마케팅, 조직행동 등 경영학 과목을 공부한다. 상당수의 MBA 이수자는 경영학이나 경제학에 대한 지식이 거의 없는 타 학과 출신들이 많다. 그리고 그렇게 MBA 과정에서 배운다고 해도 실전에서 적용하기란 쉽지 않다. 기업들은 MBA 졸업생들에게 실무 경험을 중시하지만, 많은 MBA 프로그램이 이론 중심의 교육에 치중하고 있어 졸업생들이 실제 업무에 필요한 기술과 경험을 갖추지 못하는 경우가 많다.

기업들은 단순히 MBA 과정을 이수한 것만 가지고는 채용하지 않는다. 그들의 이전 경력을 중요하게 생각한다. 이전 경력과는 완전히 다른 업종으로의 이직은 모험과도 같다. 간혹 글로벌 기업들이 이전 경력과는 다른 부문에 그들을 채용하는 경우도 있지만, 그건 극히 제한적이고 많지 않다.

〈매일경제〉에서 출판한 『국내 MBA로 당신의 커리어를 바꿔라』라는 책에 MBA를 졸업한 네 명의 이야기가 실렸는데, 주목할 것은 이들이 MBA를 졸업 후 다시 다른 직장을 찾아 이직할 수 있었던 것은 MBA 졸업장보다 이전 경력이 있었기 때문에 가능했다는 것이다. 대다수 기업은 MBA를 단순 석사로 보고 경력 2년만 인정해 준다. 그들 네 명은 'MBA 이후에도 연봉이 올랐느냐?'라는 질문에 이렇게 답했다.

"솔직히 MBA 2년을 갔다 왔다고 연봉이 급상승하는 건 아닙니다. 그건 국외 MBA 출신도 크게 다르지 않더라고요. 제 경우 2년 경력을 인정받았습니다. 하지만 회사와 직종을 옮기는 과정에서 연봉이 이전보다 약 20% 정도 상승했습니다."_ L 전자 상품기획팀 과장

"저는 제조업에서 은행권으로 바꾸다 보니 이전보다 많이 오른 건 사실입니다. 그렇다고 MBA 출신이라서가 아니고요, 업종 차이라 해야 맞겠지요. 저도 2년 차 경력만 인정받았습니다."_ K 은행 관리팀 과장

"저도 MBA 졸업 후 직급이 오르면서 자연 인상분이 생겼습니다. 어떤 이유에서건 이전 직장 같은 연차에 비해서 오른 건 사실이죠."_ O社 기획팀 과장

MBA 졸업 이력만 가지고 이직을 할 수 있는 게 아니다. MBA가 많은 것을 보장하지 않는다. 국내 대학 MBA의 글로벌 경쟁력도 눈에 띄게 상승했다. 직장을 다니면서도 취득할 수 있는 과정이 많으므로 한국형 MBA는 단연 '가성비(가격 대비 성능)' 측면에서 최고 교육과정으로 꼽는다. 그러나 현실은 그렇지 않다. 명함에 'ㅇㅇ대학교 MBA 과정 수료'라고 써서 가지고 다니지만, 우후죽순 늘어난 대학교 MBA 과정 개설로 인하여 스스로 몸값을 떨어뜨리는 결과를 낳고 말았다.

많은 직장인이 자기 계발과 경쟁력 업그레이드를 위해 매년 해외 유명 MBA와 국내 MBA의 문을 두드린다. 하지만 MBA가 높은 연봉을 보장한다거나, 승진의 '성공 열쇠'가 되는 시대는 지났다. 긍정적인 측면에서는 MBA 교육과정을 통해 폭넓게 지식을 얻을 수 있고, 넓은 시야를 가질 수 있다. 부가적으로 인맥을 넓힐 수 있다. 그러나 실무 경험 없이 단순히 MBA를 졸업했다는 것만으로는 채용할 수 없다는 기업의 이야기도 들어야 한다.

기업이 생각하는 것은 하버드 경영수업처럼 문제를 제시하고, 그 문제를 풀기 위해 팀을 이루고, 해결 방법을 찾고 하는 그런 모습을 기업에 접목하자는 것이다. 기업은 그들이 배운 지식을 통해서 어떻게 문제를 해결하는지를 보고 싶은 것이다.

4

남의 뒷다리는
잡지 마라

2019년 12월에 방영된 SBS 드라마 〈스토브리그〉가 있다.

늘 최하위를 벗어나지 못하던 야구팀 드림즈에 새로 부임한 단장 백승수는 냉철한 판단력과 철저한 준비로 무기력과 갈등에 빠진 팀에 변화를 몰고 왔다. 처음에는 '우승'이라는 목표가 비현실적으로 들리지만, 그의 진심 어린 노력은 점차 프런트와 선수단 모두에게 전염되며 "우리도 한번 해보자."라는 도전 의식을 싹트게 했다.

백승수는 야구 경험도 없고 선수 출신도 아니다. 그렇기에 처음엔 구성원들의 신뢰를 얻지 못했다. 하지만 그는 서두르지 않았고, 그렇다고 책임을 회피하지도 않았다. 팀에 부정적인 영향을 끼치던 스카우트 팀장을 과감히 정리하고, 구단의 연봉 삭감 방침에는 자신의 연봉을 먼저 반납하는 방식으로 대응했다. 그의 리더십은 카리스마나 권위보다는, 객관성과 공정성, 그리고 팀을 향한 일관된 헌신에서 나왔다. 무언가를 결정하기 전엔 반드시 사실을 확인하고, 소통을 우선하였다.

그러나 우리 직장 현실은 그렇지 않다. 〈스토브리그〉에 백승수는 있지만, 자신을 과감히 내던지는 직장 상사는 찾아보기가 쉽지 않다. 회사 안에서 직원과 임원 사이에 싸움이 벌어졌는데, 직원이 이렇게 말했다. "존경받을 행동을 해야 존경하지." 정말 뼈 때리는 말이다. 그 임원은 스스로 고립시키는 행동을 자초하고 말았다. 그건 누가 이기고 지고를 떠나서 있어서는 안 될 일이다. 그런 상황이 오래 지속되면 화합이 되지 않을뿐더러 회사로서도 큰 손해다.

1985년 삼성전자 입사 후 33년간 재임하며 반도체총괄 사장과 회장을 지낸 권오현 회장은 저서 『초격차: 리더의 질문』에서 이렇게 말했다.

"리더는 정답을 제시하는 사람이 아니라, 조직이 스스로 답을 찾도록 질문을 던지는 사람이다."

여러 사업부의 책임자로 일하며 경영 훈련을 받던 시절, 권오현 회장은 한 가지가 늘 불만이었다. 그건 끝도 없이 이어지는 회의였다. 새벽부터 시작해서 밤늦게까지, 주말도 예외 없이 회의였다. 회의도 실질적인 논의보다는 보고와 형식에 치중된 회의가 많았다고 한다.

그래서인지 모르지만, 그가 경영 전면에 나선 뒤 가장 먼저 세운 원칙이 하나 있었다. "회의는 자주 하지도 말고, 길게 하지도 말자." 그가 그렇게 말한 것은 직접 겪어본 비효율의 문제를 누구보다 잘 알기 때문이었다. 요즘처럼 클릭 몇 번이면 부서별 업무 현황을 실시간으로 확인할 수 있는 시대에, 굳이 사람들을 불러 모아서 회의 명목으로 보고를 받는 것은 결국 경영자 자신의 편의를 위한 것에 불과하다는 것이다. 그러면서 "직원들의 시간을 아껴주는 것이야말로 진짜 리더의 역할이다."라고 말하였다.

그래서 그는 후배 경영자들에게 직원들과 꼭 논의해야 할 일이 있으면, 회의 대신 간담회를 택하라고 말하는데, 그 기준은 명확했다. 참석자가 보고서나 슬라이드처럼 자료를 준비해 오는 자리는 '회의', 아무 자료 없이 생각과 경험을 나누는 자리라면 '간담회'라는 것이다.

그는 간담회를 할 때 몇 가지 원칙을 강조했다. 참석자는 열 명 이하, 그리고 될 수 있으면 직사각형 테이블 대신 라운드 테이블에서 모일 것. 정해진 좌석에 앉아 있는 구조에서는 솔직한 의견이 나오기 어렵다. 둥근 테이블에서는 시선이 자연스럽게 오가고, 서로의 생각이 닿기 쉬워진다는 것이다. 그래서 협의가 필요한 자리는 대부분 원탁을 사용한다.

그는 회장 재임 당시에도 회의에서 "이 방향이 맞다고 생각한 이유가 뭐시?", "다른 대안은 없을까?"라고 끊임없이 질문을 던졌다. 그 질문은 직원들이 생각하게 하고, 수동적으로 따르는 것이 아니라, 자발적인 동참을 유도했다. 권위로 억누르는 것이 아니라, 신뢰로 이끄는 방식이었다.

그러나 많은 기업이 성과 압박에 쫓겨서 여전히 '나를 따라야 한다.'라는 방식의 리더십을 고수하고 있다. 그러나 결과는 직원들의 창의성 저하를 가져오고, 조직은 누가 일으켜 주지 않으면 일어설 수 없는 식물조직으로 전락하고 말았다. 특히 MZ세대 구성원이 늘어나면서 "왜 해야 하는지를 설명해 주지 않으면 따르지 않겠다."라는 의식이 강하다. 지시하는 상사와 이해하도록 설명해 달라는 직원으로 묘한 기류가 사무실에 형성되고 있다.

국내 대표적인 IT 기업 네이버는 조직 구조를 수평화하고 '자율'과 '책임'을 기반으로 한 문화를 정착시키고 있다. 구성원들은 스스로 일하는 방식과 목표를 설정하고, 조직 개편에서 임원 레벨인 '책임 리더' 호칭을 '리더'로 일원화했다. 그리고 팀 리더는 코칭 역할에 머문다.

최수연 네이버 대표는 '컴패니언 데이'에서 "조직 개편과 더불어 일하는 방식과 문화도 앞으로 더 많은 변화를 가져갈 것"이라면서 "각 조직 안에서 많은 토론과 시도들이 활발하게 이뤄지도록 지원하고, 부서 간 협업과 시너지, 도전적 시도 등에 대해서는 경영진을 포함한 위원회 거버넌스로 서포트하겠다."라고 말했다.

네이버가 지향하고 있는 이러한 조직문화 역시 신뢰가 전제되어야 가능한 방식이다. 업무도 업무 지시를 중심으로 한 체계가 아니라, 동료들 간에 소통과 피드백을 중시하는 업무가 되어야 한다. 프로젝트 목표 설정 시에도 '설득'과 '합의'를 통해 의사결정을 해야 한다. 이 구조 안에서 리더가 무엇인가를 시킬 수 있다. 당연히 신뢰가 있으니 잘 작동할 수밖에 없다.

이건희 회장은 이렇게 말했다.

"회장이나 사원이나 기본권은 똑같다. 능력에 따라 대우가 다를 뿐이다. 직위나 계급은 조직을 움직이기 위해 있는 것이지, 뻐기고 권위를 내세우는 자리가 아니다."

일하다 보면 권위 있는 전문가에게 자문하는 경우가 생기는데, 이 경우 권위란 '인품이나 학식, 능력이 뛰어나 타인이 스스로 신뢰하고 승복하게 하는 힘'을 말한다.

독일을 통일로 이끈 헬무트 폰 몰트케 장군은 리더십을 네 가지로 구분했다. 멍청하고 게으른 리더십, 멍청하고 부지런한 리더십, 똑똑하고 게으른 리더십, 똑똑하고 부지런한 리더십, 그중에 최상은 '똑똑하고 게으른 리더십'이다. 멍청한 리더십은 잘못된 방향으로 조직을 이끌고, 부지런한 리더십은 조직의 성장과 자유에 방해가 된다.

'게으름'은 조직원들이 사고하는 능력을 기르게 하고, 자신의 역량을 발휘할 기회를 제공하는 것을 의미한다. 리더가 스스로 해낼 능력이 있음에도 조직원들이 각자 경험을 깨우칠 수 있도록 하는 것이 '똑똑하고 게으른 리더십'이다.

"강제 안 한다. 자율이다. 많이 바뀔 사람은 많이 바뀌어서 많이 기여해. 적게 바뀔 사람은 적게 바뀌어서 적게 기여해. 그러나 남의 뒷다리는 잡지 마라."

93년 7월 일본 오사카에서 모인 삼성 임직원들에게 이건희 회장이 한 말이다. 모든 임직원이 열심히 하는 것은 바라지도 않지만, 조직 내부에서 열심히 하는 사람을 방해하고 견제하지 말라는 말이다. 이 회장은 당시 20인치 컬러 TV를 10만~20만 대씩 판매하는 것보다는 색 재현력이나 디자인이 뛰어난 '명품 TV'로 일본 소니·파나소닉과 당당히 겨루는 삼성을 원했다. 그의 말이 아직도 필자의 귓전에 맴돈다.

5

머슴입니까
주인입니까

속담에 "머슴은 대문을 발로 차서 열고, 주인은 손으로 문을 연다."라는 말이 있다. 이는 어떤 대상에 대해 내가 그것을 소중하게 여기는 주체인가 아닌가에 따라서 태도가 달라진다는 뜻이다. 머슴은 대문도 집도 자신의 것이 아니라고 생각해서 함부로 다루지만, 주인은 그것이 자신 것이기에 아끼고 신중하게 다룬다.

이 말은 단순히 소유 개념보다는 '어떤 마음의 자세로 대하느냐?'가 중요하다는 말이다. 즉, 자기 것이 아니더라도, 그것을 자기 것처럼 생각하는 책임감 있는 태도, 바로 '주인의식(Ownership)'이라는 개념이다. 사원 교육 때 '주인의식'에 대한 정의를 물어보니 한 직원이 "주인을 의식하는 것입니다."라고 대답해서 한바탕 크게 웃은 일이 있다.

이 주인의식이 조직의 성공에 얼마나 중요한지를 보여주는 사례가 있다. 미국의 온라인 신발 쇼핑몰 기업 '자포스(Zappos)'는 직원 한 명의 판단과 행동으로 브랜드에 대한 이미지와 신뢰를 한 단계 끌어올린 기업으로 유명하다.

어느 날, 한 고객이 남편의 생일을 맞아 구두를 주문했다. 그러나 안타깝게도 배송이 도착하기도 전에 남편이 세상을 떠나는 일이 일어났다. 고객은 주문한 물건을 반품하기 위해 자포스 고객센터에 전화를 걸었고, 전화를 받은 상담 직원은 반품 접수를 처리하면서, 고객의 슬픔을 공감하고 위로의 뜻을 전하는 마음으로 꽃을 보냈다.

그 직원은 상사의 지시를 기다리지 않았다. 회사의 규정을 따르기보다는, 고객의 상황을 최우선으로 판단했고, 따뜻한 손 편지와 함께 조화를 고객에게 전달했다. 이는 자포스가 강조하는 '고객을 진심으로 대하라.'라는 문화에서 비롯된 행동이었고, 회사는 이와 같은 결정에 전폭적인 신뢰를 보였다.

이 따뜻한 한 번의 대응은 SNS와 입소문을 통해 퍼졌고, 자포스는 '사람을 우선시하는 기업'이라는 이미지를 얻게 되었다. 매출 또한 자연스럽게 증가했다. 단순한 제품의 질이나 마케팅보다, 직원 한 사람의 주인의식이 만들어 낸 변화였다.

자율성이 충분히 보장된 기업은 직원들 스스로 문제를 해결하려는 의식이 강하다. 그래서 문제를 대하는 태도가 적극적이고 능동적이며, 다른 사람에게 미루거나 의지하려는 모습이 적다. 그러나 반면에 자율성이 부여되지 않은 기업은 늘 지시와 명령이 계속 있어야 하고, 관리자는 관리하고 감독하기에 바쁘다. 그리고 직원들이 책임을 지려고 하지 않으니 오로지 모든 책임은 관리자 스스로가 감당해야 한다. 일의 능률이 오르지 않을 뿐만 아니라, 세워 놓은 목표를 달성하기도 힘들다. 스스로 해결하려는 의지가 부족하기 때문이다.

회사에 있는 간부들 모습을 봐도 그렇다. L 부장은 일은 잘하지만 늘 묻는 스타일이다. 부장 정도면 본인이 알아서 할 수 있을 것도 같은데, 문제가 생길 때마다 늘 묻는다. 어쩌다가 내가 연락이 안 되면 좌불안석이다. 그와는 반대로 C 부장은 불도저형이다. 밀어붙이는 데는 일가견이 있다. 말을 안 해도 알아서 하는 그런 스타일이다. 그가 직원들에게 잘하는 말이 있다. "내가 다 책임질게." 그래서 그런지 그와 함께 일하는 직원들도 C 부장 스타일을 닮아서 거침이 없다. 그들 역시도 이구동성으로 하는 말이 있다. "부장님 믿고 합니다."

'관리'가 누군가를 움직이기 위해 매뉴얼과 규정을 이용하는 방식인 반면, '관계'는 그 사람이 어떤 생각을 하는지, 어떤 감정을 느끼는지를 알고, 이해하고, 교감하는 과정이다. 관리가 수직적인 작동 방식이라면, 관계는 수평적 연결이다. **조직이 지속해서 성과를 내기 위해서는 '통제'보다는 '연결'이 필요하다.** 직원들과의 진심 어린 관계는 단순한 업무 지식보다 훨씬 강력한 동기를 만든다.

삼성물산의 박현철 전 사장은 아침마다 팀원 중에 한 명을 불러서 같이 커피를 마시며 '비공식 대화 시간'을 가졌다. 그 자리에서 그는 업무 이야기를 하지 않았다. 오로지 그 직원의 인생 이야기, 고민, 관심사에 귀 기울였다. 그리고 그런 시간이 쌓이면서 직원들은 그를 '말이 통하는 리더'라고 느꼈고, 어려운 일이 생기면 모두가 내 일처럼 문제를 해결해 나갔다. '저 사람이 날 알아준다.'라는 감정이 강력한 신뢰를 만든 것이다.

임원이 되면 숫자에 더 민감해진다. 매출실적, KPI(핵심성과지표), 효율 지수, 구성비, 구성률 등 숫자와 관련된 모든 것을 관리하다 보면 직원들과 이야기 중에도 생각은 숫자에 가 있다. '그래서 이익이 얼마라는 거야?', '그렇게 해서 공정률이 몇 퍼센트란 말이야?', '그 숫자가 아니잖아?'

업무 효율을 높이기 위해 숫자 관리가 필요하지만, 그러나 숫자 관리만으로는 결코 신뢰를 만들 수 없다. '관리자'라는 게 틀린 말이 아님에도 불구하고 관리자라는 인식이 심어지는 순간 직원들은 자신의 판단과 생각을 숨기고, 상사의 피드백을 피하고, 실수를 감추려고 한다.

스타벅스를 세계 최대 커피전문점으로 키운 하워드 슐츠 회장의 경영 철학은 '인간 중심'이다. 기업의 핵심 가치를 사람에게 두면 성장은 자연스럽게 따라온다고 생각한 것이다. 그는 다른 것보다 '직원이 가장 먼저.'라는 철학으로 경영을 펼쳤다. 직원을 만족시켜야 고객을 만족시킬 수 있는 서비스를 제공할 수 있다고 판단한 것이다.

실제로 슐츠 회장은 자신의 저서인 『스타벅스, 커피 한잔에 담긴 성공 신화』에서 "리더가 직원을 따뜻하게 대해주는 것을 회사 이익을 갉아먹는 추가 비용으로 여겨서는 안 된다. 평범한 회사를 위대한 기업으로 성장시킬 수 있는 강력한 에너지의 원천으로 생각해야 한다."라고 말했다. 이 같은 철학 때문에 그는 파트타임 직원을 비롯한 모든 직원에게 의료보험 혜택을 주는 등 복지를 확대하였고, 직원을 단순히 노동력을 제공하는 '종업원'이 아닌 '파트너'로 부르면서 근무 환경을 개선해 나갔다.

리더십 전문가 사이먼 사이넥은 책 『스타트 위드 와이(Start With Why)』에서 '왜(Why)'의 중요성을 강조했는데, 그는 조직의 리더가 구성원들과 진정성 있는 관계를 맺고, 공감과 신뢰를 바탕으로 소통할 때 조직 전체의 동기부여와 성과가 향상된다고 말한다.

6

직원을 보이게 하면
성공은 따라온다

회사에 '보이지 않는 직원'이 있다. 작은 중소기업의 경우에는 인원이 적으면 누가 무슨 말을 했는지, 누가 무슨 일을 했는지 금방 알 수 있다. 또 이번 일은 어느 부서에서 했는지도 확인이 되고, 일의 시작과 결과까지 분명하게 알 수 있다. 그러나 대기업의 경우에는 '누가?'에 대한 부분이 잘, 명확하게 확인이 되지 않을 때가 있다. 일부러 확인하려고 하지 않으면 그냥 모르고 지나치는 경우가 많다.

S 전자 이야기다. 회사 안에 직원들의 제안 내용을 취합해서 보고하는 부서가 있었다. 전사적으로 제안서를 받아서 우수 제안 건은 기준에 따라 포상했다. 월등히 뛰어난 것은 포상은 물론이고, 포상 휴가와 더불어 1호봉 승진도 있었다. 그래서 직원들은 늘 제안할 내용이 없나 살폈다.

마침 그런 제안 내용 중에 신입직원이 '품질보증서'를 제품에 부착, 출고하여 소비자들이 품질보증서를 잃어버려서 문제가 되지 않도록 한다는 제안을 하였다. 그동안 서비스센터에서 혹은 대리점에서 품질보증서 문제로 인하여 소비자로부터 클레임이 발생한 게 상당하다는 보고를 받던 중이었다. 그런 아이디어는 아무도 생각지 못했다. 당연히 그 제안 건은 받아들여졌고, 심사를 통해 최종적으로 대표이사 표창까지 받도록 선정되었다.

그런데 예상했겠지만, 그 제안에 대한 시상은 제안을 한 신입직원에게 돌아간 것이 아니라, 제안 건을 관리하는 담당 과장에게 돌아갔다. 이게 무슨 일인가? 당연히 의문을 품을 수밖에 없다. 대명천지에 이런 일이 있을까? 눈 뜨고 코 베인 꼴이 되고 말았다. 신입직원에게 돌아가야 할 시상이 과장으로 바뀐 것이다.

이런 상황이면 억울한 것은 당연한 일이다. 뒤에 알고 보니 신입직원에게는 제안에 참여했다고 작은 상품권 하나 지급한 게 전부였다. 그런 내용은 위에서는 전혀 모르는 일이었다. 사실 신입직원이 있던 부서에서 이야기해 주지 않았으면 아무도 몰랐을 것이다.

어떻게 생각하는가? 대기업에서 이게 가능한가? 물론 가능한 일이다. 마음만 먹으면 얼마든지 부하직원의 공을 가로챌 수 있다. 작성자란에 자신의 이름을 적으면 가능하다. 제안자 이름에 자신의 이름을 써놓으면 아무도 모른다. 아이디어를 내라고 해 놓고 잘 정리해서 내가 한 것처럼 제출하면 아무도 알 수 없다.

결과는 어떻게 되었을까? 당연히 시상은 신입직원에게 돌아갔다. 덕분에 1호봉이 오르고, 포상금과 포상 휴가까지, 회사 창립기념일 날 전 직원이 보는 앞에서 대표이사의 표창을 받았다. 공로를 자기 것으로 가로챈 과장은 어떻게 되었는가? 그에게는 훈계하고 반성하라는 의미로 견책 처분이 내려졌다. 그건 회사 차원에서 중요한 일이었고, 회사조직 내에서, 더군다나 간부가 그런 일을 했다는 것은 전체 직원들 사기 문제였다. '탐천지공

(貪天之功)'이라는 사자성어가 있다. '하늘의 공을 탐낸다.'라는 말인데, 남의 공을 가로챈다는 뜻이다. 당신의 회사는 어떠한가? 임원이 그렇지 않은가? 간부가 그렇지 않은가? 그런 임원, 그런 간부가 되지 말아야 한다.

넷플릭스는 '최고의 개인'보다 '강한 팀'을 조직 원칙으로 삼는다. 연봉이 높아도 직원들 간의 협업을 해치면 바로 내보낸다. CEO 리드 헤이스팅스는 팀의 공을 우선하면서 구성원 간의 존중을 최우선 가치로 둔다. 이런 문화는 성과 중심의 기업임에도 불구하고 '함께 이룬 결과'를 중시하는 DNA를 심어준다. 팀의 성장이 곧 회사의 성장이며, 구성원의 동기부여는 공동의 성취감에서 비롯되는 것이다.

'나 혼자 했다'는 인상을 주는 순간, 리더는 조직으로부터 냉소 받을 각오를 해야 한다. 리더는 하루에도 수십 번 말한다. 말속에 '내가'라는 단어가 많을수록 팀원들은 위축된다. 반대로 '우리'라는 단어가 많을수록 조직은 더욱더 탄탄해진다. 말의 차이가 신뢰의 차이를 만드는 것이다.

LX 홀딩스 구본준 회장은 대외 발표 자리에서 항상 실무자의 이름을 언급했다.

"이 프로젝트는 ○○○부장의 아이디어였습니다."

"현장 의견이 결정적이었습니다."

이 한마디는 당사자뿐만 아니라 직원 모두에게 동기부여를 제공했다.

구 회장은 "팀의 공을 드러내야 진짜 리더다."라고 말한다. 결과보다는 과정을, 과정보다는 그 일을 한 사람을 먼저 소개하는 모습이 구성원 모두에게 깊은 인상을 남긴다.

직원들은 자신이 회사 내에서 '보이는 사람'인지, '보이지 않는 사람인지'에 대해 민감하다. 그들은 누가 말해주지 않아도 모든 것을 알아차린다. 인정받지 못한다고 생각되면 조용히 자리를 떠난다. 회의자료에 작성자의 이름을 기재하고, 성과 발표 시에는 누구의 아이디어였는지, 누구의 노력이 가장 컸는지를 명확하게 알려야 한다.

임원은 직원들의 이름을 기억하는 자리다. 누구의 노력이 있었는지, 누가 노력하는지, 어떤 사람이 회사 발전에 크게 이바지했는지를 알고 그의 이름을 불러줘야 한다.

'보이지 않는 직원'으로 기억되기를 원하는 직원은 이 세상에 아무도 없다.

3장

상사와 일하는 기술로 승진의 절반을 쥐다

THE HIDDEN RULES OF
PROMOTION

직원들과 좌담회 때 "회사에 오래 근무할 수 있는 방법이 무엇입니까?"라는 질문에 "좋은 상사 만나서 열심히 하면 된다."라고 이야기한 적이 있다. 본인의 능력을 이끌어 주고, 드러나게 하는 역할을 상사가 한다고 생각했기 때문이다.
그러자 뭔가 대단한 것을 기대했는지, 반응이 별로였다.
"저 혹시 다른 건······."
"상사와 다투지 말고, 그게 오래 직장생활을 할 수 있는 두 번째 비결이다."
그러면서 옆에 앉은 간부들을 보니 모두 웃고 있었다. 웃는 표정에서 생각을 읽을 수 있었다. 더러는 웃으면서 고개를 숙인 간부도 있었고, 미소를 지으며 눈을 감고 있는 간부도 있었다. 표정 없이 담담한 얼굴로 앞만 쳐다보고 있는 간부도 있었다. 직원들도 간부들 표정이 궁금한지 뒤에 앉은 몇몇 직원은 미어캣처럼 고개를 빼 들고 간부들 표정을 살폈다.

1

선을 넘지 마라,
넘으면 위협으로 바뀐다

　상사와 부하직원 간에 아무 일이 없음에도 불구하고 무언가 말할 수 없는 어색한 기운이 감돌 때가 있다. '왜?', '무엇 때문에?' 그러나 그 이유를 몰라 속만 타들어 간다. 당신이 알 것은 상사와 부하 사이는 친하기도 하지만 가장 민감한 위치에 있는 관계라는 것이다.

　흔히들 "친하다고 해도 지킬 것은 지켜야 한다."라고 말한다. 같이 일하다 보면 자연적으로 친해지기 마련이다. 그래서 있는 말, 없는 말을 할 때가 있다. 가정사는 물론이고 애들 학교 문제까지 모두 이야기하게 된다. 그러나 그렇게 이야기하는 중에 순간적으로 상사의 표정이 달라지는 것을 본 적이 있는가? 기분 나쁜 말을 한 것도 아닌데 왜 그럴까?

　그런 당신에게 이렇게 질문한다. "당신은 상사를 잘 아는가?" 이 질문에 선뜻 대답하지 못하는 이유는 무엇인가? 당신은 지금 이유를 찾고 있다. '내가 모르는 게 있다는 말인가?' 상사에게 기분 나쁜 말은 하지 않았을 것이다. 기분 나쁜 행동도 하지 않았을 것이다. 그러나 그 짧은 순간 당신이 의도한 것은 아니지만 상사의 '선'을 당신도 모르게 침범한 것이다.

3장　상사와 일하는 기술로 승진의 절반을 쥐다

다음은 간부들이 이야기하는 기분 나쁜 것이다.

* 마음대로 상사의 서랍을 열어 본다.
* 상사 책상 위에 있는 서류를 마음대로 들춘다.
* 상사가 추진하는 일에 대해 다른 사람들에게 부정적으로 말한다.
* 드리는 말씀이라 해 놓고 내용은 충고에 가깝다.
* '자신 때문이다.'라는 것을 은연중에 강조한다.
* 상사가 보고 있는 컴퓨터 화면을 훔치듯이 엿본다.
* 회사 법인카드를 맡기면 마음대로 사용한다.
* 비밀이라고 말하면 우리 사이에 무슨 비밀이냐고 하면서 중요하게 생각하지 않는다.
* 사람들 앞에서 상사를 옹졸한 사람, 유치한 사람이라고 말한다.
* 들은 것도 못 들었다고 말하며 대놓고 무시한다.

사소하다고 생각하는가? 너무 유치하다고 생각하는가? '그런 말 할 수도 있지.'라고 생각하는가? 그러나 분명한 것은 사람과 사람 사이에는 넘지 말아야 할 심리적, 물리적 공간이 있다는 것이다. 그것을 '선', '경계'라고 말하는데, 당신이 그 선을 넘는 순간 당신이 아무리 일을 잘해도 상사의 눈에는 '버릇없는 사람', '무례한 사람'으로 낙인찍히고 만다.

국내 한 벤처 스타트업에서 전략기획실장으로 일했던 K 과장은 대표이사와 직접 보고를 주고받는 아주 가까운 사이였다. 그는 똑똑했고, 판단도 빨랐고, 일 잘한다고 사내에 소문이 자자했다. 어느 날, 해외 진출 사업과 관련해서 대표의 생각에 반대 의견을 냈다.

"대표님, 그 방식은 리스크가 너무 큽니다. 투자자들도 다르게 보고 있습니다."

"그럼, 자네가 대표하지?"

회의는 그것으로 끝나버리고 말았다. 그날 이후 그는 점점 중요한 자리에서 제외되기 시작하였고, 결국 3개월 뒤에 회사를 나오게 되고 말았다.

그는 회사를 나오고 나서야 뒤늦게 알았다.

"대표의 틀린 판단을 지적한 게 문제가 아니라, 대표의 권위를 부정한 것입니다."

하버드 케네디스쿨 리더십 보고서는 "고위 의사결정권자일수록 자신의 권위에 도전하는 행동에 예민하며, 이를 '논리'보다 '의도'로 해석하는 경향이 많다."라고 말한다.

삼성에서 그를 모르면 간첩이라고 할 정도로 유명했던 이학수 사장은 오랫동안 구조조정본부장을 지내면서 회장 다음으로 막강한 자리에 있었고, 실제로 그룹을 움직이는 실세였다. 그럼에도 불구하고 그는 공식 석상에서는 절대 전면에 나서지 않았다. 얼마나 심했으면 그가 삼성에 있는지 없는지 의심할 정도였다.

한 언론인이 삼성 내부의 의사결정 구조를 파헤치고자 취재에 나섰을 때, 여러 임원이 입을 모아 말한 이름이 있다.

"이학수 사장이 움직여야 모든 일이 굴러갑니다."

그런데 실제 회의에서 이 사장이 어떤 식으로 말하는지를 지켜본 기자는 놀라움을 감추지 못했다. 어떤 전략을 설명할 때도, 어떤 인사안을 말할 때도 이학수 사장은 늘 이렇게 말했다.

"회장님이 이런 방향으로 고민하고 계십니다."

"회장님 뜻은 이렇습니다."

그래서 나중에 사람들 사이에 이런 말이 퍼졌다.

"이학수 사장은 자기가 어떤 결정을 했는지도 모르게 만들 줄 아는 사람이다. 의사결정이 내려지면 다들 '회장이 그렇게 말하더라.'라고 기억하지, 이 사장이 그렇게 정했다는 것은 아무도 모른다."

그가 이건희 회장 곁에서 무려 15년 이상 있을 수 있었던 비결은 하나였다.

"절대 회장을 넘보지 말고, 총수의 뒤에 서서 총수를 강화하는 사람이라는 인식을 심는 것."

심지어는 누군가가 "이학수가 회장보다 더 세다."라고 말하면, 그는 즉시 움직여서 자기 권한을 회장에게 귀속시키는 언론 기사를 쓰도록 하거나, 인사조정을 통해 균형을 맞추었다. 실제로 필자가 삼성에 있을 때 사내 TV 방송이나 사보에서 그를 본 적이 거의 없을 정도였다.

2023년 대한상공회의소의 「직장 갈등 보고서」에 따르면, 직장 내 갈등의 61.8%는 '상사와의 커뮤니케이션과 역할 충돌'에서 비롯된다고 한다. 그리고 그중 대부분이 '업무수행 방식에 대한 이견'이나 '피드백 수용 과정에서의 갈등'이었다. 즉, 직장인 대부분은 '틀린 행동'보다 '선을 넘는 말' 때문에 어려움을 겪는다는 것이다.

일본 직장문화는 '선을 지킨다'는 관점에서 매우 체계적이다. 신입사원이 입사하면 가장 먼저 배우는 것이 바로 '호렌소(報連相)'다.

'호렌소'는 단순히 업무 매뉴얼이 아니라, 상사의 권한과 역할을 넘지 않기 위한 경계 훈련이다. 실제로 일본 도요타 자동차의 조직 내 행동 지침에는 "부하직원은 상사의 의사결정 이전에 독단적인 판단을 하지 말 것"이라는 조항이 명시되어 있다. 어쩌면 비효율적으로 보일 수 있지만, 상사의 권한을 존중하면서 조직의 안정을 우선시하는 전략적 선택이다.

당신은 결코 도전이라고 생각하지 않는다. 그러나 당신이 선을 건드리고 상사의 영역을 침범한 것은 분명하다. 당신과 상사가 같이 공존하는 중립 지역에서는 아무 문제가 없다. 생각이 겹치는 중간 영역에서는 자유롭다. 그러나 더 이상 앞으로 나가지 말고 거기서 발을 멈춰야 한다. 당신 스스로 경계를 만들 필요가 있다. 상사가 이렇게 해 달라고 말하지는 않는다. 다시 한번 강조하는데 **그가 당신의 상사라는 것을 잊어서는 안 된다.**

---

* '호렌소(報·連·相)'는 일본 비즈니스 문화에서 중요한 개념으로, "호코쿠(報告, 보고하다)", "렌라쿠(連絡, 알리다)", "소단(相談, 상담하다)"의 앞 글자를 딴 단어로, 직장 내에서 업무 진행 상황을 상사나 동료에게 적절히 보고하고, 필요한 경우 정보를 공유하며, 문제가 발생했을 때 함께 해결책을 모색하는 것을 의미한다. 즉, 원활한 의사소통과 협업을 위한 필수적인 행동 지침이다.

2

악마로 태어난
상사는 아무도 없다

그렇지 않기를 바라지만 어쩔 수 없는 경우도 있다.

"아! 그 악마 같은 게…."

내가 쳐다보자 나와 얼굴이 마주친 직원은 놀란 표정으로 얼른 입을 다물었다. 아마도 내가 지나가는 것을 못 본 모양이었다.

"왜 그래? 누군데 그래?"

그러자 고개를 저으며 아니라는 시늉을 했다. 명찰에 있는 부서 이름을 보니 누군지 짐작이 가지 않았다.

'누군데 악마라는 소리를 하지?'

직장생활에서 가장 곤란할 때가 바로 이럴 때다. 위에 상사가 부하직원에게 좋지 않은 말을 들으면 걱정이다. 우선 일을 잘하고 못하고를 떠나서 그가 걱정이고, 그 부서가 걱정이다. 장기적으로 보면 회사를 위해서 좋은 일이 아니기 때문이다.

그래서 혹시나 하는 생각에 몇몇 직원을 불러서 그 직원이 한 말이 맞는지 물어보았다. 다행히도 그 정도는 아니라고 했다.

"아마도 개인적으로 스트레스가 많은 모양입니다."

"악마라는 소리도?"

"그건 아닙니다." 직원들은 단호하게 부인했다.

그러면서 그 직원 이야기를 들려주었다.

그가 다른 사람들에게 말하기를 유독 자기에게만 차갑게 대하는 것 같다는 이야기였다. 그러나 그것은 오해였다. 그 팀장은 무뚝뚝하고 감정표현이 서툰데, 그런 팀장을 '감정 없는 사람'으로 느꼈고, 점점 마음을 닫았고, 결국 대화도 줄고 하다가 문제가 생기자 다투게 된 것이다.

지금 다니고 있는 직장에 혹시 '악마'라고 부르는 사람은 없는가? 회사에 다니다 보면 '왜 저런 사람이 상사일까?' 하는 생각을 할 때가 있다. 그러나 **문제를 자세히 알아보기도 전에 먼저 지나치게 감정적으로 받아들이면, 우리는 중요한 관점을 놓치게 된다.**

심리학에 '기본 귀인 오류(Fundamental Attribution Error)'라는 개념이 있다. 사람들은 타인의 행동은 그 사람의 성격 탓으로 돌리면서, 자신의 행동은 상황 탓으로 설명하려는 경향이 있다는 것이다.

예를 들어 상사가 회의 중 당신을 몰아붙였다고 하자. 그러면 '저 사람은 원래부터 나를 싫어해.'라고 생각한다. 그러나 자신이 짜증을 내면 '요즘 내가 스트레스가 많아서 그래.'라고 말하면서 대수롭지 않게 생각한다. 이런 왜곡된 인식은 상사를 '나쁜 사람'으로 만드는데 매우 유리한 환경을 만든다. 그 사람의 말투, 눈빛, 피드백 하나하나가 모두 감정적으로 해석되는 것이다.

우리는 무뚝뚝하고 감정표현을 잘하지 않는 사람을 자의적으로 해석하는 경향이 많다. 어쩌다 그 사람과 언쟁이 벌어지면 '나를 미워해서.'라고 생각하고, 말하지 않으면 '나를 싫어한다.'라고 생각한다. 그리고 그런 상태가 길어지면 자기가 생각한 게 맞다고 생각한다.

며칠 뒤 악마 이야기가 나왔던 간부를 만났다.

"그 친구하고 아무런 감정도 없습니다. 그 친구가 저를 불편해하는 줄 알았는데, 그래서 그냥 아무 말 안 하고 지냈을 뿐입니다."

평소 그 간부는 말이 없는 사람인데, 직원은 그 사실을 모르고 그가 자신을 멀리한다고 생각한 것이다. 그 역시 직원에게 말하지 않자, 악마가 돼버린 것이다.

2023년 인크루트가 조사한 직장인 설문 조사에서 직장인 63.2%가 가장 스트레스를 많이 주는 존재로 '직속 상사'를 꼽았다. 그러나 역설적으로, 관리자를 대상으로 한 조사에서는 가장 애매하고 힘든 부하직원 유형에는 '자기 주관은 강한데 협조하지 않는 직원'이 1위였다. 한국산업심리학회가 발표한 보고서에도 직장 내 스트레스 요인 1위는 '상사와의 갈등'이라고 했다.

이것은 서로를 불편하게 여긴다는 의미다. 우리는 우리만 힘들다고 생각하지만, 상사 역시 어떻게 대해야 할지 모르는 부하직원 때문에 고민한다는 말이다. 서로를 불편해하고, 각자 자신의 프레임 안에서 상대방을 해석하는 것이다. 우리는 상사를 해석하고, 상사는 우리를 '문제 있는 존재'로 본다. 그리고 감정은 점점 더 커져서 나중에는 충돌까지 일으키게 된다.

중요한 것은 감정에 휘둘리지 않는 것이다. 평정심을 잃으면 생각이 흐려지고 감정싸움에 말려든다. 하버드 로스쿨에서 협상 프로그램을 진행하며 25년간 수많은 상사 분쟁에 참여한 로버트 누킨(Robert Mnookin) 교수는 상대를 절대 "악마화하지 말라."라고 강조한다.

"사람들은 상대가 내게 심각한 위해를 가했고, 그렇기 때문에 영원히 신뢰할 수 없는 악마라 단정 짓더군요. 이 경우 기업들은 협상보다 소송, 계약파기 같은 극단적인 선택을 하지요. 결국, 그것으로 얻을 것은 아무것도 없는데도요. 자신의 견해나 요구가 아닌 근본적인 목표와 이득에 집중해야 합니다."

"당연한 말 아닌가요?"

"그럴 것 같죠? 그러나 놀랍게도 나를 찾아온 많은 기업이 목표가 무엇이고, 그것을 왜 하는지도 구체적으로 표현하지 못한 채 전의(戰意)만 불태웠어요. 상대의 행동을 평가할 때 '비겁하다.', '배신했다.' 같은 개인 성향만 과장해서 받아들이고, 분쟁의 상황은 과소평가해서 자신의 장기이익을 간과하는 것이죠."

상사를 악마로 만드는 순간, 그가 만드는 것이 아니라 우리 스스로가 우리를 피해자로 만든다. 상사를 비판할 수는 있다. 그러나 그를 단순히 악당으로 규정하는 순간, 우리는 많은 것을 포기해야만 한다. 그로부터 배우는 길이 막히고, 그의 도움을 받을 수 없다. 심지어는 그의 발걸음 소리까지도 들을 수 없게 된다.

영화 〈악마는 프라다를 입는다〉에서 앤드리아(앤 헤서웨이)는 최고의 패션 매거진 '런웨이'에 입사하지만, 보스이자 악마 같은 편집장 미란다(매릴 스트립)의 날카로운 눈썰미와 버거운 미션에 고군분투하다가 결국에는 미란다와 헤어지고, 원래 꿈이던 기자가 되기 위해 '뉴욕 미러'에 면접을 보게 된다. 면접관은 거만한 비서를 통해 미란다에게 쪽지(평판 조회)를 남겼더니 미란다가 친필로 팩스를 보내왔다고 말하는데, 팩스 내용은 이랬다.

"그녀는 내게 가장 큰 실망을 안겨준 비서다. 하지만 그녀를 채용하지 않는다면 당신은 최악의 멍청이다."

나도 신입사원 때 그런 상사를 만났으면 좋겠다고 생각한 적 있다. 성격은 개떡 같아도 말이다.

3

상사를 '칠종칠금' 전략으로 만족시켜라

그런데 말은 그래도 돌아서면 또 어쩔 수 없이 상사 얼굴을 봐야 한다.

어떤 직원은 상사에 대한 중압감이 얼마나 컸던지 밤에 잠을 자다가 헛소리까지 했다는 이야기도 들었다. 그렇게 알게 모르게 상사 때문에 고민하는 직원이 많다. 어쩌면 그것 때문에 이 책을 들었는지도 모른다. 그래서 직원들의 태도는 보통 세 가지로 나뉜다. 하나는 그냥 그렇겠거니 하는 '무시형'이 있는가 하면, 또 하나는 싸우기로 작정하는 '투사형'이 있고, 무시하지도, 싸우지도 않고 머리를 쓰는 '제갈형'이 있다.

삼국지 '남만 정벌' 편에 보면 유비가 죽은 후 승상이 된 제갈량이 남쪽 지역, 남만을 평정하러 원정을 떠났다. 그곳에 있는 맹획(孟獲)은 강인하고 야성적인 인물로, 지역 주민들의 절대적 지지를 받는 장수다. 그러나 맹획은 제갈량과의 싸움에서 매번 지고 잡혔는데, 그 횟수가 무려 일곱 번이다. 맹획은 어떻게 일곱 번이나 싸움을 할 수 있었을까? 그게 제갈량의 전략이다. 제갈량은 맹획을 잡으면 죽이지 않고 일곱 번이나 놓아주었다. 바로 '칠종칠금(七擒七縱)', 일곱 번 잡고 일곱 번 놓아주는 전략이다. 맹획은 풀려날 때마다 분을 참지 못하고 다시 싸우지만, 제갈량은 그때마다 맹획을 정중하게 대하고 다시 풀어주었다. 제갈량은 맹획이 '스스로 졌다고 인정하고 무릎을 꿇는 순간'을 기다린 것이다. 결국, 맹획은 제갈량 앞에 무릎을 꿇으며 말한다.

"공께서 이렇게 저를 일곱 번이나 놓아주시다니, 제가 다시 북벌에 맞설 면목이 없습니다. 이제부터 진심으로 대속하겠습니다." 그날 이후로 남만은 다시는 반란을 일으키지 않았고, 남중은 촉나라에 헌신하게 된다.

경쟁이 심한 사회에 사니까 경쟁에 몰두하면 "저 사람을 꼭 이겨야지." 하는 마음이 생긴다. 그래서 '어떻게 하면 이기지?'하는 생각에서 벗어나지 못한다. 말 그대로 '기승 전, 이기는' 공식에 함몰되어 사는 것이다. 일이 안 될 수밖에 없다.

상사와 다투면 싸움에서 이길지는 몰라도 그것도 그때뿐이다. 나는 그런 사람을 볼 때마다 한숨밖에 안 나온다. '회사를 다니려고 하는지, 안 다니려고 하는지' 싸울 때는 눈에 보이는 게 없을 정도로 싸운다. 왜 그렇게 싸우는지 모른다. 상사와 나와 무슨 상관이 있어서? 그 사람 때문에 시간을 허비할 이유가 있나? 그 사람이 좋은 사람이 아니라면 그 사람 때문에 귀중한 시간을 허비할 이유가 하나도 없다. 만약 임원이 꿈이라면 그건 절대 있어서는 안 된다. 싸움 잘해서 임원 된 사람은 지금까지 한 명도 보지 못했다.

셀트리온 서정진 회장은 신입사원 교육 때 이렇게 말했다. "선배가 회사 다닌 지 15년 됐다고 하면 회사에 말뚝을 박고 있는 것이다. 그 선배는 너희한테 존중받을 자격이 있다. 성격이 더러워도 참아라. 선배들을 존중하면 선배도 너희를 예뻐할 것이다. 자기가 가진 것들을 너희에게 빨리 줄 것이다. 그럼 너희도 빨리 성장할 수 있다. 우리 회사가 잘되려면 뒷담화하지 마라. 그건 독이다."

상사는 괜히 누구를 편애하고, 신뢰하는 게 아니다. 반대로 이유 없이 누구를 구박하고, 왕따시키고, "내가 널 쫓아내고야 말겠다."라고 말하지도 않는다. 다 이유가 있을 것이다. 직원들이 그 이유를 찾는 노력을 하기는 하지만, 대개는 찾으려고 하기보다는 적으로 간주하는 경향이 많다.

구글에 초엘리트들이 몰리는 이유는 돈 때문만은 아니다. 그것은 구글이 제시하는 까다로운 '리더의 자격' 때문이다. 2009년 구글은 사내 인간 분석 조직을 소집했다. '프로젝트 옥시전(Project Oxygen)'이라는 암호명으로 불리었는데, 구글 수뇌부에서 내린 명령은 이랬다.

"'좋은 보스'를 길러낼 방법을 찾아라. 좋은 보스는 회사의 성과를 높일 뿐 아니라, 부하들도 행복하게 만든다. 구글의 미래를 위해 차세대 검색 알고리즘보다 훨씬 중요하다."

그러자 즉시 인간 분석 조직은 팀장급 이상의 직원들에 관한 자료를 1만 건 이상 모았다. 그리고 대면 조사와 설문 조사 등 수집한 자료 모두를 철저하게 분석했다. 1년 후, 좋은 보스가 되기 위한 여덟 가지 조건이 정리되었는데 1위는 성과가 아닌 정서와 관련된 것이었다. 그리고 '부하와 1대 1 만남을 가질 것', '부하의 이야기를 잘 들어줄 것', '부하의 웰빙에 관심을 둘 것' 등이었고, 기술적 전문성은 맨 마지막이었다.

세상에 완벽한 인간이란 없다. 완벽한 상사도 없다. 구글도 그런 '상사', '보스'를 필요로 했다. 그러나 사람을 찾은 것이 아니라, '좋은 보스의 조건'을 찾았다.

상사는 다른 사람을 이끌어야 하므로 그만한 자질이 요구된다. 그러나 그 역시 사람이기에 부족한 부분이 있다. 그럴 때 부하직원으로서 상사의 결점에는 눈을 감는 게 낫다. **모든 면에서 나쁜 상사는 드물다. 안 좋은 부분이 있다고 해서 전체를 부정해서는 안 된다.**

시간이 지나면 당신에게도 부하직원이 생긴다. 그때 당신이 흠잡을 데 없는 상사라고 단언할 수 있겠는가? 쉽지 않다. 장담할 수 없다는 말이 솔직한 표현이다. 완벽하지 않기 때문에 장점은 살리고 단점은 보완하는 노력이 필요하다.

회사마다 '고객 만족'을 강조한다. 고객이 만족하지 않으면 소용이 없다는 말이다. 아무리 좋은 제품을 만들고, 혁신 제품을 만들어도 고객을 만족시키지 못하면 모든 게 필요 없다. S 전자가 지금처럼 성장하게 된 배경에는 '고객 만족'에 최선을 다한 직원들의 노력이 컸다.

마케팅 전문가 사이먼 쿠퍼는 "당신이 진짜로 만족시켜야 할 고객은 당신 상사다."라고 말한다. 고객이 무엇을 원하는지를 모르면 최고의 서비스를 제공할 수 없다.

고객에게 문의가 오면 24시간 이내에 답을 하지 않는가? 상사가 궁금해하는 내용을 미리 알고 적절한 답을 준비하는 것, 그리고 "더 할 일이 없을까요?"라고 묻는 것이다.

고객은 상품보다 자신의 감정을 알아주는 사람에게 마음을 연다. 잘못이 있다면 변명하지 말고 솔직하게 말하는 것이다. 미국 자포스는 불만 고객과 무려 10시간 넘게 통화한 적도 있다. 고객은 "문제를 해결해서가 아니라, 나를 사람으로 대우해 줘서 만족했다."라고 말했다.

고객은 작은 것에 감동한다. 상사에게 '예상 밖의 감동'을 주는 것이다. 고객의 SNS에 답글을 달아주고, 리뷰에 감사하다고 말하는 것처럼, "감사합니다.", "고맙습니다."라는 정성이 담긴 당신의 말 한마디는 상사를 기쁘게 한다.

4

임원처럼 말하고
임원처럼 행동하라

하버드 경영대학원의 강의실 모습을 그려보았다. 물론 이것은 가상이다. 101호 강의실에서는 『마이클 포터의 경쟁우위』의 저자인 경영학 교수 마이클 포터가 '경영전략'에 대해서 강의하고 있다. 그는 '현대 전략 분야의 아버지'로 불리며, 경영전략 분야의 세계 최고 권위자로, '경영전략', '경쟁전략' 등을 가르치는데, 피터 드러커, 톰 피터스와 함께 세계 3대 경영 석학으로 불린다. 그리고 바로 옆 102호 강의실에서는 학생들이 '올빼미'라고 부르는 조지프 바다라코 교수가 '기업 윤리'에 대해 강의하고 있다. 강의 제목은 '역할과 책임 의식(Roles and Responsibilities)'이다. 그는 옳은 것과 옳은 것이 충돌할 때를 주제로 『무엇이 최선인가』를 저술하였다. 그리고 복도 맨 끝에는 학교에서 가장 큰 105호 강의실이 있는데, 거기서는 『정의란 무엇인가』로 유명한 마이크 샌델 교수가 강의 중이다. 그가 가르치는 것은 정치철학 과목으로, 여전히 그는 학생들에게 질문하며 '정의(Justice)'를 강의하고 있다. 지금까지 그의 강의를 들은 학생들 숫자는 무려 14,000명이나 된다. 이것이 하버드 경영대학원 MBA의 수업 모습이다.

하버드라는 세계 최고의 대학 안에 '전략'과 '윤리', 그리고 '정의'가 공존하고 있다는 사실이 놀랍다. 아이러니를 느낀다. 아마도 서로 다투고 싸우기라도 한다면 '정의'가 심판을 맡지 않을까 싶다. 학생들은 졸업하면 각자 자기 길을 찾아간다. 경영 컨설팅, 투자은행, 사모펀드, 헤지펀드, 벤처 캐피털, 금융기관, 또한 빅테크 기업, 유명 컨설팅 회사, 다국적 기업인 아마존, 구글, 마이크로소프트 등. 거기서 그들은 일할 것이다. 입사해서 아직 입사서류에 잉크도 마르지 않은 신입사원들은, 저기 3명의 교수에게 강의를 들은 학생들은, 기업에서 일어나고 있는 많은 일을 어떻게 생각하고 헤쳐 나갈까?

종종 회사 내에서 이런 말을 듣는다. "내가 틀린 말을 한 것도 아닌데, 맞는 말이잖아?", "잘못된 것을 바로잡으려고 한 것뿐인데, 그게 왜 잘못이라는 거야?" 실제로 회의에서 나온 말이다.

마케팅 회의 때 김 부장이 발표한 내용에 대해 박 부장은 자신이 준비한 자료를 내보이며 하나하나 반박했다. 수치는 맞았고, 통계도 정확했다. 시장 상황과 시장조사 내용이 모두 맞았다. 주장하는 논리도 틀리지 않았다. 그는 언제나 논리적이었다. FM이라는 소리를 들었고, 원칙주의자로 통했다. 적어도 그때까지만 해도 그랬다.

그러나 회의에서 그는 특유의 말을 하고 말았다.

"우리가 법을 안 지키면 누가 지킵니까? 왜? 틀린 말이 아니잖아?"

그러자 김 부장이 맞받아쳤다. "누가 그걸 몰라? 여기는 회사야, 회사라고."

그렇게 한바탕 소동이 벌어졌고 마케팅 계획은 김 부장이 계획한 대로 진행되었다. 박 부장이 주장한 것은 받아들여지지 않았다.

왜 맞는 말이 미운 말이 되고, 미운털이 박히는 것일까?

직장생활 중에 가장 흔한 갈등 중 하나는, 논리적으로 맞는 말이 받아들여지지 않는 것이다. 많은 직장인이 갈등하는 부분 중 하나다. 어떤 일을 놓고 스스로 갈등한다. "이렇게 해도 될까?" 그러나 아무도 답해주지 않는다.

그러나 이것 하나는 분명하다. **회사는 맞고 안 맞고를 가리는 법정이 아니고, '회사 룰'을 가지고 움직이는 '조직'이라는 것이다.** 최고 경영자는 조직의 방향과 맞지 않으면 아무리 맞는 말이라도 받아들이지 않는다. 아무리 좋은 의견이라도 그건 의견일 뿐이다. 최고 경영자가 원하는 것은 김 부장이 말한 대로 '회사를 우선하는' 말이다. "여기는 회사야."라는 김 부장의 말에 많은 사람이 수긍했다. 박 부장 말처럼 논리적인 말, 이기는 말은 필요 없다.

미국의 조직심리학자 로널드 리긴스는 이렇게 말한다.

"기업 조직은 '정답'의 공간이 아니라 '합의'의 공간이다. 명확한 정답이 존재해도 그것이 권력 구조를 위협한다면 거부된다."

미국에서 가장 큰 스캔들을 일으킨 천연가스 기업인 엔론의 CEO 제프 스킬링은 하버드 MBA 동문으로 학생들에게 인기였다. 그가 하버드를 방문하면 영웅 대접을 받았다. 학생들은 기립박수를 보냈고, 교수들은 엄청난 돈을 긁어모으는 그와 그의 회사에 관해 연구하였다. 회사 안에는 또 다른 수십 명의 하버드 MBA들이 있었다. 모든 것이 잘 돌아가고 있을 때, 그들은 천재 취급을 받았다.

그러나 2007년 엔론이 파산하고 스킬링이 감옥에 가자, 하버드와 하버드 MBA의 평판은 땅에 떨어졌다. 그리고 '리더십과 기업의 책임'이라는 과목이 필수 교과과정에 도입되자 학생들은 윤리를 시궁창에 내던진 채 달러를 좇는 위험을 주제로 토론하기 시작했다.

물론 그들도 어쩔 수 없지 않느냐는 말이 아니다. 그들을 두둔하고 싶지는 않다. 다만 이야기하고자 하는 것은, 정의롭게 일한다는 착각에 빠지지 말자는 것이다. 정의로운 것은 법밖에 없다. 비즈니스는 도둑질, 사기, 부정을 저지를 가능성이 큰 인간 행위라고 말한다. 비즈니스계의 큰 과제 중 하나는 도둑질, 사기, 부정을 억제하여 기업과 사회의 전체 시스템이 지옥으로 휩쓸려 들어가는 일이 없도록 하는 것이라고 한다.

2017년 노벨 경제학상을 수상한 리처드 탈러는 "우리 인간은 정신이 없고, 약간 과체중인 경향이 있으며, 일을 미루고, 지나치게 자신감이 넘치는 것으로 유명하다. 결정적으로, 인간이 오류를 범할 수 있는 존재라는 사실을 인정하고 나면 인간이 더 나은 결정을 내릴 방법들을 알아낼 수 있을 것이다."라고 말했다.

임원이 된 사람들을 살펴보면 자기주장이 강한 사람보다 분위기를 읽을 줄 알고, 회사를 우선한 사람들이다. 회의 스타일도 공개적으로 자기주장을 내세우기보다는 회의가 끝난 후 조용히 해결하는 스타일이다. 강한 논리 주장과 정의를 주장하는 것은 한편으로는 반대하는 것처럼 보인다. 논리가 조직을 위협하지 않게 하려면 먼저 '존중'을 깔아야 한다. "제가 드리는 말씀은."처럼 상대방의 입장을 강화하는 방법으로 말해야 한다.

회사에서 맞는 말을 했는데도 미움을 받는 이유는 당신이 틀려서가 아니다. 단지 '임원처럼 말하지 않기 때문'이다. 임원은 진실을 모르는 사람이 아니다. 그들은 '진실이 조직 안에서 어떻게 받아들여질지, 누구에게 어떤 방식으로 전달해야 가장 효과적일지'를 먼저 생각한다. **정답을 말하는 것보다, 정답을 받아들이게 만드는 태도가 중요하다.**

논리만으로는 사람을 움직일 수 없다. 진심이어도 타이밍을 놓치면 불편함이 되고, 사실이어도 감정을 고려하지 않으면 거부감으로 돌아온다. 그래서 임원의 언어는 다르다. 그들은 말하기 전에 듣고, 주장하기 전에 먼저 공감한다. 상대방의 입장을 헤아리고, 전체 흐름 속에서 할 말을 생각한다. 때로는 말하지 않는 것이 더 강한 설득일 수도 있다. 조직을 움직이는 임원의 언어와 태도는 다르다.

5

판을 읽는 자가
판을 주도한다

　회의실 안에서도 '말귀'를 알아듣는 사람이 있는가 하면, 말귀를 알아듣지 못하는 사람이 있다. "아!" 하면 "어!" 정도만 되어도 다행인데, 그렇지 못하면 "아직 한참 멀었다."라는 소리를 듣게 된다.

　마케팅 회의 때 김 부장이 발표한 내용에 대해 자신이 주장하는 내용이 맞다면서 조목조목 반박한 박 부장은 그런 의미에서 '회사' 분위기를 읽는 데 부족하다. A 전자, P 팀장 역시 마찬가지다. 그가 한 말에 직원들이 수긍하기는 했지만, 임원들의 반응은 냉담했다. 결과는 불을 보듯이 뻔했다. 모두 분위기를 읽는 데 실패한 결과다.

　신입사원은 이제 막 들어왔으니 분위기 파악이 안 됐다 치더라도, 연차가 몇 년씩 쌓인 직원들이 이제 막 들어온 신입생처럼 분위기 파악을 못 하면 쯧쯧 혀를 차지 않을 수 없다. 그래서 한 번 더 쳐다보는 것이다.

　그래 놓고 상대방을 향해서 뭐라고 하는가? "조조 같은 놈."이라고 말하지 않는가?

　사람들은 조조를 가리켜 '교활하다.'라고 말한다. 그런 사람을 이름 대신에 '조조'라 부른다. 그런데 그렇게 말하는 사람들 속내를 들여다보면 패배의식이 강하다. 직역하면 "너는 나보다 뛰어나다, 그러니 너는 조조다."라는 것이다. 이긴 사람이 상대방을 가리켜 조조라고 부르는 것은 아직 한 번도 못 봤다. 조조 편을 들자면 나쁜 의미로 조조를 불러서는 안 된다. 삼국지에는 유비, 관우, 장비, 제갈량만 있는 게 아니다. 조조가 있었기 때문에 삼국지라는 큰 역사물이 나올 수 있었다.

입사해서 대리, 과장을 지나면 회사가 어떻게 돌아가는지는 충분히 알고도 남는다. 회사 생활에서 분위기 파악만 잘해도 반은 먹고 들어간다. 회사에서는 '회사'라는 판에서 놀아야지 다른 판에서 놀면 안 된다.

직장인 커뮤니티에 올라온 글에서 "회사에서 일 안 하고도 잘 먹는 인간들이 있다."라는 글을 보았다. 대다수 사람이 '극혐'이라고 표현했다. 나도 그런 인간들을 그냥 두고는 못 본다. 그런데 그런 사람들은 나름 처세술의 귀재다. 칭찬하는 것은 아니지만, 물론 따라 해서도 안 된다. 그 사람들은 눈치가 백 단이다. 위에 상사가 무엇을 좋아하는지, 어떤 취미를 가졌는지, 어떤 메뉴를 좋아하는지, 직장 상사에 대한 모든 것을 훤히 꿰뚫고 있다. 그러니 직장 상사는 일이 생기면 그 사람을 찾지 않을 수 없다. 왜? 편하기 때문이다.

직원 중에도 그런 사람이 있다. 아침에 출근하면 문을 열고 들어와 인사한다. 손에는 신문이 들려져 있다. 물론 여직원이 알아서 챙기겠지만, 여직원은 옆에서 웃기만 할 뿐. 그리고 자기 부서의 일과 "참고 내용입니다."라면서 회사 안에 내가 모르는 것을 말해준다. 직원들 대소사는 물론이고, 가끔은 귀에다 대고 "고~오급 정봅니다."라면서 말해주는 것도 있다. 부탁할 내용이 있으면 체면 불고하고 대놓고 말한다. 기분 좋으면 어떤 때는 형님이라 부를 때도 있다. 텐션이 올라가면 그냥 "형!"이다. 오후 2~3시경, 뭔가 심심할 즈음이면 재미있는 이야기라면서 이야기보따리를 풀어 놓는다. 퇴근 시간이 다 되면, 들어와서 따로 뭐 시키실 일이 없냐고 묻고는 "먼저 퇴근하겠습니다."라는 인사를 남기고 손가락 하트를 남기면서 문을 닫고 사라진다. 내가 "미친놈!"이라고 말하면 기분 더 좋아한다. 우리 회사 강 과장 이야기다. 체면 따위는 밥 말아 먹은 지 오래된 친구다.

어떤가? 회사마다 이런 친구들 한 사람 정도는 있지 않은가? 강 과장이 내 말처럼 미쳤는가? 아니다, 그는 절대 미치지 않았다. 강 과장은 내가 무엇을 좋아하는지 잘 아는 것뿐이다.

『조조 같은 놈』을 읽어보면 "조조 같은 놈은 적이자 경쟁자에게도 필요하다고 판단되면 과감히 도움을 청한다."라고 되어있다. "성공의 고수는 종종 남의 힘을 빌리는 데도 고수다."라고 말한다. 책의 목차를 보면 더욱 분명하게 드러난다. '경쟁자의 힘을 이용하라', '동료의 도움을 이끌어라', '귀인을 조조같이 사용하라', '친구라는 자산에 의지하라', '다른 사람의 입장이 되어보라'.

강 과장이 자신의 목적을 위해 수단과 방법을 가리지 않는 것으로 보이는가? 나는 그렇게 생각하지 않는다. 내가 느낀 것은 그가 다른 사람과 다르게 한다는 것이다. 나는 귀인도 아닐뿐더러, 친구도 아니다. 경쟁자는 더더욱 아니다. 그는 다만 이 판에서 잘 놀고 있을 뿐이다.

그는 신입사원도 아니고, 대리도 아니고, 과장이다. 남들 보는 눈도 있을 것이고, (실제로 직원들 모두 알고 있다) 다른 사람들 같으면 얼굴이 화끈

거릴 것이다. 그러나 『판세를 읽는 승부사 조조』에 보면 조조의 지혜 중 하나로, '판에 뛰어들기 전에 호감부터 산다.'라고 되어있다. 나는 그가 조조와 닮았다고 생각한다.

우리 중 누가 이렇게 해본 사람이 있는가? 아니면 시도라도 해봤는가? 콜럼버스처럼 달걀 끝을 톡톡 쳐서 아래를 깨고 탁자 위에 세워 본 적 있는가? 별것 아닌 것처럼 보이지만 사람들은 해보지도 않고 안 된다고 말한다. 신입사원이라면 지금부터라도 좋다. 대리, 과장이라도 할 수 있는 뭔가가 있을 것이다. 강 과장처럼 꼭 따라 하라는 말은 아니다.

우리가 이렇게 이야기를 나누는 이유는 '판'을 읽기 위함이다. 그런 의미에서 조조는 판을 읽는 '기술자'다. 팀 분위기를 누가 이끌고 나가는가? 팀에서 '에이스'라는 사람을 찾아서 살펴보면 확실하다. 그가 왜 인정받는지를 살펴보면 내가 무엇을 어떻게 해야 하는지, 방법을 찾을 수 있다.

능력과 성과만 있다고 해서 승진하는 것은 아니다. 반대로 판만 잘 읽어서도 안 된다. 판만 읽어서 승진한다면 사람들은 벌써 삼국지를 줄줄 외우고 있을 것이다. 실력만 좋다고 해서도 아니다. 나보다 뛰어나고 성과가 좋고 유능한 사람은 셀 수 없이 많다.

"한국에 들어와서 교수로 지원한 두 군데 대학에 다 떨어졌습니다. 제가 너무 쉽게 생각했습니다. SCI 논문 편수로는 1등이라 당연히 될 줄 알았는데 왜 불합격인지 몰랐습니다. 실적 평가는 100점이지만, 교수들과 관계를 잘 맺어야 하고, 학교 당국에도 어떻게 해야 한다는 관행에 대해 나중에 들었습니다." 이게 우리 현실이다.

6

불편한 보스는 있어도
나쁜 보스는 없다

    회사에는 좋은 사람보다 불편한 사람이 더 많다. 이상하게 말을 비꼬는 사람이 있는가 하면, 일마다 참견하는 사람, 사람들 앞에서 뒷담화하는 사람. 그런 사람들 때문에 속상한 일이 한두 번이 아니다. 일의 대부분은 사람 때문에 일어난다.

    취업포털 사람인이 직장인 379명을 대상으로 「일과 직장 내 인간관계」에 대해 설문 조사한 결과 81%가 '일보다 사람 때문에 퇴사를 결심한다.'라고 답했다. '스트레스'는 인간관계 스트레스(71.8%)가 업무 관련 스트레스(28.2%)보다 훨씬 심한 것으로 조사되었다. 응답자 중 54.4%는 실제로 직장 내 인간관계 갈등으로 인해 퇴사나 이직했다고 답했다. 직장 내 인간관계가 어렵다고 답한 비율은 62%였고, 선배(상사)와의 갈등(79.1%)이 후배(부하직원)와의 갈등보다 4배 가까이 많았다. 문제는 그런 갈등이 있을 때 갈등을 해결하는 방법으로 '갈등이 생기지 않도록 피한다.'(59.6%, 복수 응답), '참는다'(42.2%), '이직이나 퇴사를 준비한다.'(35.5%) 등이었다.

    사람들은 갈등이 생기면 갈등이 생기지 않도록 피한다. 그런데 매번 피하는 것도 한두 번이지, 갈등 상대가 직장 상사라면 답이 없다. 무서워서 피하나, 더러워서 피하나 피하기는 마찬가지다. 그냥 모른 체 침묵하고 싶지만, 체 게바라가 "침묵은 다른 방식의 논쟁이다."라고 말한 것을 보고, 또 다른 논쟁거리를 만드는 것 같아서 포기하고 만다. 옆에 있던 김 대리가 과장과 말하기가 싫어서 침묵하다가 쓴맛을 보는 걸 똑똑히 봤다. 과장은 그런 김 대리를 유령 취급해 버렸다. 결국, 꼬리를 내린 것은 김 대리였다.

로버트 서튼 미국 스탠퍼드대 경영대학원 교수가 『굿보스 배드보스』를 출간하고 매일경제와 인터뷰 했는데, "스티브 잡스는 어떻게 평가하는가."라는 질문에 대답하기를 "잡스에 대해서 사람들이 잊고 있는 게 있다. 그가 악질이라는 이유로 애플에서 해고를 당했지만, 그가 다시 돌아왔을 때 그는 여전히 나쁜 짓을 해도 과거보다는 악질의 정도가 낮아졌다."라고 말했다.

스티브 잡스가 이전 행동으로 애플에 복귀했다면 애플 직원들 처지에서는 '최악'이었을 것이다. 과연 잡스는 복귀해서 주요 임원들과의 회의에서 제품 라인업에 대해 "이건 쓰레기야."라고 말하면서 칠판에 십자가를 그어가며 무엇을 없애고 무엇을 살릴지를 일방적으로 정리했다. 그 자리에서 많은 직원이 '말을 아끼고 분위기를 살피는' 신중한 태도를 보였다고 알려져 있다. 잡스의 눈 밖에 나면 하루아침에 프로젝트가 사라질 수 있었기 때문이다. 그러나 예전과는 분명히 달랐다고 말한다.

서튼 교수는 잡스가 애플로 복귀하는 것을 보면서 이렇게 말했다. "직장에는 항상 불편한 사람이 있기 마련이다. 그럴 때 그들을 바꾸려 하지 말고, 나 자신의 반응을 관리해야 한다." 서튼 교수가 왜 그렇게 말했을까?

서튼 교수는 잡스를 '불편한 사람'으로 생각했다. 그가 『굿보스 배드보스』를 썼지만, 잡스를 보고 '나쁜 보스'라는 말 대신에 '불편한 사람'이라는 단어를 택했다.

스티브 잡스를 두고 '나쁜 보스'라고 말하는 사람은 많았다. 직원들에게 소리를 지르고, 회의 중 누군가의 발표를 가차 없이 "형편없다."라고 일축하고, 한밤중에 전화를 걸어 일을 따지기도 했다. 그는 부하직원의 자존심을 무너뜨리는 데 주저함이 없었다. 그런 잡스를 겪은 많은 이들이 퇴사를 고려했고, 어떤 이들은 울면서 회사를 나갔다.

그런데 흥미로운 건, 잡스와 함께 일했던 인물 중에 일부는 그를 가리켜 "경이로운 리더"라고 회고했다는 것이다. 전설적인 디자이너 조너선 아이브는 그와의 협업이 "창의성의 극치를 이끌어내는 여정이었다."라고 말한다. 스티브 워즈니악도, 존 스컬리도, 심지어 초기 애플에서 그와 갈등했던 인물들조차도 그에 대해 복잡한 감정을 품고 있다. 그건 왜 그럴까?

로버트 서튼 교수가 말한 '불편한 사람'이라는 정의는 이 지점을 정확히 찌른다. 잡스는 '나쁜 사람'도, '악한 보스'도 아니었다. 그는 '불편한 존재'였다. 그의 언행, 기준, 속도, 집요함이 많은 사람에게 감정적 마찰을 일으킨 것은 분명하다. 하지만 그 마찰이 전부 파괴적인 것은 아니었다.

불편한 상사와의 관계에서 사람들이 택하는 회피하거나, 반격하거나 하는 방법 대신 서튼 교수는 제3의 길을 제안한다. "나 자신의 반응을 관리하라." 다시 말해, 그 불편함이 불쾌로 전이되지 않게 감정을 분리하고, 그 안에서 자신이 배울 수 있는 부분과 지켜야 할 경계를 식별하라는 것이다.

이것은 마치 감정의 '방화벽'을 구축하는 것과 같다. 당신이 부서에서 잡스처럼 압도적인 상사를 마주할 때, 자신을 지키는 기술은 상사와 맞서는 감정이 아니라 의식적으로 생기는 감정을 관리하고 통제하는 것이다. 『적을 만들지 않는 대화법』에서 샘 혼도 불편한 사람과 불편하지 않게 대화하는 법은 '감정'이 아니라 '기술'이라고 말했다.

그런 감정을 기술적으로 통제한 사람이 많다. 픽사의 전 CEO였던 에드 캣멀은 잡스와 함께 회사를 운영하면서 그의 냉정하고 강압적인 성격에 종종 곤혹스러웠다고 말하며 이렇게 회고했다. "스티브는 불편한 존재였지만, 그 불편함이 조직을 나태하지 않게 만들었다. 우리는 자주 긴장했고, 그 긴장이 결국 더 나은 결과를 만들었다."

이 말은 중요한 통찰을 준다. 잡스가 불편한 보스였던 것은 부정할 수 없는 사실이다. 그러나 그 불편함이 반드시 해악만을 가져온 것은 아니다. 문제는 그 불편함을 어떻게 다루느냐에 있었다. 감정적으로 받아들인 사람은 잡스와 늘 부딪쳤고, 전략적으로 대처한 사람은 애플에서 그와 함께 계속 성장했다.

잡스와 같은 사람과 일할 때, 그의 말과 태도가 내 인격에 대한 공격이 아님을 알아야 한다. 공격이 아니라 압박일 수 있다는 것이다. 그가 나를 향해 비난하는 것이 아니라, 일의 완성도를 향한 기대라는 점을 의식적으로 감정에서 분리해야 한다.

가족 치료학자 버지니아 사이트는 "남들의 제한된 인식이 나를 정의하지 않게끔 해야 한다."라고 말했다. 이를 거꾸로 뒤집어 보면, 우리의 제한된 인식으로 남들을 정의하지 말라는 말이다.

불편한 보스는 종종 말은 거칠어도 실제 의사결정은 합리적일 때가 많다. 그런 사람은 끊고 맺는 게 분명하다. 잡스 역시 의견을 들은 후에는 자신의 주장을 철회한 적도 많았다. 그는 '자신의 방식만 고집한' 사람이 아니라, '최고의 결과'를 원한 사람이었다.

불편함은 '견뎌라.'라는 뜻이다. 감정의 마지노선을 만들 필요는 없다. 경계는 언제나 허물어지기 마련이고 감정도 통제하고 조절하기 나름이다. '불편한 사람'을 어떻게 인식하고, 어떤 기술로 반응할 것인가에 관한 생각이 필요하다. 서튼 교수의 말처럼, 직장에는 언제나 불편한 사람이 있다. 그 사람을 바꾸는 게 불가능할 때가 많다. 그러나 내가 나를 다스리는 기술은 언제든지 연마할 수 있다. '나쁜 보스' 같은 잡스를 사람들은 '불편한 보스'로 여겼을 뿐이다. 그들은 그것을 자신의 성장 기회로 삼았다.

부록 1

(표1)   **회사 생활 기초 체력 자가진단**

체크 문항	예 / 아니오
나는 동료와의 협력이 성과를 더 크게 만든다고 믿는다.	☐ 예 ☐ 아니오
나는 약속은 반드시 지키려고 노력한다.	☐ 예 ☐ 아니오
나는 신뢰를 얻으려고 노력한다.	☐ 예 ☐ 아니오
나는 경쟁 상황에서도 기본 예의를 지키려고 한다.	☐ 예 ☐ 아니오
나는 작은 개선이라도 꾸준히 실행한다.	☐ 예 ☐ 아니오
나는 실력으로 인정받아야 한다는 것을 잘 안다.	☐ 예 ☐ 아니오
나는 다른 사람의 성과를 축하할 줄 안다.	☐ 예 ☐ 아니오
나는 상사에게 보고할 때 정리해서 말한다.	☐ 예 ☐ 아니오
나는 자기 계발을 게을리하지 않는다.	☐ 예 ☐ 아니오
나는 협력자와 함께 성과를 공유한다.	☐ 예 ☐ 아니오
나는 하루에 작은 학습이라도 하려고 노력한다.	☐ 예 ☐ 아니오
나는 실수를 감추기보다 개선책을 찾는다.	☐ 예 ☐ 아니오
나는 팀워크를 해치지 않기 위해 언행을 조심한다.	☐ 예 ☐ 아니오
나는 다른 사람의 강점을 배우려고 노력한다.	☐ 예 ☐ 아니오
나는 갈등보다 해결책을 찾으려고 한다.	☐ 예 ☐ 아니오
나는 직장에서 신뢰는 곧 생존이라고 생각한다.	☐ 예 ☐ 아니오
나는 중요한 약속은 반드시 기록한다.	☐ 예 ☐ 아니오
나는 성과보다 신뢰가 더 오래간다고 믿는다.	☐ 예 ☐ 아니오
나는 회사가 완벽히 공정하지 않다는 사실을 인정한다.	☐ 예 ☐ 아니오
나는 나만의 차별화된 무기를 꾸준히 준비한다.	☐ 예 ☐ 아니오

판정: "예스" 기준

16개 이상　기초 체력을 가졌습니다. 전무님의 비밀수첩을 읽을 자격이 충분합니다.
12~15개　기본 자격을 갖췄습니다. 이 책이 당신을 한 단계 더 끌어올릴 것입니다.
11개 이하　아직 부족합니다. 하지만 지금부터 이 책이 당신의 무기가 될 것입니다.

PART 2

승진하는 사람의 전략과 태도

4장

태도와 전략이 만드는 한 수 위의 과정

THE HIDDEN RULES OF PROMOTION

    회사 최고 경영자와 이야기를 나눌 때 가끔 이런 말을 듣는다. "제 말뜻을 아시겠죠?" 그 말은 듣기에 따라 다르겠지만, 자주 이야기를 듣고 나누지 않으면 무슨 말인지 알아듣지 못할 때가 있다. 그래서 간혹 임원 중에는 경영자와 이야기할 때 그 말뜻을 제대로 이해하지 못하면, "감(感)이 떨어지셨네요."라는 말을 듣게 되는데, 그 말을 들으면 등에서 식은땀이 난다. 임원이 처음 된 사람들에게서 많이 듣는 말이다.
    건너편 스타벅스 앞 횡단보도에 회사 직원들로 보이는 사람들이 커피를 들고 신호를 기다리며 서 있다. 무슨 이야기인지 모르지만, 얼굴에 모두 웃음꽃을 피우고 있다.
    그들을 보며 대표가 이렇게 말했다.
    "저 사람들이 내 생각을 알까요?"

1

리더는
어떻게 말하는가

2006년 2월, 미국의 완구회사 토이저러스 직원들은 신임 CEO인 제럴드 스토치의 취임 연설을 듣기 위해 기다리고 있었다.

토이저러스는 대형마트의 저가 공세 속에서 실적이 지지부진하다가 마침내 사모펀드에 매각되었다. 경영 적자로 100여 개의 매장이 문을 닫고 직원 수천 명이 일자리를 잃은 후였다. 그때 대형 할인마트인 타깃(Target)의 부사장이었던 스토치가 신임 CEO로 부임했는데, 직원들은 그를 보고 겁을 먹었다. 그도 그럴 것이 그는 토이저러스의 몰락을 부채질한 타깃의 전직 임원이었기 때문이다.

그는 그런 직원들 앞에서 이렇게 연설했다.

"여러분, 우리가 피해자인 양 굴지 마십시오. 누구도 우리 대신 우리 문제를 해결해 주지 않습니다. 우리는 자신을 위해 이 사업을 하고 있고, 이렇게 된 것도 결국은 우리 책임입니다." 직원들은 그 말을 듣고 고개를 들었다.

"우리는 더 이상 방어만 하고 앉아 있지 않을 것입니다. 우리는 지금부터 승리하기 위해 일할 것입니다. 우리는 완구회사가 아니라, '완구 업계의 권위자'가 되어야 합니다. 자부심을 가지세요!"

반세기 이상 장난감 유통에 주력해 왔지만, '완구 업계의 권위자'라는 말은 처음 들었다. "우리는 이기기 위해 일한다."라고 외쳐본 적도 없었다. 어떻게 하면 할인마트보다 싸게 팔 수 있을까만 고민했다. 며칠 후 회사 내에 토이저러스의 새로운 모토가 걸렸다.

'우리는 희생자가 아니다. 이기기 위해 일한다.'

"회사가 어려우니 나가 달라."라는 말을 예상했던 직원들은 눈이 둥그레졌다. 고작 판매 직원인 내가 권위자라니? 스토치는 직원들에게 제품 지식과 업계 트렌드를 완전히 장악해 아이들의 욕구를 만족시켜 달라고 요구했다.

자신에게 진취적인 타이틀과 역할이 주어지자 직원들은 신이 났다. '나는 월마트 직원과는 완전히 다르다. 나는 돈이 아닌 아이들을 위해 일하는 것이다.'라는 가치 부여를 하기 시작했다. 아이들과 어울려 제품을 시연하고, 고객의 궁금증과 반응을 동료들과 공유하기 시작하면서 분위기가 완전히 바뀌었다. 그리고 마침내 대형 할인마트에 뺏겼던 아이들의 발길이 토이저러스로 돌아오기 시작했다. 그는 또한 CNBC·Fox Business에 출연할 때마다 "하늘이 무너지는 건 아니다(The sky is not falling)."라는 말로써 사람들의 불안감을 진정시켰다.

미국 컬럼비아대 경영학과 교수인 심리학자 시나 아이엔은 "사람은 '선택할 수 없다.'라는 수동적인 상황에 놓일 때 가장 불행하다고 느낀다. 자신의 힘으로는 아무것도 바뀌지 않을 것이라는 비관론이 희망과 의지를 빼앗기 때문이다."라고 하였다.

당신이 임원이라면 그들에게 무슨 말을 하겠는가? 반대로 당신이 직원이라면 어떤 말을 듣기를 원하는가? 적어도 임원은 직원들이 무엇을 원하는지 정도는 알고 있어야 한다. 경영 환경을 알려고 한다면, 현장에 답이 있다.

영업 직원들과 하루만 대리점을 돌아보고, 생산 현장에 가서 작업자들의 이야기를 들어보고, 서비스와 품질 파트 직원들의 이야기를 들으면 환경이 어떻게 돌아가는지 금방 알 수 있다. 기획실에서 올라온 보고서나, 보기 좋게 만든 '동향 보고서'를 읽지 않아도 된다. 그들이야말로 지금 무슨 일이 일어나고 있는지 가장 잘 아는 사람들이다. 그들은 뭐가 옳고 그른지, 뭐가 되고 안 될지를 분명히 알고 있다.

스토치의 이야기는 그냥 성공담이 아니다. 우리 조직에도 그대로 적용할 수 있는 이야기다. 경영학자 존 코터는 "조직은 리더의 언어로 숨 쉰다."라고 말했다. 말은 공기를 타고 퍼지지만, 결국은 '눈빛', '자세', '의사결정'으로 굳어져 회사의 문화가 된다. 당신이 임원이 되면 할 일이고, 만들어야 할 조직의 모습이다. 그럼 어떻게 할 것인가?

첫째, 방향을 제시하는 문장이 필요하다. "우리는 피해자가 아니다. 우리는 이기기 위해 일한다." 스토치는 자신의 첫 문장에 '비전', '책임', '자긍심' 세 가지를 실었다. 비전은 '완구 업계의 권위자'라는 미래 그림이고, 책임은 '결국은 우리 몫'이라는 현실 자각이며, 자긍심은 '우리는 월마트 직원과 다르다.'라는 차별화된 의식이었다.

둘째, 정체성을 부여하는 언어가 뒤따라야 한다. 토이저러스의 판매사원들은 그날 이후 더 이상 계산기만 만지는 '캐셔'가 아니었다. 그들은 아이들의 호기심을 충족시키는 '꿈의 큐레이터'라는 새 이름을 얻었다. 우리가 가진 명함에도 글자 몇 줄만 바뀌면 행동이 달라진다. 스토치는 보이지 않는 정체성을 바꾸었다. '불만 처리자'가 아니라, 아이들에게 '꿈을 안겨주는 좋은 사람'으로 말이다.

셋째, 감정을 조율하는 언어가 필요하다. 2008년 금융위기 직후, 스타벅스의 하워드 슐츠는 위기 보고서를 내밀던 임원에게 이렇게 말했다. "커피의 향은 변하지 않았다. 문제는 우리가 불안으로 그 향을 덮어버렸다는 사실이다." 그는 이어서 파트너들에게 단 한 줄 편지를 썼다. "당신의 가슴 뛰던 첫 바리스타 순간을 기억하십시오."

임원은 책상만 지키는 사람이 아니다. 본 것을 생각하고, 생각에서 말이 나와야 한다. 말은 공기보다 빠르게 조직으로 스며든다. 조직은 결국 리더의 말을 듣고 자란다. 당신 회사에 변화가 없다면 아무도 그런 말을 하지 않기 때문이다. 반복하면 밀도가 높아진다. 우유가 치즈가 되는 것과 같다. 말로써 조직을 세뇌시켜야 한다. 나쁜 것이 아니라면 백 번도 좋고, 천 번도 좋다. 말 많은 임원이 아니라, 조직원들이 따라올 수 있는 말을 하는 임원이 되어야 할 것이다.

2

임원이 졸면,
직원은 잔다

삼성전자에 있을 때, 당시만 해도 가전 시장은 일본을 따라 하는 수준이었다. 당시 일본은 소형화, 슬림화, 정교함으로 세계 가전 시장을 주도해 나갔는데, 대표적인 제품이 소니 워크맨, 코끼리 전기밥솥, 파나소닉 TV 등이었다.

실제로 필자가 근무하던 본사 관리본부 사무실에서도 일본 제품에 대한 카탈로그, 팜플렛 등을 쉽게 볼 수 있었다. 기억으로는 오디오, 소형 카세트 등이었다. 지하실에 가면 텔렉스실이 있었는데, 거기서 전자레인지에 들어가는 마이크로웨이브 기술에 대한 로얄티와 냉장고에 들어가는 콤프레셔 로얄티 등 해외 업체에 기술을 빌린 대가로 로얄티를 정산해서 보냈다.

1995년 1월 17일에 일본 '고베 대지진'이 일어나고 약 5개월 뒤, 시장조사차 일본에 간 일이 있다. 어수선한 분위기에 조심스럽지만, 계획된 일을 진행해야만 했다. 일본 도쿄도 지요다구에 있는 일본 최대 전자상가인 아키하바라(秋葉原)를 중심으로 조사가 진행되었다. 아키하바라는 서울 용산전자상가보다 훨씬 규모가 컸다. 거리 전체가 전기, 전자제품을 판매하는 가게들이 늘어선 곳으로 전기, 전자의 메카라 불리는 곳이었다.

당시 시장은 '빅 7'이라 일컫는 소니, 마쓰시타, Panasonic, 샤프, 히타치, NEC, 도시바가 내수시장을 지배하는 가운데, 매출 비중은 AV(25.7%), 백색가전(41.3%), PC(31.7%)였고, 일본 가정에 보급된 가전제품 보급률은 냉장고(97.8%), 세탁기(99.0%), TV(98.9%)로, 생활 필수재는 거의 포화 상태였으며, 에어컨과 정보기기만 성장 공간이 겨우 남은 상태였다. 그리고 지역 전파상이나 체인점이 급속히 쇠퇴(30.9%에서 8.2%)하면서 소매시장이 무너지고, 대리점은 대형점, 본사 직영점으로 바뀌고 있었다.

필자는 시장 이야기를 하려는 것이 아니다. 전략이 없으면 따라가지 못한다는 것을 말하고 싶다. 임원의 역할이 무엇인가? 신입사원 때부터 대리까지, 그리고 과장, 차장, 부장을 거치면서 거시적인 안목을 기르고 배워야 한다. 사람들이 살아가고, 생활하는 것은 어느 나라나 다 똑같다. 삼성뿐만 아니라, 많은 기업이 공을 들이는 것은 신제품 생산만이 아니다. 그 제품이 언제까지 성장하고, 언제 포화 상태에 이르고, 언제 쇠퇴하는지를 자세하게 살핀다. 필자는 거기서 가전 시장 다음에 비디오, 그리고 다음에는 소프트웨어로 무게 중심이 옮겨지고 있다는 것을 피부로 느꼈다. 한국도 실제로 그렇게 되었다.

임원은 "그래서 뭐(So What)?", "다음 단계는(Next Move)?"이라는 질문을 끊임없이 자신에게 해야 한다. 직원이라면 주어진 일을 하는 것으로 끝나지만, 임원은 그렇지 않다. **자기 스스로 묻고, 문제를 만들지 않으면 발전이 없다.** 일본은 경쟁자가 없다 보니 경쟁할 이유를 찾지 못했다. 결국에는 시장을 빼앗기고 말았다. 많은 회사가 도산하고, 그 이후 제품은 찾아볼 수 없었다. 물음이 없었기 때문에 답을 찾지 못한 것이다.

스티브 잡스는 만나는 사람마다 "당신은 왜 그 일을 합니까?" 하고 물었다. 그는 엘리베이터 안에서 만난 직원에게도 그렇게 물었고, 현장에서 제품을 조립하는 직원에게도 그렇게 물었다. 심지어는 화장실 안에서도 물었다. 질문을 받은 직원은 뭐라고 대답했을까?

"되는 데로 산다."라고 말하는 사람이 있다. 아주 무책임한 말이다. 계획이 없다는 말이다. 그런데 그렇게 사는 사람이 의외로 많다. "계획이 있습니까?" 하고 물으면, "무계획이 계획입니다."라고 마치 철학자처럼 말한다. 나는 그 말을 들을 때마다 분통을 터뜨린다. 내가 그 인생을 살아줄 것도 아니면서 왜 그럴까?

가끔 직원들이 "전무님, 혹시 스티브 잡스 아니시죠?" 하고 묻는다.

"왜?"

"혹시 잡스가 빙의했나 해서 여쭤보는 겁니다."

임원이 되면, 위에 최고 경영자가 아니면 눈치 볼 일이 없다. 눈치를 보지는 않지만, 아무도 간섭하는 사람이 없다는 말이다. 그래서 가끔 아는 사람들이 전화를 걸어온다.

"오늘 날씨도 좋은데, 맑은 공기도 쐴 겸 공이나 한번 치지?"

"일 없네, 나 바빠."

"혼자 독야청청하지 마. 그런다고 누가 알아주는 것도 아니잖아."

"그래서? 알아주지 않는다고 그렇게 공이나 치러 다니나?"

그러면 대꾸도 없이 전화를 끊어 버린다.

4장 태도와 전략이 만드는 한 수 위의 과정 117

'그러든가 말든가.'

세계 최고의 리더십 전문가로, '리더십의 구루'로 알려진 마셜 골드스미스는 임원이 되기 전에 '자신이 왜 임원이 되려고 하는지'를 자기 자신에게 물어보라고 말한다.

삼성 직원들이 일본 아키하바라에 가서 시장조사를 한 것은 '몰락' 때문이었다. 이대로 가면 영영 사라지고 만다는 위기감이었다. 일본 기업을 쫓아가기 바쁘고, 사무실 책상 위에 일본 제품 카탈로그나 펼쳐놓고 베끼기만 해서는 안 된다는 경영진의 자성(自省)이 있었다. 만약에 경영진조차 그런 생각이 없었다면 오늘날 삼성은 있지 않았을 것이다. 그 배경에는 이건희 회장의 추상(秋霜)같은 질책이 있었다. 회장조차 그런 생각이 없었다면 삼성전자는 아마도 지금쯤 수원 매탄동 벌판에서 PCB 기판에 납땜만 하면서 공업사라는 간판을 내건 채 겨우 명맥만 유지하고 있었을지도 모른다. (처음에는 '삼성전자공업주식회사'였다)

3

일은 시작만큼 마무리가 중요하다

　직원들이 모두 퇴근하고 나면 가끔 혼자서 직원들이 근무하던 사무실을 둘러본다.

　사무실에 들르면 가장 먼저 눈에 띄는 것이 직원들의 책상이다. 책상에는 그 사람의 흔적이 남아있는데, 업무수첩, 서류들, 필기도구, 개인 취향인 머그컵이 놓여있다. 그런 것들이 제자리에 가지런하게 잘 정돈된 책상이 있는가 하면, 어떤 책상은 정리하고는 거리가 먼, 아무렇게나 어지럽게 늘어놓고 퇴근한 책상도 있다.

　실제로 필자가 어느 회사에서 본 여직원의 책상은 심각하다고 생각할 정도로 엉망이었다. 필기도구, 서류들, 지우개, 클립, 포스트잇 등이 아무렇게나 널려있었고, 먹고 남은 과자봉지도 치우지 않았다. 사무실은 버리지 않고 쌓아둔 택배 상자와 가득 찬 쓰레기통으로, 이게 사무실인가 의심할 정도였다. 그래서 직원들에게 가끔 농담 섞인 말을 건넨다. "당신 책상은 안녕하십니까?" 눈치가 빠른 직원은 말귀를 알아듣지만, 눈치가 느린 직원은 무슨 말인가 어리둥절해한다. 그렇게 마무리가 아쉬운 사람들이 있다는 것이다.

'마무리 투수'하면 떠오르는 사람이 있다. 현재 삼성 라이온즈에서 뛰고 있는 오승환 선수다. 삼성 라이온즈가 통산 여덟 번의 우승을 이루는 동안, 그중 다섯 번의 우승은 그의 손에서 마침표가 찍혔다. 마무리 투수로서의 무게감과 책임감을 온몸으로 짊어진 그는, 그야말로 '우승의 문을 닫는 남자'였다.

그는 일본과 미국 무대를 거치며 한미일 통산 1,085경기에 등판, 동양인 투수 가운데 최다 등판 기록을 세웠다. 국내 최초이자 유일하게 리그 400세이브를 달성했고, 한미일 통산 500세이브라는 대기록까지 세우며 불멸의 기록을 남겼다. 한국, 미국, 일본, 캐나다, 4개국에 걸친 프로팀에서 활약한 유일한 대한민국 야구 선수라는 점도 그의 커리어를 더욱 빛나게 한다.

그의 무기는 묵직한 직구와 흔들림 없는 표정이다. 이 두 가지는 그의 상징이다. 팬들은 그에게 '돌부처'라는 별명을 붙였고, 9회 마운드에서 그의 위압감은 '끝판 대장'이나 '끝판왕'이라는 이름으로 불릴 만큼 팬들에게 강렬한 인상을 주고 있다. 그는 불펜(Bullpen)에서 피칭하면서 자신이 등판할 시간을 기다리고 있다.

직원들에게 일을 맡겨도 시작은 화려하지만, 끝이 아쉬운 직원이 있다. 말은 천상유수다. 말만 들으면 못 해낼 것이 없고, 안 될 것이 없는 것처럼 들린다. 그러나 끝은 용두사미식으로 끝나버린다. 그러고는 자기변명으로 덮어버린다. 이유를 다른 데서 찾는다. 심하면 옆에 있는 동료 탓을 하고, 자기는 아무 책임이 없는 것처럼 말한다. 옛말에 '책임지지 못할 말은 하지도 마라.'는 말도 있다. '한번 내뱉은 말은 주워 담지 못한다.'라는 말도 있다. 그만큼 시작과 끝이 중요하다는 말이다. 그래서 직원들에게 일을 맡길 때도 일을 화려하게 시작하는 사람보다 마무리가 깔끔한 직원을 선호한다.

임원으로 선발하는 내용 중에도 얼마만큼 일을 잘하느냐 못지않게 일을 얼마나 잘 마무리하느냐에 대한 평가도 같이 다룬다. 일을 벌이기만 하지 제대로 주워 담지 못하는 임원을 많이 봤기 때문이다. 그래서 그런 사람이 임원이 되면 아래에 있는 직원들은 뒤치다꺼리한다고 애를 먹는다.

2014년, 스탠퍼드 공대 출신인 루크 패터슨이 창업한 쥬노랩스는 인공지능 기반의 문서 요약 시스템 회사로, 그는 기술력과 비전으로 회사를 성장시켰지만, 사업 확장 욕심에 여러 시장에 동시에 손을 댔다. 헬스케어, 교육, 물류, 심지어 전자책 구독 플랫폼까지 뛰어들었다. 그런데 문제는 한 가지도 '끝을 본' 게 없다는 것이다.

내부 사람들 이야기에 따르면, 루크는 회의 때마다 "이건 우리 회사의 미래다."라고 말하면서 새로운 사업을 가져와서 알리고 시작했다. 그러나 처음 얼마 동안은 잘 진행되는 것처럼 보이다가, 몇 달 뒤에는 또 다른 사업을 가져와 그쪽으로 마음이 옮겨가면서 처음 그가 관심을 가졌던 사업은 소멸되어 버려졌다. 직원들은 그 일을 수습하느라 일에 시달렸다는 것이다.

결국, 투자자들도 등을 돌렸다. "비전은 좋지만, 루크는 끝을 책임지지 않는 사람이다."라는 말이 투자자들 사이에 전해지면서 회사는 투자 유치에 실패했고, 회사는 주요 사업 부문을 매각한 뒤 몇 년 뒤 이름도 없이 사라져 버렸다.

그래서 간부들이나 임원들을 채용할 때, 이전 회사에서 대단한 경력이나

치적을 이야기하면 그대로 믿지 않는다. 그래서 '평판 조회'를 반드시 거친다. 그러면 이력서나 자기소개서에 나타나지 않은 이야기를 알 수 있다. 눈에 보이는 화려함만 보면 지금 당장이라도 모셔갈 것 같지만, 평판 조회를 통해서 이야기를 들으면 생각이 바뀌게 된다. 어떤 경우는 빙산의 일각처럼 수면 위로 드러난 눈부시게 밝은 부분보다 수면 아래 감추어진 보이지 않는 문제점이 더 큰 경우도 많다.

끝마무리는 '끈기'와도 관련이 있다. 필자가 젊었을 적, 1980년대 초로 기억된다. 컴퓨터가 이제 막 보급되기 시작한 때였다. 당시 컴퓨터는 자동 메모리 기능이 없었다. 그래서 작업하면서 수시로 작업 사이사이에 저장을 꼭 해야만 했다. 그러지 않고 컴퓨터를 꺼버리면 작업한 내용이 모두 지워졌다. 물론 '플로피디스크(FD)'라고 해서 별도로 저장하는 장치가 있었지만, 저장 용량도 크지 않았고, 저장해도 에러(Error)가 잦았다.

한날은 인사와 관련하여 전 직원들의 데이터를 만드는 작업을 하게 되었는데, 그 인원이 수백 명이나 되었다. 개인마다 상세하게 데이터를 만드는 작업이라 시간이 오래 걸렸다. 그러다가 깜빡 잊고 저장하는 것을 잊어버리고 말았다. 문제는 그때 일어났다. 갑자기 정전이 된 것이다. 컴퓨터가 꺼지면서 순식간에 작업했던 내용이 모두 지워지고 말았다. 순간 앞이 캄캄했다. 하루 종일 작업한 내용이 순식간에 사라진 것이다.

그런데 그 정리한 내용을 내일 아침에 보고해야 하는데, 정전 때문에 파일이 모두 지워졌다면 뭐라고 하겠는가? 그래서 똑같은 작업을 다시 반복하였다. 이번에는 괜찮았을까? 아니, 그렇지 않았다. 얼마 뒤에 두 번째 작업도 똑같이 정전되면서 파일이 모두 지워져 버렸다. 아마도 망연자실이라는 말이 그래서 있는 것 같다. 세 번째는 오기가 생겼다. 그래서 세 번째 작업부터는 시간이 걸리지만, 작업을 하고 저장하고, 또 작업을 하고 저장하고, 이런 작업을 계속하면서 밤을 꼬박 새우고 다음 날 아침이 되어서야 작업을 모두 마칠 수 있었다.

말에는 행동이 뒤따라야 한다. 옛날 전쟁같이 지휘자가 뒤에서 모두 돌격하면서 말하던 시대는 지났다. 말을 했다면 앞으로 먼저 달려야 한다. 부하들만 뛰게 해서는 안 된다. 미국 군대의 핵심 신념 중 하나로, "적진에 동료를 혼자 두고 철수하지 않는다(No Man Left Behind)."라는 말이 있다. 이 신념은 전투 중 부상자나 전사자의 시신을 절대 버려두지 않고 반드시 회수한다는 미국 군대의 강력한 의지를 담고 있다. 적어도 임원이라면 말에 책임을 질 줄 알아야 하고, 부하들을 책임질 수 있어야 한다. 존경은 말에서 나오는 것이 아니라 행동에서 나온다. 당신이 임원이 되어서 앞에서 "돌격!"을 외칠 때 몇 명이 따라올지 지켜볼 일이다.

4

임원은 미션의
최고 사령탑이다

　전략은 치열한 머리싸움이다. 밖에 나가서 시정잡배들처럼 머리 디밀고 싸우는 것이 아니라, 머리를 쓰는 싸움이다. 그래서인지는 모르지만, 마케팅실에 근무할 때 유난히 머리 흰 사람이 많았다. 밖에서 보면 꼭 노인네들만 모아 놓은 것처럼 보였다. 단지 차이가 있다면 모두 '날고뛰는 사람들'이라는 것이다.

　마케팅기획실은 마케팅전략을 수립하고 실행하는 부서다. 주로 시장 분석, 목표 설정, 마케팅 캠페인 기획, 성과 측정 및 개선 업무를 담당하는데, 이 외에도 고객 관리 등 해야 할 일이 많다. (뒤에 환경이 변하면서 온라인 플랫폼, 소셜 미디어 등 디지털 채널을 활용한 마케팅 활동까지 관리하게 되었다)

　어디나 마찬가지지만 새로 온 부서에서는 사람을 쳐다보는 눈이 있다. 나 역시 본부 회계 파트에서 근무하다 마케팅실로 차출되어 간지라 당연한 일이었다. 전혀 다른 일이라 궁금하기도 했지만, 긴장도 되었다. 역시나 직구를 날리는 사람이 있었다. "마케팅해 봤어?" 담당 부장이 출근 첫날 웃으면서 물었다. "처음이라서 잘 모릅니다." 솔직히 대답했지만, '어떻게 해야 하는지', '뭘 해야 하는지' 걱정이 앞섰다. 그때 나를 불렀던 선배가 이렇게 소개했다. "일 하나는 똑 부러집니다." 그 말에 다시 견제구가 날아들었다. "그래? 일 잘하는지는 지켜봐야 알지."

당시 가전 시장은 삼성전자와 G 사, D 사, 3사가 경쟁적으로 시장 점유율을 높이기에 사활을 걸고 있었다. 신제품이 하루가 멀게 출시되었고, 영업소 직원들은 신제품 외우기에 바빴다. TV에서는 경쟁사보다 우월하다는 광고가 연일 쏟아져 나왔고, 광고 시간이 늘어났다. 가전 3사가 모두 같았다.

회사에서는 회의에, 회의가 거듭되었다. 그러나 회의를 해도 M/S(Market Share)는 꿈쩍도 하지 않았다. 다른 메이커 대리점에 경쟁적으로 밀린 자사 대리점들은 자금 압박이 심해지자 부도를 막으려고 대리점 제품을 시장에 싼 가격으로 '덤핑'으로 내놓기 시작했다. 대리점을 살릴 방안이 필요했다. 이대로 있다가는 대리점뿐만 아니라 시장이 위험했다. 시장을 선점해야 살 수 있다는 절박감이 생겼다. 회의실은 담배 연기로 자욱했다.

"뭐, 없어?" 위에서 그렇게 말해도 침묵하는 것 말고는 달리 다른 방법이 없었다. 무슨 방법이 없을까? 그때 내가 생각한 것은 '경쟁사 정보'였다. 경쟁사가 어떤 식으로 마케팅 계획을 세우는지, 가전 시장 물량은 어느 정도 계획적으로 시장에 내놓는지. (시장을 점유하기 위해서 대량의 덤핑 물량이 우회 방법을 통해서 시장에 나왔다)

'호랑이를 잡으려면 호랑이 굴로.' 경쟁사가 입주해 있는 건물에 들어가서 정보를 찾기에는 불가능했다. 사무실에 침입해서 자료를 도둑질할 수도 없었다. 아는 직원을 통해 물어봤지만, 돌아오는 대답은 뻔했다. "그건 절대 안 되지."

그렇다면? 건물 앞에서 한참을 지켜보던 중에 눈에 들어온 것은 쓰레기통을 치우는 청소하는 아주머니 모습이었다. '그래! 쓰레기통, 쓰레기통을 뒤지자.' 건물 뒤로 돌아가자 쓰레기를 모아 놓은 큰 통이 보였다. 그 안에는 온갖 쓰레기와 종이 서류들이 아무렇게나 버려져 있었다. 다행히도 보는 사람이 아무도 없었다. 더운 여름이어서 와이셔츠가 땀으로 흥건히 적셔졌다. '이런 서류는 파쇄해서 버려야지.' 고개를 절레절레 흔들면서도 눈은 버려진 종이 서류에 가 있었다. 그리고 몇몇 중요한 내용을 얻을 수 있었다. 거기에는 제품별, 모델별, 일자별 물량 계획과 정상적인 대리점 물량이라고 보기에는 의심스러운, 시장에 내다 팔기 위한 물량이 아닐까? 싶은 내용이 버려져 있었다.

아르키메데스가 목욕탕에서 나오면서 "유레카(Eureka)!", '발견했다!'라고 외쳤다면, 나는 쓰레기통을 뒤지면서 속으로 '유레카!'를 외쳤다. 서류는 버린 커피로 얼룩이었고, 쓰레기 냄새가 배어 악취를 풍겼다. 나는 그 서류를 누가 볼까 싶어 얼른 와이셔츠 안에 숨기고 자리를 벗어났다.

그 서류는 어느 정도, 대충으로만 생각하던 경쟁사 계획을 확인하게 해주었다. 위에 사람들끼리 만나도 대략적인 것만 이야기해 주지 '영업비밀'은 절대 알려주지 않았다. 3사 모두 마찬가지였다. 그날 저녁 우리 팀은 기분 좋게 회식을 했다. 지금 같으면 꿈도 못 꿀 일이다. 지금 그렇게 하면 바보라고 할 것이다. 그렇지만 당시로는 그렇게 하는 것이 유일한 방법이었다. 기획은 각자의 능력에 달려 있고 '창의력' 싸움이다.

전략은 문제를 어떻게 푸는가 하는 것이다. 『정의란 무엇인가』를 쓴 마이크 샌델 교수가 처음 '정의'라는 강의를 시작했을 때 동료 교수들은 머리를 내저었다. 이유는 하버드에서 토론식 수업은 불가능하다는 것 때문이었다.

샌델 교수는 어떻게 했을까? 샌델은 학생들 모두를 주인공으로 내세우려 하였다. 학생은 교수의 강의를 듣는 수강생이 아니라, 직접 생각한 것을 말하고, 고민하고 질문하는. 그렇게 하기 위해서는 잘 짜인 공연처럼 치밀하게 설계되어야만 했다. 그래서 강의 홈페이지를 통해 미리 질문을 받기도 하고, 손동작과 무대 위 동선까지 준비했다. 그것은 보수적인 하버드에서 파격적인 시도였다. 수백 명 규모의 교양 수업이 문답식으로 진행되었고, 어려운 정치철학 강의가 유튜브와 TV 채널을 통해 대중에게 널리 퍼졌다.

마셜 골드스미스 교수는 리더십 분야의 세계적인 권위자다. 그는 2013년 '경영학계의 노벨상'이라 불리는 '씽커스 50'이 선정한 '세계에서 가장 영향력 있는 리더십 사상가 1위'로 선정된 최고의 비즈니스 코치이기도 하다. 그는 『트리거』, 『모조』 등 34권의 책을 낸 베스트셀러 작가다.

그는 현대 경영학의 대가인 피터 드러커에게 이런 질문을 던졌다.

"당신은 여러 조직이 자신들만의 미션을 수립하도록 평생 도움을 주었습니다. 그런데 당신의 미션은 무엇입니까?"

그러자 피터는 이렇게 답했다.

"저의 미션은 개인이든 조직이든 자신들의 목표를 달성하도록 돕는 것입니다."

임원이 되려면 생각을 많이 해야 한다. 회사 문제가 내 문제라는 인식. 내가 만약 임원이고 경영진이라면, 그리고 최고 경영자라면 '무엇을? 어떻게? 왜?' 해야 하는가 하는 생각이다.

미션은 전략을 세우는 것부터 시작해서 머리로 생각하고, 행동으로 실천된다.

'미션 임파서블(Mission Impossible)'은 '불가능'이라는 뜻이지만, 역설적으로 '불가능한 게 없다'는 뜻이다.

'나에게 주어진 미션은 무엇인가? 나는 무엇을 위해 이 부서에 존재하는가? 그리고 미션에 어떻게 반응하고 있는가?' 이 질문은 회사를 위해서도 중요하지만, 당신 자신의 성공을 위해서 더욱 중요한 질문이다. 미션부터 해결하자. 그리고 다른 사람에게 미션을 줄 때가 올 것이다.

5

1초의 싸움이
승부를 가른다

'판단력(判斷力)'은 주어진 정보와 상황을 분석하고, 그에 맞는 합리적인 결론을 도출하는 능력이다. 무엇이 옳고, 그른지를 아는 것이고, 전략을 결정짓는 힘이다.

임원이 되면 최고 경영자가 "어떻게 생각하시오?"라고 의견을 묻는 경우가 자주 있다. 앞에서 '멀티 능력을 갖춰야 한다.'라는 말의 뜻이 여기에 있다. 최고 경영자는 늘 질문한다. 자신이 생각한 문제뿐만 아니라, 자신이 잘 모르는 문제에 대해 끊임없이 임원들에게 질문한다. 그렇기 때문에 임원은 늘 준비해야 하고, 회사에 대해서 속속들이 알고 있어야 한다.

그래서 예전에는 최고 경영자의 '그림자'가 되라고 선배들이 말했다. 그러나 지금은 따라만 다니는 그림자로는 부족하다. 따라가기만 하면 앞에 어떤 문제가 일어날지 모른다. 종종 판단력은 '신의 한 수'로 묘사되는데, 삼성 반도체와 이병철 회장이 그렇다.

1983년 2월, 삼성 창업주 호암(湖巖) 이병철 회장은 일본 도쿄에서 중요한 선언을 하였다. 바로 삼성의 D램 사업 진출 계획을 공식화한 것이다. 이는 단순한 사업 확장이 아니라, 한국반도체를 인수한 후 10년 가까운 시간 동안 깊이 고민한 끝에 내린 결단이었다. 흔히 '장고 끝에 악수'라는 말이 있지만, 호암의 선택은 오히려 기존 판을 흔드는 '신수(新手)'였다. (이건희 회장이 사재를 털어서 한국반도체를 인수하였고, 호암을 설득하였다)

당시 호암은 "자원이 부족한 한국이 한 단계 더 도약할 수 있는 길은, 높은 부가가치와 첨단 기술이 요구되는 산업에서 승부를 거는 것."이라고 단언했다. 그의 목소리는 확신에 찼지만, 주변 시선은 회의적이었다. 그룹 내, 외부적으로 긍정보다는 '안 된다'는 부정적인 의견이 지배적이었다. 반도체는 자본과 기술이 핵심인 전형적인 선진국형 산업인데, 당시 우리나라의 인프라와 기술력으로는 반도체 산업을 감당하기에는 턱없이 부족한 실정이었다.

하지만 호암은 흔들리지 않았다. 결국, 삼성은 불가능해 보이던 기흥 반도체 공장을 단 6개월 만에 완공시켰고, 이후 64K D램과 256K D램 제품을 차례로 내놓았다. 출시 시점은 경쟁사보다 늦었지만, 1994년 세계 최초로 64K D램을 개발하며 삼성은 마침내 일본을 넘어섰다. 이를 기점으로 삼성은 기술적 성과를 넘어, 세계 메모리 산업의 중심으로 자리 잡는 전환점이 되었다.

자동차 경주 F1(F1A, Formula One World Championship)에서 승부를 결정짓는 중요한 요소 중 하나는 '피트 스탑(Pit Stop)'이다. 피트 스탑은 경기 중에 피트 존(Pit zone)에 들어온 자동차를 미캐닉들이 빠른 시간 안에 급유를 하거나, 타이어를 교체하고, 경주용차(머신, Machine)를 정비하는데, 이때 차가 잠시 멈추는 것을 '피트 스탑'이라 부른다. F1에서는 평균 15~25명의 미캐닉이 한 팀이 되어 움직이고 피트 스탑 시간은 평균 7.5초 정도다. 타이어만 교체했을 때 가장 짧은 시간 기록이 1.92초라고 한다. 미캐닉들은 1초도 안 되는 시간에 여러 결정을 내리고 일을 처리한다. 레이스들은 미캐닉이 하는 결정대로 맡겨둔다. 그들은 많은 경험을 통해서 필요한 정보를 가지고 있고, 무엇을 어떻게 해야 하는지 잘 알고 있다. 그들은 1초라는 시간 안에 모든 것을 해결한다.

기업도 시간을 다투는 일이 많다. 정해진 계약 날짜가 있고, 임상시험을 끝내야 하는 날짜가 있고, 바이어에게 회신을 해줘야 하는 시간이 있다. 긴박한 건에 대해서는 빨리 결재를 해줘야 하고, 정확한 판단을 내려서 담당 부서에 전달해야 한다.

임원은 피트 스탑과 같다. 나에게 일이 주어졌을 때 우왕좌왕할 수 없다. 간부들 역시 마찬가지다. 내가 결정을 내리기 전까지 모든 게 멈춰 있다는 사실을 알아야 한다. 라인이 멈추고, 투자가 멈추고, 바이어 행동이 멈춰 있다. 이메일은 답변을 기다리고 있다. 마치 '무궁화 꽃이 피었습니다' 놀이처럼 얼음이 되는 것이다. 반도체 같은 경우는 라인이 멈추면 손실이 상상을 초월한다.

바둑을 모티브로 한 영화 〈승부〉가 있다. 1990년대 초, 사제 관계이자 바둑 통산 우승 횟수 1, 2위를 다투는 한국의 대표 기사인 조훈현과 이창호가 치렀던 대국을 배경으로 실화에 바탕을 둔 바둑 영화다.

긴장감 속에 맨 처음, 바둑판 어느 곳에 '착수(돌을 놓는 것)'하느냐에 모두의 시선이 집중된다. 바둑은 초반에 돌을 벌여 놓는 '포석'이 중요한데, 그 이유는 어디에 포석하느냐에 따라서 중반전 싸움이나 집 짓기 위치가 달라지기 때문이다. 그런데 옆에서는 시곗바늘이 째깍째깍 움직이고 있다. 그 부담감이 어떻겠는가?

일하다 보면 윗사람으로부터 일을 맡고 나서 "아직……?"이라는 말을 들을 때가 있다. 그것은 시간이 다 되었는데도 '뭘 하느냐?'라는 뜻이다. 보고가 늦다는 말이다. 피트 스탑에서는 미캐닉이 단 1초라도 늦으면 치프 메카닉(Chief Mechanic)으로부터 고성이 날아든다. 긴장하면서 일하기는 싫지만, 적당한 긴장감은 일에 효과를 주고 능률을 오르게 한다.

시간에 쫓겨 판단력이 흐려져서도 안 되지만, 시간도 늦지 말아야 한다. 신문 기자들은 매일매일 원고 마감 시간이 '데드라인(Dead Line)' 때문에 몸살을 앓는다. 윤전기를 돌려야 하는 시간은 다가오고, 편집부장이 재촉하는 소리에 매일 악몽을 꿀 정도다. 일과 시간이 끝나면 회사 전화를 안 받는다는 사람들이 있다. 당신이 만약 회사 주인이라면 어떻게 하겠는가? 지금 급한 결정을 해야 한다면 내일까지 미루겠는가? 당신 전화에 지금 문자가 와 있다.

「이 대리! 제발 1분 만이라도 좋으니 전화 좀 받아라.」

6

실패도
경험에 포함된다

회사 생활하다 보면 실패를 경험하기도 한다. 잘하려고 한 일이 의도치 않게 다른 방향으로 흘러가면서 낭패를 당하게 되고, 계획에 차질이 생기게 된다. 문제는 개인 일이라면 그저 그렇겠거니 하고 지나갈 수 있겠지만, 회사 일이라 그렇게 할 수도 없다. 책임이 따르고, 심하면 문책까지 당하게 된다. 그래서 어떤 직원은 몸을 사린다. 실패가 어떤 것인가를 알기 때문이다. 의식이 자기도 모르게 몸을 지배하는 것이다.

해외무역부에 Y 대리가 있었다. 산만한 덩치에 옆에 가기만 해도 담배 냄새가 났다. 아침 출근길에 제일 먼저 목격되는 게 흡연 부스에서 담배를 피우고 있는 Y 대리다. "뼈 녹는다, 그만 피워라."라고 말하면 얼른 담배 감추는 시늉을 한다. 하지만 내가 보이지 않으면 또다시 담배 연기를 뻑뻑 뿜어댄다.

그런데 코뿔소같이 일을 하던 Y 대리에게 실수가 생기고 말았다. (알고 보면 그의 실수도 아니다) 해외에 기계를 수출하면서 기계에 녹이 슬지 않도록 방청유를 뿌리고 컨테이너에 기계를 실어야 하는데, 그걸 맡은 사람

4장 태도와 전략이 만드는 한 수 위의 과정

들이 작업을 빠뜨린 것이다. 마침 여름 장마철이라 덥고 습도가 높았다. 아니나 다를까, 현지에서 컨테이너를 열어서 기계를 확인한 바이어에게서 클레임이 날아들었다. 기계에 녹이 슬었다는 것이다. 최종 책임자는 Y 대리였다. 당장 담당 부장은 Y 대리를 불러서 질타했다. 왜 마지막에 확인하지 않았느냐는 것이다. 기계 금액은 20, 30억 원에 달했다. 다행히도 현지에 나가 있는 직원들이 확인한 결과 일부 부품만 교체하면 된다는 연락이 와서 부품을 전량 비행기로 공수해 위기를 넘길 수 있었다. 손실 금액만 5, 6억 원이었다. 그때 Y 대리는 사표를 쓸 각오를 했다고 한다.

그런 상황이면 대개 Y 대리처럼 사표 쓸 생각부터 먼저 한다. 물론 이것은 사람마다 다르겠지만, 일반적으로 그렇다는 것이다. 진급을 앞둔 사람이라면 이런 일이 치명적이다. 당연히 고과는 마이너스고, 승진 대상에서 제외될 수도 있다. Y 대리는 어떻게 되었겠는가? 당연히 관리책임자로서 책임을 지는 것이 맞다. 일 잘하는 것하고, 책임하고는 별개다. 그게 공정한 것이다. Y 대리는 그해 과장 승진 대상에서 제외되었다.

그런데, 그게 끝이 아니었다. 그는 그런 실수를 되풀이하지 않기 위해 기계 생산부터 시작해서 배 선적, 그리고 현지에서 기계가 인수되는 포워딩 전체 과정을 하나하나 살펴서 문제점과 개선책을 정리했다. 그리고 간부회의 때 개선안으로 제출하였다. 내용에는 그동안 그런 일이 있었음에도 보고되지 않고 넘어간 일이 많았다. 직원들이 문책이 두려워 그냥 회사 손실로 잡고 넘어간 것이다.

Y 대리에게 만약 그런 실패가 없었다면 포워딩 전체에 대한 문제점과 개선책을 생각해 낼 수 있었을까? 만약, Y 대리가 그 일을 경험하지 않고 과

장, 부장, 임원이 되었다면 그런 생각을 해낼 수 있었을까? 회사는 그런 손실을 알면서도 계속해서 묵인하면서 일했을 것이다. 손해는 고스란히 회사 몫이다.

삼성은 2016년 8월 출시된 갤럭시 노트7이 배터리 폭발 사고로 전 세계 리콜, 판매 중단 사태를 불러오며 위기를 맞았다. 리콜로만 약 3조 원 이상의 영업 손실이 발생했고, 회사 평판은 한순간에 바닥까지 추락했다. 당시 스마트폰 사업을 총괄하던 사람은 IM부문장이었던 고동진 사장이었다.

2017년 1월 23일, 그는 기자회견장에서 '깊이 사과드린다.'라며 고개를 숙여 대중 앞에서 책임을 명확히 했다. 그리고 배터리 결함과 조사 결과를 투명하게 공개하고, 숨김없는 진정성이 위기관리의 시작임을 증명했다.

그리고 업계 최초로 8단계 배터리 안전 검증 프로세스를 도입하면서 '다시는 같은 실수를 반복하지 않겠다.'라는 약속을 시스템으로 만들었다. '실패 인정', '원인 공개', '재발 방지' 세 가지 열쇠가 위기를 학습 자산으로 전환시켰다. 이후 개발, 품질, 마케팅 모든 라인에 '안전 우선' 문화를 심어 조직의 의사결정 기준을 재설계했다. 직원들에게 실패 경험을 공유하게 하였고, 파트너사에는 투명하게 정보를 제공해서 신뢰 회복 속도를 높였다.

그로부터 석 달 뒤 공개된 갤럭시 S8 무대에서 고동진 사장은 '미지에 도전하되 겸손함을 잃지 말자.'라고 포부를 밝히면서 복귀하였다. S8은 예약 판매 첫 주에 역대 최고치를 달성하며 '삼성은 다시 일어섰다.'라는 신호탄을 시장에 쏘아 올렸고, 같은 해 4월 조사에서 기존 고객 89%, 비 고객 66%가 삼성 재구매 의향을 보이며 신뢰 지수가 반등했다. 매출과 이익 모두 1년 만에 회복 곡선을 그렸고, 실패 경험은 오히려 브랜드 충성도를 끌어올리는 촉매가 되었다.

'전화위복(轉禍爲福)'이라는 말은 중국 전국시대 한·위·조·연·제·초 6국의 재상(宰相)을 겸임했던 전략가 소진(蘇秦)이 한 말에서 유래되는데, 소진은 "옛날에 일을 잘 처리했던 사람은 화를 바꾸어 복이 되게 했고, 실패한 것을 바꾸어 공이 되게 했다."라고 말했다. 어떤 불행한 일이라도 인간의 노력을 통해 행복으로 바꿀 수 있다는 말인데, 후대까지 알려졌다.

Y 대리가 의기소침해서 일을 제대로 하지 못하고, 사표를 쓰고 나갔으면 어떻게 되었을까? 그는 지금 과장 자리에 있지 않았을 것이다. 바꾸는 것은 환경이 아니라 자기 자신이다. 큰 배를 움직이는 것도 선장이고, 작은 배를 움직이는 것도 선장이다. '화(禍)'를 '복(福)'으로 바꾸는 것도 자기 자신이다.

전쟁에서 '후퇴'라고 말하면 지는 것으로 생각한다. 물러서는 것이 수치라고 생각한다. 그러나 물러서서 어떻게 하느냐에 달려 있다. Y 대리도 그렇고, 고동진 사장도 그렇고, 두 사람은 '전열'을 재정비하였다. 굳이 그런 일을 '전략'이라고 말하고 싶지는 않다. 그러나 그럼에도 불구하고 그 일을 무심히 버릴 수 없는 이유는 그런 '백업(Back-up)'이 있었기 때문에 전략이 힘을 낼 수 있는 것이다.

성과를 바라는 게 조직이다. 경쟁을 위해서는 남들보다 뛰어나야 하고, 일 잘하는 게 눈에 띄어야 한다. 실수도 없어야 하고, 완벽해야 한다. 꿈이 있다면 포기하지 않아야 한다. 실패와 꿈을 바꿀 수 없다. 회사에서 유심히 보는 사람은 실패를 두려워하지 않는 사람이다. 그들이 앞으로 어떤 큰 실수를 할지 모른다. **실패했기 때문에 그들을 선택하지 않을 것이라는 생각은 하지 않았으면 한다. 성공한 사람은 성공하기까지 실패를 수없이 반복한 사람이다.**

5장

위기 속에서 빛나는 CEO의 책임

THE HIDDEN RULES OF PROMOTION

"네가 한번 사장이 돼 봐, 내 기분이 어떤지?"

언젠가 여름에 차를 몰고 공장 단지를 지나다가 열어 놓은 창문을 통해 들린 말이다. 옆으로 슬쩍 보니 나이 든 사람(아마도 사장쯤 되는가 싶다)이 공장 마당에서 직원으로 보이는 사람에게 큰소리치고 있었다. '뭘, 크게 잘못한 모양이네?' 직원은 서서 고개만 숙이고 아무 말도 못 하고 있었다. 그 뒤에 어떻게 되었는지는 모른다. 부디, 아무 일 없기를 바랄 뿐이었다.

운전하면서 내내 그 생각이 머리에서 떠나지 않았다. 남의 회사 일이지만, 우리 회사도 누가 혹시 일을 잘못해서 저렇게 야단을 맞으면 어떻게 할까? 하는 생각이 들었다.

저렇게 야단맞아 본 적이 있는가? 그때 어떤 생각을 했는가? "에이! 때려치우고 말지." 혹시 그런 생각을 한 것은 아닌가? 어쩌면 그런 일로 누구는 직장을 그만뒀는지도 모른다. 누구는 그 일로 직장을 그만두고 속 시원하다고 할 것이고, 누구는 후회하고 있을지도 모른다.

1

내가 사장이다
생각하면 달라진다

직장에서 간부든 직원이든 실수하지 않으며 살 수는 없다. 우리 회사 모 간부는 해외 출장길에 비행기 표를 잘 못 끊어서 다른 나라로 간 적도 있다. (본인은 그 나라에서 전화가 왔다고 아직도 우기고 있다) 러시아 문학의 아버지라 일컫는 푸시킨은 "실패에는 명수(名手)가 있을 수 없다. 사람은 누구나 다 실패 앞에서는 범인에 불과하다."라고 말했다. '평범한 사람'이라는 말이다. 사람은 누구나 실패할 수 있다. 실패는 평범한 사람이라면 누구나 겪는 일이다.

일본에서 '일본의 창업률을 10% 올리겠다.'라는 목표로 수많은 기업에 컨설팅을 해 온 하마구치 다카노리, 일본 비즈니스뱅커 회장은 책임감에 대해 『사장의 일』에서 이렇게 말했다. "자기 자신이 아닌, 다른 데 책임을 돌린 적은 없는가?", "변명으로 일관하지는 않았는가?", "스스로 냉정하게 돌아보라, 그리고 나지막이 되뇌어 보라, 눈이 내리는 것도 내 책임이다."

때로는 다른 사람에게 책임을 전가하는 것을 볼 수 있다. 심지어는 내 책임이 아니라고 끝까지 발뺌하는 사람도 있다. 완벽주의자일수록 그런 현상이 심하다. '나는 실수하지 않는 사람이다.'라는 의식이 머리 깊이 박혀있다. 그렇기 때문에 부하직원이 하는 실수에 대해 관대하지 않다. 용납을 모를뿐더러 다른 사람이 용납하는 것을 이해 못 한다.

'포지션 체인지(Position Change)'라는 말이 있다. 상대방을 이해하기 위해서, 또는 갈등 관계 개선을 위해서 객관적으로 입장을 바꿔보는 기술을 말한다. 자신을 객관적으로 돌아보는 기술이다. 이와 같은 말로 '역지사지(易地思之)'라는 말도 있다. "처지를 바꾸어서 생각한다."라는 말이다.

이렇게 말하면 미리 피할 길을 만들어 주는 것으로 잘못 오해하는 사람도 있다. 나는 당신에게 '실수할 수 있다'라는 전제를 통해 실수를 정당화시키려고 하는 것이 아니다. 지금도 그렇고 앞으로도 그렇고, 실수에 대해서 어떻게 처신해야 하는가 하는 것을 말하려는 것뿐이다. 실수해서도 안 되지만, 실수에 대해서 너무 심할 정도로 나무라지 말라는 이야기다. 내가 왜 이렇게 실수에 대해서 탓하지 말라고 하는 것일까?

구글을 비롯한 기업에서 이루어지는 업무의 상당 부분은 팀 단위로 협업하여 이루어진다. 팀에서는 실질적인 문제뿐만 아니라, 혁신적인 아이디어가 구상되고 검증된다. 대인관계 문제, 적합하지 않은 기술, 그리고 불분명한 그룹 목표는 생산성을 저해하고 마찰을 일으키기도 한다.

구글은 2012년부터 2년간 사내 180개 팀을 분석하여 '효과적인 팀의 비결'을 찾기 위해 '아리스토텔레스 프로젝트(Project Aristotle)'라고 이름을 붙인 프로젝트를 실시하였다. 아리스토텔레스 프로젝트팀은 처음에 성공적인 팀은 주로 지적인 사고를 가진 구성원들의 '체계적인 위계질서'가 필요하다고 추측했다. 그러나 연구를 통해 '가치와 존중'에 중점을 둔 문화를 가진 팀이 더 성공적이다는 사실을 발견했다.

팀의 성공에 필수적인 것은 팀원들이 당혹감이나 굴욕감을 두려워하지 않고 편안하게 자기 생각을 밝히고, 아이디어, 질문, 우려 사항, 실수를 공유하는 것이었다. 이러한 결과는 팀 구성과 경영 방식에 대한 기존의 통념과는 전혀 다른 것이었다.

그들은 연구 결과를 이렇게 정리했다. "구글의 매우 똑똑하고 강력한 직원들조차도 자신들의 재능을 발휘하기 위해서는 심리적으로 안전한 업무 환경이 필요하다." 구글은 팀 구성에 집중하는 대신, 팀에서 다섯 가지 핵심 요소를 강화하는 데 자원을 집중했다. 그중에 가장 중요한 요소가 '심리적 안전'이었다.

심리적 안전은 '아이디어', '질문', '우려', '실수'를 말했을 때 처벌이나 굴욕을 당하지 않을 것이라는 믿음을 말한다. 그런데 우리 생각은 역방향으로 가고 있다. '심리적 안전'을 보장하는 것이 아니라, 상대방에게 '행동 파괴' 모습을 보인다. 때로는 무차별적으로 융단폭격도 마다하지 않는다. 런던 공습이 따로 없다. 결과는 비참하다. 무너진 잔해 속에서 겨우 공간을 비집고 헤쳐 나온다. 그게 우리 모습이다.

그런 것을 볼 때마다 그들이 아침에 집을 나설 때 모습을 그려본다. 식사하고 양치질하고, 허둥지둥 집을 나선다. 목적지는 회사다. 그런 그에게 뒤에서 "아빠 잘 다녀오세요!"라고 외치는 아이들의 목소리가 들린다. 혹은 "여보! 조심해서 다녀오세요."라고 말하는 아내의 목소리가 들린다. 버스를 타고, 지하철을 타고, 혹은 운전을 해서 간신히 회사에 도착했다. 그리고 자판기에서 커피 한 잔을 뽑아서 같이 막 출근한 직원들과 이야기를 나눈다.

우리가 만난 직원은 그런 직원들이다. "여기 아니면 어디 가서 밥 벌어먹을 줄 알아!"라는 소리는 하지 않았으면 한다. 직원들 가슴에 못 박는 말이다. 이직이 쉽지 않다는 것을 잘 안다. 어디 갈 곳이 없어서 여기서 일하는 것도 맞다. 그렇다고 그렇게 야박하게 말할 필요는 없다.

한편으로는 경영자의 마음도 헤아린다. 이웃 중소기업 K 사장님은 경영이 어려워지면서 자금난에 시달렸다. 자잿값이 오르고, 매출처에 매출 대금이 회수되지 않아 도산에 이를 지경이 되었다. 말 그대로 흑자도산이다. 설상가상으로 추석 명절이 눈앞에 다가왔다. 그 회사는 큰 금액은 아니지만 때가 되면 직원들에게 명절 떡값이라고 하면서 나누어 주었다. 사장님은 고민에 빠졌다. 은행에도 회사를 담보로 해서 대출을 턱 밑까지 받은 터라 더 이상 여유가 없었다. 그래서 하는 수 없이 자신의 집을 담보로 대출을 받았다. 내가 친구에게 그렇게 말하니 "참 착한 사장님이시네."라고 말했다.

지금 당신 직장은 어떠한가? 당신은 어떤 마음인가? 앞의 회사처럼 그런 사장님을 기대하는 것은 아닌가? "그렇게 먼저 해주면 나도 하지." 아직도 그런 말을 하고 있는가? 내가 당신에게 말하고 싶다. 그런 사장님도 회사를 당신만큼이나 사랑한다는 것이다. 내 회사처럼 열심히 일하면 어떨까? 열 번 찍어도 안 넘어가는 나무라 하지 말고, 계속 도끼질을 하면서, 기계에 기름칠을 하고, 현장을 빗자루로 한 번 더 쓸고 하면 어떨까? 사람은 때로는 단순하다. 내가 복잡하게 생각할 뿐이다.

2

말 한마디로
직원을 움직이는 법

직원들은 경영자의 말을 신뢰하는 방법으로 '합리성(Rationality)'을 택한다. '합리성'이란, 의사결정자(혹은 의사결정에 의해 영향을 주고받는 이해관계자)의 효용 가치를 극대화하는 선택을 의미한다. 직장에서는 가장 합리적인 의사결정을 수행하는 것이 훌륭한 경영자의 기본 요건이다.

공장을 한 번씩 돌아볼 때마다 구역마다 느끼는 분위기가 다르다. 어떤 곳은 직장이 말하지 않아도 직원들이 잘 따라오는 부서가 있는가 하면, 어떤 부서는 직장이 아무리 말해도 꿈쩍도 하지 않는 부서가 있다. 그러면 직장은 또 고함을 지른다. 그래도 직원들은 말을 듣지 않는다. 그런 부서는 다른 부서보다 생산성이 많이 떨어진다. 생산성은 물론이고, 품질도 하자투성이다. 생산된 제품 전체가 품질 기준을 충족하지 못하는 '로트 불합격'까지 발생하게 되고, 판매 과정에서 발견되어서 사용하지 못하는 DOA(Dead On Arrival)' 상황까지 맞게 된다. 그런 제품이 실수로 판매되어 고객이 사용하다가 알게 되면 회사는 이미지 관리에 치명적인 손실을 입게 된다.

맥킨지의 2021년 글로벌 리더십 보고서에 따르면, 직원들이 상사를 신뢰하는 가장 강력한 이유는 '합리적인 설명과 일관된 판단'이었다. 반대로, 감정적인 반응이나 설명 없는 결정은 팀의 몰입도를 현저히 떨어뜨리고 이직률을 높였다. 그리고, 빠르고 명확한 결정을 내리는 리더는 조직의 성과를 지속해서 유지할 가능성이 4.2배 높다고 한다.

경영자는 '왜 그렇게 말하는가?'를 설명할 수 있어야 한다. 만약 그렇지 않으면 지시는 잔소리로 들리고, 방향은 흔들린다. 개인은 어떨지 몰라도 조직은 근거를 따르는 집단이다. 사람들은 근거 앞에서는 아무도 다른 말을 못 한다.

영화 〈범죄와의 전쟁〉에서 익현(최민식 분)이 점점 욕심을 부리면서 김판호(조진웅 분)의 세력을 때려 부수자고 부추길 때, 형배(하정우 분)는 그들을 공격할 명분이 없다고 말한다.

"명분이 없다 아입니까, 명분이."

'명분(名分, cause)'이라는 말은 사전적인 의미로는 '일을 꾀하면서 내세우는 표면적인 정당성이나 이유, 혹은 처한 위치에 따라 지켜야 할 도리나 규범'을 뜻하는 말이다.

말이 달라서는 안 되지만, 직장 내에서 어느 정도 위치에 있는 신분이라면 지켜야 할 말이나 도리가 있다. 아래 직원들에게 말 한마디 잘못해서 직원들이 그 사람이 없을 때 하는 말을 들었다. "나이는 ○○○으로 먹었나?". 차마 입에 올리기조차 부끄러운 말인데, 그는 왜 직원들에게 그런 말을 들어야 할까?

직원들이 이해하지 못하면 그렇게 말한다. 단순히 이해 못 하는 것이 아니다. 감정이 실렸을 때 그런 말이 나온다. 평소에는 가만히 있다가(가만히 있는 게 아니다, 말하지 않을 뿐이다) 참는 게 한계에 이르면 저렇게 말한다. 훌륭한 리더는 조직을 움직이기 전에 사람을 움직인다. 그리고 사람은 단순한 구호보다 '이해할 수 있는 이유'에 감동한다. 그래서 그런 사람은 직원들에게 하는 말이 다른 사람들과 다르다. "나도 그게 낫다고 생각한다.", "내가 보기에도 좋아 보인다." 이와 같은 말은 상사가 하는 말이 아니라, 친한 친구가 하는 말처럼 들린다.

경영자의 말은 선택이 아니다. 그것은 곧 방향이고 기준이다. 말이 가벼우면 조직의 목표도 가볍게 생각한다. 그러나 말이 명확하면 말은 힘이 된다. 큰 소리로 말할 필요도 없고, 설득하려고 애쓸 필요도 없다. 사람들은 '합리적인 말'을 본능적으로 듣게 되어있다. 차이가 나는 이유는 그렇게 하지 않기 때문이다.

LG전자는 2022년 2월, 국내외 임직원을 대상으로 '서베이'를 실시했고, 그 결과 '소통의 어려움', '보고를 위한 보고', '느린 실행력' 등에 개선이 시급하다는 의견이 나왔다. 이에 직원들의 생각을 담아 일하는 방식과 조직문화의 변화를 이루어 낼 수 있는 여덟 개의 핵심가치(소통, 민첩, 도전, 즐거움, 신뢰, 고객, 미래 준비, 치열)를 뽑아내고, 이를 실행하기 위한 열한 가지 'REINVENT LG전자' 가이드를 마련했다.

LG전자 구성원들이 새롭고 발전된 모습의 LG전자를 만들기 위해 도출한 핵심 가치 가운데 '소통', '즐거움'은 구성원들이 서로의 다양성을 존중하고, 효과적으로 소통함으로써 즐겁게 일하는 문화를 만들자는 것이었다.

예컨대, '꽉 막힌 소통보다는 솔직하고 적극적으로 의견을 이야기해서 투명한 조직문화를 만들어 보자는 의미를 담고 있다. 또 '회의실은 정답을 말하는 곳이 아니다, 생각을 말하는 곳이다.'라는 생각을 가지게 되었다. 회의는 모든 것을 뽑아내는 과정이지 결과가 전부 아니기 때문에 부담을 내려놓고 생각을 자유롭게 교류해 시너지를 내보자는 의미였다.

결국, 합리성이라는 것은 기업 상황에 가장 부합하는 해법을 찾는 유동적인 개념이다. '무엇이 가장 합리적인가?'를 찾는 것이다. 그런 시각으로 보면 부서가 보인다. 가장 합리적인 전략은 어떤 것인가? 조직은 어떻게 하는 것이 가장 효과적인가? 성과관리와 평가는 어떻게 하는 것이 가장 효과적인가? 그래서 최고의 답을 찾고 그런 것이 모이면 기업은 가장 최고의 효율을 도출해 낼 수 있다. 경영을 효과적으로 운영할 수 있는 것이다.

기업을 잘 관리하기를 원하는 관리자라면 '합리적인 의사결정', '합리적인 말', '합리적인 판단' 등 '합리적'이라는 말에서 궤도이탈 해서는 안 된다. 만약에 그런 모습을 보인다면 그것은 조직 전체를 어렵게 만드는 것이다. 직원들이 퇴사를 결심하는 이유 중의 하나가 '합리적이지 않다.'라고 말하는데, 이는 경영자들이 어떻게 기업을 경영하고 있는가를 보여주는 말이다.

- 지금 당신의 말은 신뢰를 얻고 있는가?
- 근거 없이 팀을 움직이려고 하지 않는가?
- 말하는 것보다 설득하는 데 시간이 더 걸리지 않는가?
- 결정하는 이유를 설명하지 못한 채 책임만 요구하지 않는가?

당신은 이 네 가지 질문에 솔직하게 답할 수 있어야 한다. 말의 무게는 말을 하는 사람의 신뢰로 측정된다. 경영자의 말은 늘 판단의 중심에 서 있다. 당신이 어떤 말을 하느냐에 따라 조직을 발전시킬 수도 있고, 무너뜨릴 수도 있다.

3

우물쭈물하다가
기회를 놓치지 마라

 즐겨보는 '동물의 왕국'이라는 프로를 보면 밀림의 왕자라 불리는 사자가 다른 동물에게 쫓기는 장면이 나온다. 도망가는 사자 뒤로 코뿔소가 씩씩 거리면서 느리지만 묵직한 걸음으로 쿵쿵거리면서 사자를 쫓고 있다. 그래서 코뿔소를 가리켜서 '동물계의 전차'라 말한다. 다른 동물들은 아무리 숫자가 많아도 쫓기기만 하지, 사자를 쫓지 못한다. 물론 코끼리 같은 동물도 있지만, 철갑 갑옷을 입은 코뿔소에 비할 바 못 된다. 밀어붙이는 것 하나는 제일이다.

 일하다 보면 어떤 때는 무모하다 싶을 정도로 밀어붙일 때가 있다. 조금 더 생각했으면 하는 일들이 있고, 생각해 보면 그게 아닌데 하는 생각이 들 때가 있다. 그래서 직원들에게 다시 한번 생각해 보라고 말하기도 한다. 아무래도 '돌다리도 두들겨 보고 지나간다.'라는 전(前) 회사 때의 일 습관이 생각을 그렇게 만든 것 같다.

 회사에서 중요하게 생각하는 것 중의 하나가 '시간', '타이밍(Timing)'이다. '언제 시작하고 언제 마치고', '언제 신제품을 출시하고 생산을 중단하고' 하는 것이다. 하루가 다르게 변하는 시장에서 시간이야말로 기업을 하는 사람들에게 가장 중요한 요소 중에 하나다. 주식 시장에서 실시간으로 바뀌는 전광판을 지켜보는 주주와 같다. 언제 사야 할지, 언제 팔아야 할지, 1초라도 미적거리면 수천만 원, 수억 원, 수십억 원을 놓친다.

신입사원은 무엇이든지 처음이 제일 어렵다. 자기 손으로 기안서를 작성하고, 품의서를 작성한다. 위로 대표이사까지 올라가는 서류라면 한 자 한 자가 피를 말린다. 80년대 초까지만 해도 대부분의 서류는 손으로 쓰거나, 타이프라이트(타자기)로 타자를 해서 서류를 만들었다. 한 자 한 자 조심스럽게 정성을 다해서 작성해도, 하다 보면 글자가 틀릴 수도 있고, 오타가 나올 수도 있다. 그러면 새 종이에 다시 작성하든지, 그때 최근에 나왔던 수정액으로 수정해서 서류를 다시 만들었다. 아니면 지우개로 지워서 종이가 떨어지지 않을 정도로 조심해서 지우고 그 위에 다시 글자를 썼다. 그런데, 이골이 난 선배들은 일사천리로 서류를 작성해 나갔다. 한 페이지, 두 페이지를 금방 채웠다. 전혀 겁내는 일이 없었다.

선배들이 그렇게 겁 없이 일을 밀어붙일 수 있었던 것은 부서장의 역할이 컸다. 그때 부서장은 꼼꼼한 성격이 아니었다. 다른 부장들이 서류에 있는 틀린 글자를 지적할 때 그런 것은 신경 쓰지도 않았다. 그가 주의 깊게 보는 것은 숫자 외에 다른 것은 없었다. 서류를 보고 무슨 뜻인가만 이해하면 되었다. (물론 그렇게 한다고 해서 직원들이 계속 똑같은 실수를 반복한 것은 아니었다) 내용이 중요하지 글자가 중요한 게 아니라는 게 그의 생각이었다. 틀린 게 있으면 자기가 직접 고쳐서 쓰고 위에 부서장에게 결재를 올렸다.

S 전자에 근무할 때 기안 서류 윗부분에는 'One Best, Two Better.'이라고 인쇄되어 있었다. 직역하면 '하나는 최고, 둘은 좋다'라는 말이다. 1장은 최고, 2장은 그다음. 그렇게 한 배경에는 글을 잘 쓰고, 내용을 많이 채워서 그럴듯하게 만들지 말라는 뜻이 담겨있었다. 시간을 생명처럼 생각하는 기업에서 당연한 말이다.

'탱크' 하면 생각나는 기업이 있다. 바로 대우전자다. 2023년 9월 23일 자 〈조선일보〉 기사에 당시 대우전자를 이렇게 설명하고 있다.

1993년 기업 슬로건으로 내세운 '탱크주의'는 대우전자를 상징하는 대표적 표현이 되었다. 당시 최고 경영자(CEO) 자리에 오른 배순훈 사장이 주도했다. "탱크처럼 튼튼한, 그리고 고장 없이 오래 쓸 수 있는 제품을 만든다."라는 뜻이다. 덕분에 만년 3등이라는 브랜드 이미지가 크게 개선되었다. 1997년 세계 최초로 PDP TV 양산 제품을 출시했고 동영상 압축 기술, 차세대 디스플레이 등 국내외 특허만 1만여 개를 보유한 알짜 기업으로 자리매김했다.

당시 가전 시장은 이미지 싸움이었다. 기술과 더불어 대우전자에서는 '탱크처럼 튼튼한, 그리고 고장 없이 오래 쓸 수 있는 제품'을 홍보하며, 판매에 열을 올렸다. 아직도 사람들의 기억에는 '탱크주의'하면, '대우'를 떠올리는 사람이 많다. 대우그룹을 세운 고(故) 김우중 회장의 경영 스타일을 많이 닮은 꼴이라 하겠다.

김우중 전 회장의 밀어붙이는 경영전략은 '세계 경영'이라는 기치 아래, 해외 시장을 개척하고 사업을 확장하는 데 초점을 맞추었다. 이 전략은 기존의 제조업 중심에서 벗어나, 무역과 투자를 통해 빠르게 사업 영역을 넓히는 것을 목표로 하였다.

같은 신문 1998년 1월 22일 기사에는 '칭기즈칸식' 경영전략이라며, 김우중 회장은 칭기즈칸 전략의 핵심인 기동성을 기업화한 사람으로, "말과 활에서 나오는 몽골 기마군단의 기동성을 총수의 발 빠른 정상외교에 의한 진출지 선점과 직관적인 의사결정, 그리고 놀라운 해외금융 동원력으로써 대체한 사람이다."라고 했다.

필자는 자주 후배들에게 '실수도 자산'이라고 말한다. 실수 때문에 겁을 내고 물러서면 안 된다. 야구에서 투수의 타이밍을 뺏어 과감하게 다음 베이스로 뛰어가는 '도루'처럼, 달리고 또 달려야 한다. 야구에서 포수가 공을 던지지 못하는 상황을 '입스'라고 한다. 경기 중 특정 상황에서 중압감으로 인해 근육이 경직되면서 평소에 잘하던 동작을 제대로 못 하는 것을 말한다.

1990년대 초반, 한국에 주방 가전제품의 주력은 가스 압력밥솥이었다. 그때 '쿠쿠'는 전기압력밥솥을 밀기로 했지만, 시장의 반응은 냉담했다. "밥맛이 없다.", "느리다."라는 반응이 쏟아졌다. 그러나 구자신 회장은 10년 넘게 기술을 고도화하고 품질을 개선하며 포기하지 않았다. 경쟁사들이 "시장이 없다."라고 발을 뺄 때, 그는 "미래는 전기로 간다."라는 판단을 고수했다. 그리고 결과는? 현재 전기압력밥솥 시장에서 쿠쿠의 점유율은 70% 이상이다. 구자신 회장 자신의 판단을 끝까지 밀어붙인 힘이 회사를 국내 1위로 올려놓았다.

코뿔소처럼 밀어붙이는 실행력도 훈련이 되어야 할 수 있다. 평소에 그런 훈련이 되어있지 않으면, 막상 그런 상황을 맞이하면 당황하게 되고, 실수하게 된다. 실수를 탓하는 게 아니다. 실수라도 하면 다행이지만, 실수까지 하지 않으려고 하는 '보신주의(補身主義)'에 빠질까 우려되는 것이다.

4

질문은 답을
찾기 위한 과정이다

사무실을 한 번씩 둘러보면 멍하니 앞만 쳐다보고 있는 직원이 가끔 있다. 흔히 '멍때린다.' 하는데, 딱 그 모습이다. 내가 쓱 지나가면 그때야 넋 놓는 것을 멈춘다.

"김 과장, 뭘 그렇게 넋을 놓고 있나?" 그 말에 미안한지 웃으면서 다른 말로 얼버무린다.

"왜? 무슨 일이야?"

그래서 커피를 한잔하면서 물어보면, '왜 이런 일이 나에게 생기는가?' 하는 고민에 빠졌다는 것이다. 다른 직원들도 많은데, '하필 왜 나냐?'고 말이다. 좋은 일은 다른 사람한테 생기고, 나는 일을 열심히 하는 데도 좋지 않은 일만 생긴다고 했다. 그래서 그렇게 멍하니 앉아 있었다는 것이다.

이런 현상은 일을 열심히 하는 사람에게서 찾아볼 수 있다. 그런데 이런 문제는 본인한테 아주 중요한 일이다. 일에 대한 의욕을 꺾기도 하고, 일에 대해 자신감을 떨어뜨리기도 한다. 회사에서도 그런 문제에 대해 아무도 말해주지 않는다. 성과가 떨어지면 개인 탓만 한다. 관계가 꼬여도 본인 탓만 한다. 실수하면 개인 능력 탓으로 돌린다. 심지어는 "그 정도도 못 버티면 능력 없는 것 아냐?"라는 말로 상처를 입힌다.

김 과장처럼 그런 일 앞에서 우리가 할 수 있는 것은 무엇일까? 마치 하늘이 무너지는 듯, 억울하고 혼란스럽고, 감정에 휘둘리게 놔둬야 하는 것인가? 그런 질문에 해답이 없다. 이유를 찾아봤자 상황은 달라지지 않는다. 머리가 복잡하고, 뭐가 뭔지 모르는 상황이다. 나는 그런 상황이라면 이렇게 말하고 싶다.

"이 상황에서 당신이 할 수 있는 것은 무엇입니까?", "어떻게 하면 이 상황을 기회로 바꿀 수 있겠습니까?"

이건 내가 당신에게 묻는 것이지만, 당신 스스로 자신에게 던지는 질문이 되기도 한다.

영국 역사학자인 아널드 토인비는 그의 책 『역사의 연구(Study of History)』에서 문명에 대하여 '도전과 응전'이라는 개념으로 설명했는데, "문명은 외부의 도전에 대해 내부의 창조적 소수가 어떻게 응전하느냐에 따라 성장하거나 쇠퇴한다."라고 하였다. 그러면서 문명에는 어떤 긴장이 존재하며, 갈등 또한 문명의 변화를 이끄는 중요한 요소라고 보았다. '창조적 소수'가 새로운 방향을 제시하면, 그 뒤를 대중이 모방하면서 문명은 진화한다는 것이다.

등산을 하다 보면 사람이 다닐 것 같지 않은 곳에 길이 나 있는 것을 본다. '여기에 웬 길이?' 도무지 이해되지 않는 곳에 길이 만들어져 있고, 그 길을 걸으며 편안하게 산행을 한다. 아마도 우리가 모르는 누군가가 그 길을 만들어 놓은 것 같다.

  마찬가지다. 회사 안에 있는 많은 매뉴얼은 처음부터 완벽하게 만들어진 것이 아니다. 일정 부분은 정리가 되어있었겠지만, 많은 부분이 시행착오를 거치면서 만들어졌다. 그 매뉴얼도 처음에는 흰 백지였을 것이다. 그러면서 '왜(Why)'라는 질문을 통해 하나하나 채워졌을 것이다. 지금 당신이 일하면서 참고로 보고 있는 것이 그것이다.

  내가 지금 김 과장에게 말해주고 싶은 게 이것이다. 문제에 대한 고민은 좋다. 그러나 고민만 하지 말고 그것을 '질문'으로 바꾸라. 문제를 생각하면 머리만 아프지 도움이 되지 않는다. '왜?'라는 질문을 던지고 문제를 쳐다보면 '시험(Test)'으로 보이지 않고, '미션(Mission)'으로 보인다. 미션은 어떤 것이든 흥미롭고 즐겁다. 내 몸에서 아드레날린(Adrenaline)을 분출시키고, 흥미를 유발해 어떤 문제든 해결하고야 말겠다는 욕구를 자극한다. 그래서 시험이라는 말보다 미션이라는 말을 많이 사용한다.

  1955년에 '합리정서행동치료(Rational Emotive Behavior Therapy)'를 개발한 미국 심리학자 앨버트 엘리스는 "사건보다 해석이 인생을 결정한다."라고 말하였다. 같은 사건도 어떤 질문을 던지느냐에 따라 전혀 다른 해석을 낳는다는 것이다. 생각이 '힘들다'고 생각하는 순간, 몸은 힘들다고 느낀다. 그러나 대수롭지 않게 '힘들지 않다.'라고 말하면, '힘들지 않다.'라고 반응한다.

  엘리스는 인간을 본질적으로 '이성과 감정을 함께 지닌 존재'로 보았다. 우리는 이성적으로 사고하고 합리적인 판단을 내릴 수 있는 능력을 가지고 있지만, 동시에 비합리적이고 왜곡된 생각을 하기도 하는 잠재성을 지닌 존재라는 것이다.

그가 제시한 합리정서행동치료(REBT)의 핵심은 다음과 같다. "같은 부정적인 상황이라도 사람마다 그것을 해석하고 받아들이는 방식은 다를 수밖에 없다. 이는 각자가 지닌 신념 체계, 인생철학, 그리고 자신과 타인에 대한 평가 기준이 다르기 때문이다. 문제는 우리가 이 상황을 왜곡되거나 비합리적으로 해석할 경우, 그 해석이 우리의 감정과 행동에 직접적인 영향을 미친다는 점이다. 결국, 심리적 고통이나 장애는 상황 그 자체보다는 그것을 바라보는 정서적인 방식에서 비롯된다."

쉽게 말해, 우리가 겪는 감정적 어려움은 외부 환경 때문이 아니라, 그 환경을 해석하는 우리의 사고방식에서 시작된다는 것이다. 따라서 생각을 점검하고, 비합리적인 신념을 바꿔나가는 것이 건강한 삶을 위한 중요한 출발점이 된다.

직장이든 개인이든 위기 순간마다 '질문'을 던지는 자세가 필요하다. 에디슨은 전구를 발명하는 과정에서 무려 1만 번이나 실패했다는 이야기로 유명하다. 1만 번이나 실패했다는 것은 '왜?'라는 질문을 1만 번이나 했다는 것이다. 만약에 한 번, 두 번 질문하고 끝났으면 우리는 이렇게 밝은 세상에서 살고 있지 않을 것이다. 그래서 '성공은 실패의 어머니'라고 말하는 것이다.

미국의 커뮤니케이션 이론가 폴 스톨츠(Paul G. Stoltz) 박사는 그의 책 『장애물을 기회로 전환시켜라(Turning Obstacles into Opportunities)』에서 사람들이 역경에 대처하는 스타일을 등반에 비유하여 세 가지 유형으로 설명했는데, 문제나 어려운 문제에 부닥치면 도망가거나 포기하는 '퀴터형(Quitter)', 어려움 앞에서 적극적으로 해결책을 찾지는 않으면서 현상 유지를 위해 적당히 안주하면서 그 자리에 머무르는 '캠퍼형(Camper)', 어려움이 다가오면 자신의 모든 역량을 동원해서 정복하는 '클라이머형(Climber)'이 있다고 한다. 클라이머형의 특징은 자신만 역경을 넘어가는 것이 아니라 동료들을 격려하고 북돋우면서 함께 역경을 정복한다.

나는 고민하는 김 과장에게 말해주고 싶다. "고민은 처음부터 있었다. 다만 우리가 모르고 왔을 뿐이다." 고민은 문제가 아니라 과정이다. '왜?'라는 질문을 잊지 말아야 한다. 어쩌면 우리는 살아가는 인생뿐만 아니라, 직장생활에서도 마지막까지 이 질문을 하면서 살아갈지 모른다. **'왜?'라는 질문은 길을 찾는 '방법'이다.**

5

가능한 것은
목표가 아니다

 일을 하다 보면 실수할 때도 있고, 잘못할 때도 있다. 원숭이도 나무에서 떨어진다고 하는데, 우리는 어떻겠는가? 수백 번 떨어져도 전혀 이상하지 않다. 원숭이가 만약 나무에서 떨어졌다고 더 이상 나무를 타지 않는다면 원숭이는 원숭이 사냥꾼에게 잡히거나 맹수의 밥이 될지도 모른다. 원숭이는 여전히 나무 사이를 마치 서커스 곡예 하듯이 잘 옮겨 다니고 있다.

 우리 모습을 한번 보자. 회사는 회사마다 목표가 있다. 연초에 작년 실적을 기준으로 목표를 잡는데(일반적으로 최근 3년 치 실적을 근거로), 시장 상황에 따라 당월 목표 실적을 채우지 못하는 경우도 있다. 여러 가지 사정이 있겠지만, 회사 차원에서는 목표한 대로 달성을 못 하면 애로 사항이 많다.

 당장 관련 부서는 목표를 달성하지 못한 것에 대해 경위를 설명해야 하고, 경영 목표를 잡은 부서는 목표를 경기 상황에 맞게 바르게 잡았는지에 대한 질문을 받게 되고, 자금부는 회사 자금 문제에 어려움이 예상될 경우 그들에게 화살을 날리게 된다. 그런 경우 현업 부서장의 스트레스는 이루 말할 수 없다.

P 부장이 지금 그런 상황이다. 계속해서 몇 달 동안 실적이 떨어지다 보니 회사에서 얼굴을 들고 다니지 못한다. 그게 P 부장 혼자만의 잘못은 아니지만, 부서장이다 보니 어쩔 수 없는 일이다. 그러다 보니 모든 게 위축되었다. 이제는 설정해 놓은 다음 달 목표도 불안해했다. 계속해서 몇 달 동안 실적이 저조해지자 자신이 없는 것이다. 그래서 목표를 수정했다. 원래 세워 놓았던 목표의 삼분의 일도 안되었다. 목표를 수정했다면서 이런저런 설명을 넣어서 보고서를 제출했다.

이렇게 되면 앞으로 몇 달 남지 않은 상황에서 뒤에 남은 목표를 다 달성하더라도 연초에 세운 목표는 맞추기가 어렵다. 이제는 목표라는 게 없고, 그저 그달 실적만 맞추는 형국이 되고 말았다. 예전 같으면 달성치 못한 목표는 다음 달 목표에 합산해서 목표를 잡았는데, 이제는 그런 모습을 찾아볼 수 없다. 대개 그런 모습이다. 시장 상황은 우리에게 많은 변명거리를 제공한다. 최근 트럼프발 무역 불균형은 목표를 맞추지 못하는 사람들에게 때아닌 호재(?)다. 이런 상황이 길어지면 길어질수록 기업은 손해다. 대미 무역은 물론이고, 회사에서 실적을 맡은 사람들에게는 의지를 무너뜨리는 좋지 않은 결과를 낳기 때문이다.

글로벌 운동화 메이커인 나이키(NIKE)는 2019년 글로벌 경기 여파로 모든 지수가 빨간색을 나타냈다. 매출실적이 떨어지면서 재고가 늘어났고, 주가는 10% 이상 폭락하였고, 영업이익 또한 전년 같은 기간보다 무려 20% 이상이나 감소했다. 대리점 매장과 창고에 팔리지 않은 물건들이 가득 쌓였다.

이러한 상황에서 정보기술(IT) 전문가로 2019년 10월 나이키 최고 경영자로 부임한 존 도나호는 모두의 귀를 의심케 하는 말을 했다. "회사는 계획대로 일이 잘 진행되고 있고, 회사 모든 경영전략이 매출을 잘 이끌고 있습니다."라고 말한 것이다.

사람들은 이해가 되지 않았다. 경영실적으로 매출을 포함하여 어느 것 하나 정상적인 것이 없는데, 그는 전혀 주눅 들지 않았고, 자신만만해하며, 도리어 잘 되고 있다고 사람들 앞에서 강변한 것이다.

그가 그렇게 말할 수 있었던 것은 과감한 정책에 있었다. 그는 CEO로 부임한 지 한 달이 채 지나지 않아 나이키가 아마존에서 판매 중이던 모든 상품을 철수하기로 한 것이다. 참고로 미국 소비자의 3분의 2가 아마존에서 제품을 검색한다. 글로벌 시장에서도 아마존의 영향력은 상당하다. 홈페이지 월 방문이 30억 건이 넘고, 130개가 넘는 국가에 제품을 배송한다. 미국 의류 업체인 갭의 전 CEO 아트 펙은 이렇게 말했다. "아마존에서 판매하는 것을 고려하지 않는 것은 정신 나간 생각이다."

당시 나이키는 온라인 매출의 절반 이상을 아마존에 의지하고 있었다. 그런데도 아마존에서 물건을 팔지 않겠다고 선언한 것이다. 업계 모두가 깜짝 놀랐다. IT 매거진 쿼츠는 "나이키가 아마존과 2년간의 달콤한 썸을 끝내기로 했다."라고 언급했다. 그것은 나이키의 '탈 아마존, D2C(Direct to Customer) 전략'의 일환이었다.

나이키는 변화하기 시작했다. 대리점을 철수하고, 직영 매장을 늘려나갔다. 자사 홈페이지 쇼핑몰로 고객을 유인하고, 판매하는 D2C 전략을 취했다, 다른 회사에서는 하지 않는 정책을 개발하였고, 끊임없이 연구를 계속

하였다. 결과는 성공이었다. 아마존과 같은 기존 플랫폼을 통한 판매 방식을 뒤엎는 놀라운 전략이었다.

1970년 당시 나이키의 목표는 아디다스 무너뜨리기였다. 이는 당시 상황으로는 매우 어렵고 대담한 목표였다. 그러나 아디다스가 1980년대까지 스포츠 시장을 독점했지만, 나이키의 급격한 성장으로 2위로 밀려났다. 나이키는 2022 회계연도에 460억 달러 이상의 수익을 올렸으며, 글로벌 의류 시장에서 2.85%의 점유율을 차지하고 있다. 아디다스는 2024년 연간 매출이 236억 8,300만 유로(약 35조 4,170억 원)에 달하며, 글로벌 시장에서 1.79%의 점유율을 가지고 있다. 스타벅스는 코카콜라보다 더 큰 브랜드가 되는 것을 목표로 하고 있는데, 그들이 성공하지 못할 것이라고는 아무도 장담할 수 없다.

간부가 되고 임원이 되면 말에 책임을 져야 한다. 그런 이유로 무리하게 일을 하지 않으려고 한다. 가능한 한 할 수 있는 일을 하고, 욕을 듣지 않을 정도로만 일하려고 한다. 목표도 할 수 있는 가능한 목표만 세우고, 그래 놓고 달성했다고 호들갑을 떤다. 나는 그런 것을 볼 때마다 고개를 흔든다. **"그건 목표가 아니다. 할 수 있는 것은 목표가 아니다. 진짜 목표는 할 수 없는 것이다."**

목표를 크게 세우는 것을 나무라지 않는다. 장난이 아니라면 의지를 가지고 목표를 크게 세워도 상관없다. 하겠다는 의지만 분명하면 무슨 목표든 상관없다. 내가 문제 삼는 것은 목표 같지 않은 목표를 세우는 것이다. 앞으로 목표는 지겨울 정도로 당신을 따라다닐 것이다. 다른 사람들 시선에 끊임없이 괴로움을 겪을 것이다.

임원이 되겠다는 꿈도 마찬가지다. 그냥 직원으로 남을 것인가? 아니면 간부를 넘어서 임원으로 성장할 것인가? 원대하고 대담한 목표는 당신의 꿈을 결정짓는 중요한 요소다.

6

눈치는 흐름을
읽는 눈이다

　미국의 제47대 대통령에 트럼프가 당선되면서 세계 무역경제는 몸살을 앓고 있다. '자국 우선주의' 정책을 내세운 트럼프는 '상호관세' 철폐, '폭탄관세' 등으로 세계 경제를 휘청이게 하고 있다. 모두 예상했지만, 당장 기업들은 발등에 불이 떨어졌다. 부랴부랴 T/F를 꾸리면서 대응책에 나섰고, 미국에서 발표하는 관세 내용에 촉각을 곤두세우고 있다.

　트럼프가 대통령에 재임하면 관세정책 때문에 힘들 것이라는 소문은 벌써 나 있었다. 그러나 사람들은 방법을 찾으면서도 '설마'에 무게를 더 실었다. 물론 당장에 어떻게 할 방법도 없는 것은 사실이었다. 기업에서 관세는 무역수지에 큰 부분을 차지한다. 그렇기 때문에 그것을 상쇄시킬 만한 마땅한 방법이 없었다. 대기업처럼 큰 투자금으로 미국에 생산공장을 짓는 것은 불가능한 일이었다.

　앞으로 경영일선에서 기업을 지휘하는 임원이 되려면 '경제(經濟, economy)'를 알고 '경기(景氣, economic conditions)'를 읽을 줄 알아야 한다. 대기업은 그룹 산하에 '경제연구소'라는 것을 가지고 있다. 제조, 생산만 하는 기업이 왜, 그렇게 하겠는가? 그들은 직접적으로 생산에 참여하는 것은 아니다. 그들이 하는 일은 세계 경제를 파악하는 게 전부다. 정치, 경제, 사회 전 분야를 연구한다. 그렇게 하는 이유는 모든 게 연결되어 있기 때문이다.

인터넷이 발달하고 SNS가 활성화되어 있는 지금, 이전에는 대부분의 정보를 신문이나 뉴스에 의존했다. 그 때문에 회사마다 경비실에는 각 신문사에서 배달된 조간신문이 차곡차곡 쌓였다. 당시만 해도 소파에 편하게 앉아서 신문을 펼쳐놓고 볼 분위기가 아니었다. 간부들은 몰라도 직원들은 겨우 눈 너머로 신문 기사를 잠깐씩 볼 뿐이었다.

그래서 생각한 것이 '스크랩'이었다. 아침에 간부들이 신문을 보고 나면 오후 퇴근 시간쯤 되어서 중요한 기사는 가위로 오려서 스크랩하였다. 그리고 별도로 만든 스크랩북에 철을 해서 아무나 볼 수 있도록 하였다. 호응은 괜찮았다. 신문을 보고 싶어 하던 직원은 물론이고, 신문을 잘 보지 않던 직원들도 스크랩북만큼은 멀리하지 않았다. 거기에는 국제적인 내용은 물론이고 국내 상황까지 경제와 관련된 것은 모두 실려 있었다.

그렇게 한 결과 도움 되는 게 두 가지가 있었다. 그중에 하나는 당연히 '정보(情報)'다. 만약 내가 간부들 눈치만 보면서 가만히 있었다면 많은 내용을 알지 못했을 것이다. 많은 신문을 일일이 다 볼 수 없는 간부들도 시간만 나면 스크랩북을 찾았다. 가끔 담당 이사님은 스크랩북에 있는 내용을 회의 시간에 말하기도 했고, 간부들에게 묻기도 하였다. 스크랩북이 있다는 사실을 안 것이었다.

또 한 가지는 보는 눈, '안목(眼目)'을 키우게 했다. 많은 신문을 스크랩하면서 보는 눈이 커졌고, 할 말이 많았다. 전문 용어를 구사하는 것은 물론이고, 비록 신문이나 경제잡지에서 얻은 정보지만 다른 사람들과 이야기하는 데 어려움이 없었다. 영업하는 직원들에게는 밖에 나가서 만나는 대리점 사장들에게 들려주는 유용한 정보가 되었다.

회사에서 사람들은 흔히 '눈치'라는 말을 한다. '눈치'라고 하면 좋지 않은 쪽으로 생각한다. 국어사전에는 눈치를 가리켜 '남의 마음이나 뜻을 그때그때의 상황으로 미루어 얼른 알아차리는 힘'이라고 되어있다. 그렇게 보면 눈치라는 게 우리가 생각하는 좋지 않은 말이 아니다. 같은 상황에서 다른 사람보다 '빠르다'라는 것뿐이다. 사람들은 그렇게 말을 한다. "야! 한발 빠르네." 그게 정석이다. 그런가 하면 영어사전에는 '눈치'를 '센스(Sens)'라고 말하는데, '상대가 말하지 않아도 그 사람의 마음이나 일의 상황을 이해하고 아는 능력'이라고 표현되어 있다.

사람들이 잘못 오해하고 있다는 것을 알 수 있다. 눈치는 나쁜 게 아니다. 지금 상황에서 눈치만큼 필요한 게 없다. '얼른 알아차리는 힘', '말하지 않아도 이해하고 아는 능력'. 이게 지금 필요한 상황이다.

남보다 빠른 눈치는 대가들에게서 찾아볼 수 있다. 투자의 귀재라 불리는 워런 버핏은 이런 방면에서 탁월한 눈치를 가진 사람이다. 1850년에 설립된 리먼 브라더스가 파산하는 등, 2008년 금융위기 당시에 대부분의 투자자가 시장을 떠났을 때, 그는 조용히 시장을 쳐다보았다. 그는 사람들이 금융에 대해 극도의 불안감을 느끼고 있을 때, 사람들이 불안해하는 원인을 찾기 시작하였다. 은행들의 실제 자산 건전성과 정부의 대응 수위를 계산했다. 그리고 정확한 시점에 골드만삭스에 50억 달러라는 대규모 투자를 단행했다. 그 결과 버핏은 수십억 달러의 수익을 남기게 되었다. 그때 사람들은 그의 투자를 가리켜 '침묵의 투자'라고 말했다.

그는 말했다. "남들이 탐욕스러울 때 두려워하고, 남들이 두려워할 때 탐욕스러워야 한다." 그의 투자 모습은 '눈치'와 '관찰'의 조합이다. 버핏은 정보가 쏟아지는 시대일수록 '먼저 반응하지 말고 먼저 분석하라.'라고 말한다. 눈치가 없으면 그렇게 반응하기가 쉽지 않다. 경제를 보는 눈치가 있으니 먼저 반응하지 않았다. 대신 그가 선택한 것은 한 발 뒤로 물러서서 상황을 살피는 것이었다. 언제가 투자하기에 가장 적기인지를 살핀 것이다.

기업이 위기에 처했을 때 위기에 대응하는 가장 비용이 적게 드는 방식은 빠른 행동이 아니다. 남들보다 한발 빠르게 위기를 읽는 눈치다. 그리고 그 눈치는 관찰로 이어진다. 많은 정보를 모아야 한다. 모아진 정보는 분석을 통해서 방향이 결정된다.

분석 없이 움직이는 것은 위험하다. 히말라야를 탐험하는 사람들은 크레바스가 있는 곳에서는 함부로 움직이면 위험하다고 말한다. 언제 발밑이 무너질지 모르는 것이다. '눈치 빠르다.'라는 말은 상황을 빠르게 읽는 사람이라는 뜻이다. 위기 극복은 상황을 눈치 빠르게 읽을 줄 아는 사람만이 극복할 수 있는 것이다.

5장 위기 속에서 빛나는 CEO의 책임

6장

임원이 되기 위해서 멈추지 않는다

THE HIDDEN RULES OF PROMOTION

    똑같이 회사에 입사해도 시간이 지나면 달라진다. 누구는 동기들보다 앞서가는가 하면, 어떤 사람은 겨우 턱걸이하는 정도로 동기들 뒤를 따라간다. 그럴 경우 대개는 '실력 차이'라 말하지만, '실력 차이'가 왜 나는지에 대해서는 아무도 관심을 두지 않는다.

그러나 그 실력 차이가 많은 것을 결정한다. 승진은 물론이고, 발생하는 프로젝트마다 담당 책임자로 선발되고, 그런 경력이 쌓이면서 회사 내에서 자신의 입지는 한층 더 견고해진다.

회사는 총성 없는 전쟁터와 같은 곳이다. 마치 서바이벌 게임처럼, 넷플릭스에서 만든 <무궁화꽃이 피었습니다>처럼 수백 명의 사람이 처음에는 모두가 살아날 것처럼 보이지만, 결국에는 한 사람만 살아남는 게임이다. 그래도 도전을 멈추지 말아야 한다.

1

멈추면 달팽이한테도 추월당한다

회사에서 일을 시켜보면 같은 일을 놓고도 직원마다 하는 행동이 다르다. 일을 해보지도 않고 말만 듣고 주저하는 사람이 있는가 하면, 다른 사람은 어떻게 하는가 관망하는 사람이 있고, 어떤 일이든 "돌격! 앞으로." 하며 나서는 사람이 있다. 사람들은 그런 사람을 의아한 눈빛으로 쳐다본다. 이해가 안 간다는 표정이다.

당연히 회사는 그 사람에게 일을 맡긴다. "못하겠다.", "안 된다."라고 말하는 사람보다 백번 낫기 때문이다. 그 사람에게 일을 맡기면 거침이 없다. 실수를 해도 개의치 않는다. 밤새워 가며 물불 가리지 않고 일한다. 그런 사람은 늘 배우는 자세를 가지고 있다.

회사에 최 과장이 있다. 그도 회사에 오래 있었기 때문에 현장 일을 잘 안다. 그런데 간혹 기술적인 부분이 막히는 경우가 있다. 그러면 위아래를 가리지 않고 잘 아는 사람을 찾는다. 그 사람이 밑에 대리라도 괜찮고, 금방 입사한 신입사원이라도 상관없다. 다른 사람들처럼 체면 때문에 모르면서 아는체하지 않는다. 모르는 것은 모르는 것이다. 팔십 노인도 세 살 어린아이한테 배울 게 있다고 하지 않는가.

구글, 애플, 마이크로소프트, IBM과 같은 글로벌 기업은 물론이고, 미국 올림픽 대표 코치진, UN, 백악관 등, 다양한 조직에 초청을 받아 '태도'와 '사고방식'의 힘에 대해 강연했던 사람이 있다. 그는 『마인드셋(Mindset)』 저자이자 스탠퍼드대 심리학 교수인 '캐럴 드웩(Carol Dweck)'이다. 그는 고난 앞에서 인간이 어떤 태도를 지니는지, 그리고 어떻게 행동하는지를 지난 수십 년간 연구했다. 그 결과, 유독 실패와 좌절에 크게 영향을 받지 않는 사람들의 공통점을 발견했는데, 그들은 돌에 걸려 넘어져도 바지를 툭툭 털고 가던 길을 터덜터덜 걸어갔다. 드웩 교수팀은 그들을 '성장형 사고방식(Growth Mindset)의 소유자'라고 이름을 붙였다. 그는 "인간이란 태어날 때부터 이미 일정량의 능력을 지닌 채 태어나지만, 학습과 연습을 통해 그 능력을 충분히 개발할 수 있다."라고 말하며, "실패나 실수는 자신의 부족한 능력을 보완하는 귀중한 경험이 된다."라고 말하였다. 그리고 반대로 '고착형 사고방식(Fixed Mindset)의 사람'은 "자신이 타고난 능력으로만 평가받는다고 느끼며 실패를 두려워하고, 도전을 기피한다."라고 말했는데, 그런 사람들은 "실패를 피하는 것이 아니라, 성장을 포기하는 것이다."라고 주장했다.

2014년 사티아 나델 리가 마이크로소프트 CEO에 취임했을 때, 그는 회사의 가장 큰 문제로 '완벽주의 문화와 내부 경쟁'을 지목했다. 기존에는 실수나 실패가 낙오로 이어졌고, 부서 간에 지식 공유가 활발하지 않았다.

나델리는 취임 직후에 전 직원을 대상으로 한 워크숍에서 『마인드셋

(Mindset)』책을 전 직원 필독서로 선정하며, "know-it-all에서 learn-it-all로 전환하자."라는 슬로건을 내걸었다. 직역하면 "모든 것을 아는체하는 사람에서, 모든 것을 배우려고 하는 사람으로 바꾸자."라는 뜻이다.

그 결과 마이크로소프트는 실패 사례를 공유하는 사내 플랫폼을 만들었고, 업무 리뷰에 '배운 것'을 기준으로 평가 항목을 신설했다. 그리고 3년 만에 연구개발 협업률은 60% 증가하였고, 직원들 만족도는 2배 이상 상승했으며, 신제품 출시 주기는 평균 35% 단축되었다. 이러한 성과는 '고착형 사고'에서 '성장형 사고'로 전환했기 때문이다.

인크루트가 직장인 805명을 대상으로 진행한 「직장인의 자기 계발 현황」 설문에서 응답자의 75.2%가 자기 계발을 하고 있다고 답했다. 그중에 운동(60.3%)이 가장 많았고, 외국어 공부(48.8%), 자격증 공부(48%), 취미생활(36.8%), 재테크(43.3%), IT 관련 공부(17.9%)가 뒤를 이었다. 반면에, 자기 계발을 하지 않는다고 답한 응답자는 '시간적 여유가 없다(40.5%)'를 이유로 들었고, '자금적 여유가 없다(23%)', '체력적으로 부담이 된다(19.5%)'를 이유로 들었다.

잡코리아가 설문 조사한 「성과가 높은 동료의 공통된 특징」에서는 1위가 '직무 분야의 뛰어난 전문역량'이라고 답했으며, '계속 공부(자기 계발)'가 성과가 높은 동료의 특징으로 답한 비율은 45.5%로 나타났다. 그 외에 '일할 때 시간 관리를 철저히 한다(35.1%)', '구체적인 업무 목표를 세운다(32.9%)', '동료들과 도움을 주고받는다(25.7%)', '친화적인 성격으로 동료들 사이에 호감도가 높다(18.1%)' 순으로 조사되었다.

'갓생'이라는 말이 유행이다. 갓생은 '갓(God)'과 '인생(生)'을 합쳐 만든 신조어로 부지런하고 생산적이며, 다른 사람의 모범이 되는 삶을 의미하는 말이다. 최근 MZ세대 사이에서 유행하며, 계획적으로 삶을 살아가려는 사람들의 모습을 표현하는 데 사용된다.

차이는 있겠지만, 우리는 대부분 같은 능력, 같은 환경 속에서 살고 있다. 성장하는 사람과 정체되는 사람의 차이는 '능력'이 아니라, '마음가짐'에서 결정된다. 생각과 사고가 안전이라는 울타리 속에 갇히면 더 이상 배우려고 하지 않는다. 현실과 적당히 타협하면서 지내려고 한다. 그러나 계속 성장하기 위해서는 불편함도 수용할 줄 알아야 하고, 낯선 업무, 부족한 실력도 참아낼 줄 알아야 한다. 실패 역시도 마찬가지다. 실패는 우리를 자라게 만든다. '지금 나는 멈춰 있는가?'에 대한 진지한 질문이 있어야 한다.

2

지금 필요한 건
완벽을 깨뜨릴 용기다

회사는 지금 '챌린지2025'라는 전사적(全社的)인 운동을 펼치고 있다. 새롭게 리뉴얼한 'ERP(Enterprise Resource Planning)'를 중심으로 생산, 품질, 연구, 관리 등 전 분야에 걸쳐 대대적인 혁신 운동을 벌이고 있다.

회사마다 새로운 제도나 새로운 일을 할 때면 부정적인 생각을 하는 사람들 때문에 어려움을 겪는다. 그 이유는 변화를 싫어하기 때문이다. 그런 사람들은 대부분 '현상 유지'만 생각하는 사람이다. 회사가 아무리 좋은 방식이라고 해도 받아들이지 않는다. '지금도 잘하고 있는데, 굳이 왜 그렇게 하는가?' 하는 것이다. 만약 그렇게 했다가 잘못되거나, 생산 실적이 떨어지면 누가 책임질 것이냐는 것이다. 그 때문에 회사에서 변화를 강조하고 혁신을 말해도 소귀에 경 읽기 식으로 흘러 버린다. 이웃에 있는 모 회사는 새 기계를 들여오는 와중에, 이런저런 이유를 들어 새 기계에 대해 좋지 않은 소문 때문에 기계 도입이 되지 않은 일도 있었다. 회사가 어려워지는 경우다.

간부가 되고 임원이 되면 '책임'이라는 부담감이 무게로 작용한다. 때에 따라서는 밤잠을 설칠 정도다. 밥을 먹어도 식욕이 없다. 나 한 사람만의 문제가 아니라 회사 전체 일이기 때문이다. 어쩌면 그건 우리 자신의 문제일지도 모른다. 완벽에 가까운 업무 스타일 때문에, '완벽'이 깨어지지 않을까 하는 두려움 때문이다.

1997년, 타이거 우즈는 PGA 마스터스 대회에서 역대 최연소, 최다 타수 차 우승이라는 기록을 세우며 세계 골프계를 뒤흔들었다. 그는 언론과 각종 광고 계약을 휩쓸며 골프 황제로 불렸고, 전 세계 팬들은 그의 스윙을 모방하기에 바빴다. 그런데 뜻밖에도 타이거 우즈는 다음 해 스윙을 완전히 바꾸는 결정을 내렸다. 그는 왜 최고에 있을 때 아무도 요구하지 않았는데, 자신의 골프 스타일을 바꾸었을까?

그는 1997년 이후 경기에서부터 패배하기 시작했고, '반짝스타'가 아니냐는 비아냥도 들었다. 타이거 우즈는 1년이 넘도록 어떤 경기에서도 이기지 못했다. 그러나 1998년 8월부터 2004년 9월까지(264주 연속), 2005년 6월부터 2010년 10월까지(281주 연속) 세계 랭킹 1위에 올랐다. 그 기간 동안 그는 주요 골프 선수권 대회에서 무려 열세 번이나 우승했다.

1년이라는 시간 동안 타이거 우즈는 고통스럽게 투자해 클럽 스윙 방법을 다시 배웠다. 자신이 그동안 우승할 때 사용한 스윙을 고치지 않으면 골프에서 최고가 될 수 없음을 깨달은 것이다. 처음 한동안 결과는 비참했다. 그러나 그는 참고 견뎠고, 자신을 냉철한 눈으로 들여다보면서 무엇이 부족한지 파악할 수 있었다.

"사람들은 메이저에서 숱한 승리를 안겨 준 스윙을 굳이 바꾸려는 나에게 멍청하다고 평가했습니다. 대체 스윙을 왜 바꾸는 거냐고 따져 묻기까지 했죠. 하지만 나는, 이런 변화를 통해야만 스스로 더 발전할 수 있다고 믿었습니다." 그의 대답은 간단했다. "지금은 이길 수 있어도 10년 뒤에도 이기고 싶습니다."

2019년까지 PGA 통산 82승(메이저 15승 및 WGC 18승 포함), 유러피언 8승 등 전 세계 투어 통산 108승을 기록하였다. 그의 이런 기록은 스윙 방법을 바꿈으로써 어떤 결과를 낳을지 알 수 없는 것이다. 그러나 그는 10년 뒤를 내다보고 자신의 스윙 스타일을 바꾸었다.

많은 기업이 착각하며 산다. '지금의 호황이 나중에도 호황을 가져다줄 것이다.'라는 생각이다. 과연 그럴까? 어떻게 장담할 수 있겠는가? 기업 임원으로서 만만찮은 도전이다. 사람들은 그럴 경우 대개는 말린다. 모험하지 말라고 말한다. 그냥 조용히 있다가 시간 되면 퇴직하는 게 상책이라 말한다. 사서 고생하지 말라는 말은 덤으로 따라온다. '보신주의(補身主義)'가 따로 없다.

이건 임원만이 아니다. 직원도 마찬가지다. 직원으로 시작해서 직원으로 끝나는 사람은 이런 말이 귀에 들어오지 않는다. 그리고 "그딴 것, 왜 해?"라고 반문한다. 당신이 앞으로 임원이 되려고 하면 그런 말에는 귀를 닫았으면 좋겠다. 회사는 늘 변해야 한다. 개선책이 쏟아지고, 연구 내용이 제품으로 이어지는 과정이 끊임없이 계속된다. 연구비용과 이것저것 이유를 들면서 말리는 일이 많을 것이다.

회사에서 "지금 잘하고 있다."라는 말을 가장 조심해야 한다. 그건 칭찬 같이 들리지만, 칭찬이 아니다. 지금 그렇다는 것뿐이다. 미래에 관한 이야기가 아니다. 학교에서 공부 잘하는 우등생이 성적 좋다고 가만히 있는 것을 봤는가? 머리만 믿고, 공부 안 하고 있다가는 언제 2등, 3등으로 떨어질지 모른다.

2000년대 초에 넷플릭스는 DVD 대여 사업으로 큰 성공을 거두었다. 그러나 당시 CEO였던 리드 헤이팅스는 회의에서 이렇게 말했다.

"우리는 DVD를 죽여야 한다. 우리가 죽이지 않으면, 누군가가 우리를 먼저 죽일 것이다."

결과적으로 넷플릭스는 DVD 매출이 견고하던 시기에 스트리밍으로 사업을 전환했고, 지금은 콘텐츠 시장에서 독보적인 존재가 되었다. 만약 그들이 DVD 시장만 고수했다면 지금의 넷플릭스는 없었을 것이다.

2021년도 하버드비즈니스리뷰(HBR)에 실린 연구에 따르면, 기존 성공모델을 유지하는 기업보다, 일정 주기로 핵심 전략을 수정하는 기업의 생존율이 2.4배 높다는 결과가 나왔다.

회사에서 성장하는 사람과 성장하지 않는 사람은 극명하게 갈린다. 목표가 있는 사람은 가만히 있지 않는다. 목표가 그를 끌고 가기 때문이다. 밤에 잠을 자지 않는 것은 밤이 좋아서가 아니다. 일을 좋아하기 때문이다. 잠자는 시간도 아까운 것이다. 일이 많기도 하지만, 일을 좋아하는 사람이 더 많다. 그래서 '일잡러'라고 부른다.

당신은 어떠한가? 지금 만족스러운가? 현재가 가져다주는 편안함 때문에 아무것도 하지 않는 것은 아닌가? 스스로 점검하고 개선하지 않으면 오래가지 못한다. 생각의 벽을 깨고, 익숙함에서 벗어나야 한다. 당신도 언젠가는 이 문제에 대해서 고민할 날이 있을 것이다.

3

익숙함을 벗고
불편함을 입어라

　회사 내에서 신입사원들이 내가 말한 대로 개선책을 찾느라 선배들에게 이것저것을 물어보며 돌아다니니 분위기가 이상해졌다. 처음에는 좋게 받아들이는 모습이었는데, 점점 시간이 지나자 분위기가 좋지 않았다. 신입사원이 질문하면 퉁명스럽게 대답하는가 하면, 바쁘다는 핑계로 이야기를 거절했다. 그러자 신입사원들도 난감해하는 표정이었다.

　선배 사원들이 그런 반응을 보인 것은 '불편함' 때문이다. 선배들은 '개선'이라는 게 어떤 것인지를 잘 안다. 지금 하는 것을 바꾸는 것이다. 피터 드러커는 "진짜 변화는 새로운 걸 시작하는 것이 아니라, 익숙한 것을 그만두는 데서 시작된다."라고 하였다.

　익숙함은 새로운 것을 잘 받아들이지 않는다. 2017년, 서울대 심리학과 연구팀이 직장인 514명을 대상으로 한 설문 조사 결과, 자기 계발에 가장 큰 장애물로 꼽은 것은 '시간 부족'도, '자신감 부족'도 아닌, 익숙한 일상을 유지하려는 '심리적 저항'이었다.

　직장인들은 잘 알고 있다. 퇴근 후에 1시간만 투자하면 자격증 공부가 가능하다는 것, 월 1회 외부 교육을 들으면 커리어가 달라질 수 있다는 것, 그러나 아무것도 하지 않는다. 이유는 단순하다. "지금도 나쁘지 않다." 그래서 하지 않는 것이다. 시간을 맞춰야 하고, 친구들과 약속도 하지 못하고, 이유를 물어보면 각양각색이다. 그렇게 생각하는데 무엇을 기대하겠는가? 너무 근시안적 태도만 보여서 안타깝기만 하다.

그것도 자발적인 것이 아니라면? 신입사원들에 의해서 자신들이 지금 하고 있는 일이 '개선'이라는 이름으로 바뀌는 것이다. 당신이라면 기분이 어떻겠는가? 신입사원의 이야기를 들어보면 맞다는 생각이 들면서도 쉽게 수긍하지 않는다. 그동안 무리 없이 잘해 왔는데 무엇이 문제란 말인가?

그리고 이런 내용이 윗사람에게 알려져서 바뀐다고 하면 윗사람이 어떻게 생각하겠는가? 창피한 일 아닌가? 회사 생활하면서 낯설고 불편한 게 한두 가지가 아니다. 그때 느끼는 감정은 '자존심'이다. 그동안 우리는 뭘 했는지, 자존심 상하는 게 이만저만 아니다.

신입사원이 알면 얼마나 안다고 나서는가? 그래서 의견을 무시한다. 신입사원이 회의 시간에 아이디어를 내면 곱게 보지 않는다. 심지어는 신입사원이 직무교육을 신청하는 것도 달가워하지 않는다. 자신보다 많이 배우는 것을 싫어하기 때문이다. 참, 옹졸한 생각이다.

국내 최대 할인 매장인 X마트는 2021년, 고객 경험을 강화하기 위해 '무빙 셰프'라는 제도를 도입했다. 매장에서 직접 요리 시연을 하고 고객들에게 제품을 추천하는 방식이었다. 우리가 대형 마트를 방문할 때마다 볼 수 있는 '시식 코너'다.

기존 매장 직원들은 크게 반발했다. "우리는 요리사가 아닙니다.", "손님 앞에서 요리하고 제품을 권하는 게 부끄럽고 창피합니다.", "그건 본사에서 할 일입니다." 직원들은 한결같이 부정적인 반응을 보였다. 회사 이야기를 들으려고 하지 않았다.

그때 김 팀장은 달랐다. 그는 유튜브로 요리법과 말하는 방법을 익혔다. 어떻게 시연하고, 어떻게 제품을 홍보할 것인가를 연습했다. 그리고 가장 먼저 시연을 하였다. 어떻게 되었을까? 주위에 많은 직원이 지켜보고, 장을 보러 나온 주부들이 카트를 끌고 와 시연을 지켜봤다. 처음이라 그도 얼굴이 빨개졌다고 한다. 그러나 시연이 끝난 후 고객 반응은 폭발적이었다. SNS 노출이 5배 증가했고, 그가 소개한 제품 매출은 평균 대비 무려 132%나 상승했다.

그 후 김 팀장은 본사 서비스 교육 파트, 리더로 발탁되었다. 그의 성과는 새로운 기술이 아니었다. 그는 이렇게 말했다. "부끄러웠고 어색했고 불편했습니다. 그러나 시연을 계속하면서 자신감이 생겼고, 불편한 생각이 사라졌습니다."

직장에서 신입사원들에게 당하는 창피는 창피도 아니다. 멀쩡한 남자가 앞치마를 두르고 주부들 앞에서 시연하는 광경을 상상해 보라. 보는 눈이 수십 개다. 음식이라면 당연히 주부가 더 잘하고, 더 잘 안다. 도사 앞에서 요령 흔드는 꼴이다. 기분이 어떻겠는가?

한편으로는 '익숙함'이다. 익숙함은 우리에게 심리적인 안정을 가져다준다. 방패가 되어서 불확실한 것으로부터 보호해 주기도 하고, 우리를 안전하게 만든다. **익숙함은 우리로 하여금 모험하지 않게 하고, 항상 안전한 길**

로만 가게 한다.

　그렇게 해서는 임원이 될 수 없다. 그런 익숙함으로는 전쟁에서 이길 수 없다. 후방에 남아 병참 부대에서 편안하게 지내는 게 제일 잘 어울린다. 임원은 야전에서 전투 사령관이다. 푹신한 의자에 편안하게 앉아서 결재만 하는 것은 옛날이다. 옛날에도 그렇지 않았다. 그룹의 CEO들을 보면 대부분 야전 스타일이 많다. 마케팅을 경험한 사람이 점차 CEO로 등용되는 추세에 있다. 경쟁이 치열한 구조 속에서 기업은 지금 그런 사람을 찾고 있다.

4

돈을 좇는 직장인
vs 일을 따르는 직장인

입사 전에 돈만 생각하다가 입사했다면 무엇이 보이겠는가? 회사 로비에 있는 비전이나, 철학 같은 것은 눈에 들어오지 않을 것이다. 그것은 그들에게 도움이 되지 않을뿐더러, 그 역시도 회사에 도움이 되지 않는다.

돈을 기준으로 직장을 찾으면 월급쟁이밖에 되지 못한다. 늘 돈만 쳐다본다. 돈이 행복이라고 생각한다. 그 말이 틀린 것은 아니다. 돈으로 행복을 살 수 있다. 여유를 통해 행복을 느낄 수 있고, 맛있는 것을 먹고 포만감으로 행복을 느낄 수 있다. 그러나 그것도 한계가 있다. 그 수준에서 맞는 행복만 느낄 수 있다. 직장에서 그런 사람들의 최고 우선은 일이 아니라 돈이다.

사람들은 돈을 좇는다. 그러나 그렇지 않은 사람도 있다. "내가 좋아하는 건 사람들과 어울려 수다 떠는 것인데, 그걸로 어떻게 밥벌이를 한다는 거지?" 오프라 윈프리(Oprah Winfrey) 같은 사람은 입담으로 명성을 쌓고 거부가 된 사람이다. "나는 집을 예쁘게 꾸미는 것밖에 모른다."라는 마사 스튜어트(Martha Stewart)는 그것으로 성공했다. "내가 좋아하는 것은 운동밖에 없다."라고 말한 타이거 우즈(Tiger Woods)와 로저 페더리(Roger

Federer)도 역시 마찬가지다.

그들이라고 돈을 몰랐을까? 돈이 가져다주는 행복을 몰랐을까? 그러나 그들은 돈이 따르지 않아도 하고 싶을 만큼 좋아하는 일을 직업으로 밀고 나간 사람들이다. 유명하지 않아도 같은 방법으로 직업적 성공을 거둔 사람은 수없이 많다.

회사에서 그런 사람은 표시가 난다. 돈을 좇는 사람은 시간만큼만 일한다. 그러나 일이 좋아서 하는 사람은 시간을 넘겨서도 일한다. 불평하지 않는다. 나 역시도 지금도 그렇지만 젊었을 때 지독한 '일벌레'였다. 직원들이 여가 생활을 즐길 수 있도록 회사에서 시간이 되면 건물 전체에 불을 끌 때, 몰래 숨어서 불이 켜져 있는 곳을 찾아다니며 일했다. 어떤 때는 한참 일을 하고 있으면 직원들이 전원 스위치를 내리기도 했다. 휴일이면 회사에 나가서 일하는 것을 더 좋아했다. 휴가 때도 회사에 나갈 정도였다. 아마도 일을 즐겼다는 게 맞는 것 같다. 일을 좋아하면 사람이 그렇게 바뀐다. 지금 그렇게 말하면 아무도 좋아하지 않을 것이다.

회사도 비전이 있듯이 개인도 비전이 분명해야 한다. 손정의 소프트뱅크(SoftBank) 회장은 비전의 중요성을 강조하면서 이렇게 말했다. "눈앞의 이익을 보기 때문에 멀미를 느끼는 것이다. 몇백 킬로미터 앞을 보라, 그곳은 잔잔한 물결처럼 평온하다. 나는 그런 장소에 서서 오늘을 지켜보고 사업을 하고 있으므로 전혀 걱정하지 않는다."

비전은 다른 말로 '꿈'이다. 사람이 꿈이 없으면 생각도 없다. 그냥 시간만 나면 유튜브나 보고, 게임만 한다. 그렇게 해서 어떻게 꿈을 이룰 수 있겠는가? 그렇게 해서 다른 사람과 무엇이 다른가? 자기 자신이 잘 알 것이다. 똑같이 해서는 안 되는 시대에 살고 있다. 다르더라도 그냥 다른 게 아니라, '특별하게' 달라야 한다. 비슷해서도 안 된다. 그렇게 하면 현상 유지밖에 안 된다.

서울 동대문이나 남대문 시장에 가면 의류 가게 사장님들을 대신해서 물건을 대신 구매(사입)해서 배송해 주는 '구매 대행자'들이 있다. 그들을 가리켜 '사입 삼촌'이라고 부른다. 그들은 시장에서 물건을 사입해서 배송해 주는 일을 새벽같이 한다. 무거운 짐보따리를 몇 개씩 어깨에 걸쳐 매고 계단을 오르내린다. 더운 여름에는 땀이 비 오듯이 흘러내린다.

그들이 왜 그렇게 일하는가? 이유는 내일을 위해서다. 지금 당장 돈 때문만이 아니다. 넘어져서 무릎이 까지고, 손과 팔 여기저기에 크고 작은 상처가 나 있다. 모두 일하면서 생긴 것이다. 남들처럼 왜 쉬고 싶지 않을까? 왜? 호프집에서 친구들과 시원한 맥주 한잔 먹고 싶지 않을까? 대답은 간단하다. 내일을 위해서다. 직원들이 근무하는 사무 층에서 내가 있는 임원실까지는 엘리베이터를 타던지, 아니면 몇 층만 올라가면 금방 다다를 수 있다. 그러나 거기까지 가려면 많은 시간이 걸린다. 많은 것을 경험해야 하고, 그 과정에서 고생 또한 해야 한다.

"고생하면서 일하지 말라."는 말은 도움이 되지 않는 말이다. 고생은 우리에게 사치일지도 모른다. 월트 디즈니는 '상상력이 부족하고 생각이 독창적이지 않다.'라는 이유로 신문사에서 해고당한 적이 있다. 디즈니의 테마파크 콘셉트는 은행, 심의회, 투자가, 지방 당국들로부터 300번 넘게 퇴짜 맞았다. 하지만 그는 반대에 굴하지 않고 결국 디즈니랜드를 실현했다.

스티브 잡스는 30세 때 이사회와의 충돌 끝에 자신이 창립한 회사에서 쫓겨났다. 오프라 윈프리는 "텔레비전에 맞지 않다."라는 이유로 뉴스 앵커 자리에서 좌천된 적이 있다. 비틀즈는 신인 시절 데카 레코드사의 오디션에서 떨어졌다. "사운드가 별로고, 쇼 비즈니스 면에서 미래가 없다."라는 것이 불합격 사유였다. 심지어 알베르트 아인슈타인도 학창 시절 "무엇을 해도 성공하기 힘들 것."이라는 성적표를 받았다. 그들이 그 말을 믿고 포기했다면 아무것도 이루지 못했을 것이다.

종업원 13만 명인 삼성전자는 CEO 후보군을 선정한다. 후보군은 두 부류로 나뉘는데, 1~2년 이내에 바로 업무가 가능한 '레디 나우(Ready Now)' 후보군과 3~5년 후에 CEO 업무를 수행할 수 있는 '레디 레이터(Later)' 후보군이다. 삼성전자는 대표이사를 비롯한 경영진이 협의해서 대표이사 후보군을 선정한다. CEO 후보자들은 약 4주 동안 SLP(Samsung Leadership Program) 교육을 받는다. 이 기간 동안 삼성전자는 경영전략과 리더십, 글로벌 역량 등 차세대 대표이사에게 요구되는 종합적인 경영 역량을 집중적으로 배양할 수 있는 기본 교육을 한다. 또한, 이와는 별도로 사업 경험과 업무 지식 강화를 위해 직무순환 등 맞춤형 육성도 병행한다.

임원이 꿈이라면 보고 생각하는 게 달라야 한다. 보는 게 다르면 생각이 달라진다. 무슨 일이든 해내지 못할 것이 없다. 힘든 일, 쉬운 일 가릴 게 못 된다. 한직이든 모두가 선망하는 부서든 가리지 말고 일해야 한다. 주어진 일을 열심히 하는 것, 지금 그게 당신이 할 일이다. 눈은 항상 멀리 높게 보자. 지금 수고가 평생을 보상할 것이다.

5

왜?
당신은 평범할 수밖에 없는가

　자신의 꿈을 방에 잘 보이는 곳에 붙여놓는 것도 좋은 방법이다. 예전에 학교 다닐 때 책상머리맡에 이런 글을 한 번씩은 써서 붙여놨을 것이다. '실패는 성공의 어머니.' 그런가 하면, '인내는 쓰고 열매는 달다.'라는 글도 썼을 것이다. 모두 꿈을 이루기 위한 의지를 나타낸 것이다.
　직원들이 그렇게 말한다.
　"일을 마치고 집에 가면, 앞으로, 미래에 대한 생각을 많이 합니다. 10년 후에는 내가 무엇을 하고 있을까? 하고 말입니다."
　그렇게 말하는 직원들은 나에게서 무슨 인사이트를 얻으려고 하는 것처럼 보였다. 그런데, 내가 그들에게 줄 수 있는 인사이트라는 게 뭐가 있을까? 따지고 보면 나도 선배들에게 보고 듣고 배운 것이다. 직원들은 그러면서 삼성에 대해서 물었다. "삼성은 어떻게 합니까?"
　그 질문을 듣고 한참을 생각하다 문득 생각이 떠올랐다. 그것은 선배들이 늘 문제 앞에서 던지던 질문이었다. "삼성, 우리는 어떻게 생각해야 할까?" 그 질문은 쉽고 간단한 것 같지만, "다르게 생각하고, 다르게 생각해야 한다."라는 것을 선배들을 통해서 배웠다. 같은 것을 거절한다는 것이다. 마치 여자들이 시내에 나갔다가 누가 자신과 똑같은 옷을 입고 있으면, 집으로 돌아와서 얼른 옷을 벗어버리는 것과 같다.

그래서 직원들에게 생각하는 방법뿐만 아니라. 보는 법, 말하는 법, 통찰에 관한 이야기, 창업주와 선대 회장의 이야기 등, 삼성 이론을 이야기해 주었다. 그리고 그중에는 이건희 회장이 생전에 남긴 『생각 좀 하며 세상을 보자』 책 이야기도 빼놓지 않았다. 이건희 회장이 말한 기업론, 조직론, 경영론, 위기론, 미래론이 내용의 핵심이었다. 그러자 회사에 소문이 나면서 너도나도 이야기를 들으려는 직원이 많았다. 그리고 신입사원 교육이나, 신입 간부들 교육이면 어김없이 삼성 이론을 교육하였다.

그러던 중에 소문을 듣고 이웃 회사 대표로부터 전화가 왔다. 이야기를 들어보니 회사가 정체되어 있다는 것이었다. 한동안 매출도 괜찮았고, 회사 분위기도 괜찮았는데, 어느 순간부터 회사가 생기를 잃어가고 있다는 이야기였다. 그런 분위기는 생산 실적으로 이어졌고, 불량품 발생이 늘어났고, 급기야 매출을 위협하는 지경에 이르렀다는 것이다. 그러면서 한숨을 쉬었다.

공장을 새로 지어서 이사 온 회사라, 오고 가며 유심히 보던 회사였다. 깨끗하고 크게 지어서 단단한 회사라 생각했는데, 대표의 말을 들어보니 아픔이 있었다. "밤잠 안 자고 열심히 해서 여기까지 왔는데, 무너져 가는 것 같아서 걱정입니다."라고 말했다.

대표의 얼굴을 보니 걱정이 가득했다. 그래서 일주일 동안 매일 3시간씩 시간을 만들어서 삼성 이론을 전했다. 그리고 만나면 한 주간 과제로 내주었던 내용에 관해서 이야기하고, 점검하면서 그렇게 몇 달이 흘렀다. 놀라운 것은 매주간 대표의 얼굴이 조금씩 활기를 되찾는 것이었다. 직원들 역시 대표를 통해 내가 가르쳐 준 내용을 전달받으면서 바뀌기 시작했다는 것이다. 그러면서 전체 직원을 모아 놓고 특강을 부탁했다. 그리고 특강을 할 수 있었다. 회사는 다행스럽게도 다시 예전 모습을 되찾았다. 회사에 활기가 넘쳤고, 매출도 상승세를 보이며 회복했다. 소문은 꼬리를 물고 또 다른 회사 대표 귀에까지 전해졌다. 그리고 계속해서 대표들을 대상으로 삼성 이론을 전할 수 있었다.

우리가 최고에게 배우려고 하는 이유가 어디에 있는가? 같은 사람이라도 전문가에게 배우기를 원하지 않는가? 이건희 회장은 계열사 사장이 "사장급 연봉을 주는 인력을 많이 확보했습니다."라고 보고한 계열사 사장에게 "사장급 연봉이 아니라 사장의 2배, 3배 연봉을 받는 인재를 스카우트하라."라며 질타했다. 이 회장은 또한 "여성은 배려 차원이 아니라 기업의 생존을 위해 필요하다. 여성 인력을 안 쓰면 경쟁력을 잃게 된다."라고 말하였다.

이 회장은 2003년에 "천재는 확률적으로 1만 명, 10만 명에 한 명 나올 정도의 사람이다. 대한민국에서 잘해야 400~500명이다."라며, "그런데 이런 천재들은 보통 사람들과의 의사소통이 쉽지 않다. 일반적인 교육으로는 천재성을 오히려 죽이는 결과를 초래하게 된다."라고 말하였다. 2002년 동아일보와의 인터뷰에서 이 회장은 "한 명의 천재가 10만 명을 먹여 살리는 인재 경쟁의 시대"라고 말했다. 이른바 '천재 경영론'이다.

임원이라는 자리는 가르치는 자리이기도 하지만 배우는 자리다. CEO들이 국내외 유명 석학들을 만나고 하는 게 그냥 하는 이야기가 아니다. 그들이 바쁜 중에도 그들을 만나는 이유는 배우기 위함이다. 이제 더 이상 배울 것이 없는 게 아니다. 우리는 무덤에 들어가기 전까지 배워야 한다. 배워야 통찰력이 생긴다. 통찰이 가능하려면 지식적인 정보와 자료가 내 머릿속에 차곡차곡 저장되어 있어야 한다. 컴퓨터가 IN-PUT 된 내용이 없으면 깡통에 불과하다. 자료를 입력하고 계속 업그레이드를 해줘야 제 성능을 낼 수 있다.

사람들이 '투자의 귀재'라고 불리는 워런 버핏 버크셔 해서웨이 회장과 식사하려고 한다. 2022년 자선 형태를 띤 점심 식사권 경매는 경매 사이트 이베이에서 2만 5,000달러(3,200만 원)로 시작되었는데 무려 900만 달러(246억 원)의 사상 최고가 기록을 세웠다. 식사 시간은 3시간이었다. 식사 참석자들은 버핏과 식사를 하며 버핏과 투자를 비롯한 다양한 주제에 관해 대화를 나눌 수 있다. 단, 버핏 자신의 향후 투자계획만 논하지 않는 게 조건이었다.

"수백억 원을 들여서 식사할 필요가 있는가?"라고 반문한다. 버핏의 아침 식사는 단돈 3.17달러, 우리 돈으로 4,400원을 넘지 않는다고 한다. 이 말을 들으면 식사할 필요를 느끼지 않을 것이다. 물론 그들과 하는 점심 식사는 조금 다를 것이다. 그러나 거액을 들여서 식사할 필요성을 일반인들은 느끼지 못한다.

돈이 문제가 아니다. 필요를 느끼느냐 그렇지 않으냐의 차이다. 돈이 있어도 그렇게 하지 않는 사람이 있다. 반면에 수백억 원이 아니라, 수천억 원이 들어도 버핏과 식사하면서 그의 통찰을 얻으려고 하는 사람들이 있다. 승부는 거기서 갈린다. 식사하면서 무엇을 얻을지 모르지만 배우려는 태도의 차이다.

질문한다. 왜? 당신은 평범한 직장인으로 살아가는가? 이 책을 잡은 이유는 직장생활 잘하고, 승진하고, 임원이 되고 싶은 욕심 때문이 아닌가? 그렇다면 이제부터 평범해서는 안 된다. 배우려는 특별함이 있어야 하고, 배움도 다른 사람이 배우는 것과 달라야 한다. 그래야 차별성을 가질 수 있다. 보통은 보이지 않는다. 계속 배우다 보면 최고가 되고, 분명하게 드러나게 된다.

6

자기 계발은
자신을 아는 것이다

워런 버핏과 식사하기를 원하는 사람이 많다. 직장인이라면 한 번쯤 꿈꿔볼 이야기다. 형편이 그렇지 않아서 그렇지 기회가 된다면 무엇을 마다하겠는가? 자리가 허용된다면 서서도 들을 것이다. 사람들이 그렇게 하는 이유는 '그의 말 한마디가 인생을 바꿔줄 것'이라는 믿음 때문이다.

그런데, 아무리 워런 버핏의 말이라 하더라도 이야기를 듣는 사람이 이야기를 들을 수 없다면 어떻게 하겠는가? 이야기를 듣고 안 듣고가 문제가 아니라, 버핏의 이야기를 듣고 자칫하면 현명한 질문에 어리석게 대답하는 '현문우답(賢問愚答)' 꼴이 되고 만다. 정말 중요한 질문은 이것이다.

"나는 버핏의 이야기를 듣고 이해할 준비가 되었는가?"

버핏은 분명 뛰어난 투자자이고, 경영자이고, 경제를 잘 아는 사람임은 틀림없다. 그러나 그가 아무리 좋은 말을 해도, 듣는 사람이 자신의 상황, 성향, 가능성을 제대로 모르면 그 말은 아무 소용 없다. 자기계발서 한 권 읽고, 유튜브에서 명언 하나 듣고, 마치 인생이 바뀔 듯이 행동하지만, 며칠이면 흐지부지해진다. 왜? 자신의 '상태'를 모르기 때문이다. 그런 뜻에서 소크라테스가 "너 자신을 알라."라고 말한 것은 기원전 5세기 이야기지만, 21세기를 사는 우리에게 아직도 유효한 말이다.

글로벌 자기 계발 전문기관인 Better Up의 2021년 조사에 따르면, "자기 인식 수준이 높은 사람은 업무 효율성이 21% 높고, 대인관계 만족도는 33% 이상 향상된다."라고 하였다.

미국의 방송인으로 〈타임〉 선정 '20세기의 위대한 인물', 〈포브스〉 선정 '세계에서 가장 영향력 있는 인물'로, 토크쇼의 여왕으로 불리는 오프라 윈프리는 10대 시절까지 극심한 가난과 학대를 겪었지만, 자신에게 어떤 힘이 있는지를 일찍 깨달았다. 그녀는 "나는 사람들의 이야기를 듣는 데에 능하다."라는 자신을 발견하고 방송이라는 영역에서 성장했다. 그녀는 자신이 쓴 책『내가 확실히 아는 것들』에서 아주 짧게 이렇게 말했다.

"진짜 변화는 내 안의 진실을 알아차리는 순간 시작되었다."

그녀는 자신이 진짜 잘하는 것이 무엇인지, 그리고 그것이 어떻게 세상과 연결되는지를 고민했고, 그것이 그녀를 수십억 달러의 가치를 지닌 '토크 여왕'으로 만들었다.

트럼프 2기 행정부에서 정부효율부(DOGE) 수장을 맡았던 테슬라와 스페이스X 창업자 엘론 머스크는 회사를 창업할 때마다 다음과 같은 질문을 자신에게 던졌다.

"내가 이 일을 하는 이유를 정말 내가 믿는가? 아니면 누군가의 기대를 따르기 위한 것인가?"

그는 우주로 발사했던 로켓을 다시 회수해서 재사용하는 일에 상당한 성과를 보이고 있다. 그의 그런 성과는 자신을 알고, 자신을 믿는 신념으로부터 나왔다. 그는 자신을 믿었고, 자신을 누구보다 잘 알았다. 자신의 동기와 감정을 명확히 알고, 점검하고, 조율하는 습관이 그를 위기에서 구해냈다. 자신을 몰랐다면 그렇게 되지 않았을 것이다.

대부분의 직장인들은 자신에 대한 가치를 '평가절상'한다. 그러나 회사가 평가하는 본인의 모습과 자신이 바라보는 모습이 크게 다른 경우가 많다. 회사에 자기 평가를 하는 '개인별사업부제(個人別事業部制)'라는 게 있다. 자기가 자기를 평가하는 것이다. 일차적으로 자기 평가를 본인 스스로 하기 때문에 평가를 좋게 한다. 평가 점수는 대부분 평균 이상이다. 평균 이하로 내려가는 직원은 아무도 없다. 항목 중에 평균 이하 점수가 한, 두 개 있어도 전체 점수는 평균을 넘는다. 이대로 하면 모두 우등생이다. 모두 A 플러스 점수다.

그런 평가표를 보고 과장이나 부장이 뭐라고 말하면 기분 나빠한다. 심지어는 정량적 평가 점수도 낮게 주지 않는다. "이건 고쳐야지."라고 말하면 마지못해 슬그머니 고친다. 그러면, 그 줄어든 점수만큼 정성적 점수에 더한다. 끝까지 점수를 맞추는 것이다. 탓하지 않는다. 자기를 사랑하지 않으면 누가 자기를 사랑하겠는가?

조직심리학자 타샤 유리크(Tasha Eurich)는 '어떻게 원하는 내가 될 것인가'를 부제로 한, 『자기통찰』에서 "자신을 알고 타인이 자신을 어떻게 보는지 아는 사람은 인간관계 · 진로 · 직장 등에서 성공적이며 행복하다. 그들은 창의적이고 자신감 있으며 문제 행동은 적고, 성과와 리더십으로 조직과 사회에 긍정적 영향을 미친다."라고 말했다.

문제를 해결하기 위해 가장 먼저 해야 할 일은 '현황'을 파악하는 것이다. 회사에 '현황판'이 있다. 목표가 있고 실적이 있다. 현재 상태를 보여주고 있다. 만약 그게 없다면 지금 잘하고 있는지, 못하고 있는지 가늠하기가 어렵다. 그건 부서의 현재 모습이자, 상태를 보여준다. 그래야만 부족한 것을 보완할 수 있고, 채울 수 있는 것이다.

회사는 일하고 배우고 경제활동을 하는 공간이다. 노력만 한다면 일을 통해서 배우고 성장할 기회가 충분하다. 본인의 열정과 노력에 따라서 자신의 성장 폭이 달라질 수 있다. 편안하게 안주하려고 하면 그런 생활도 가능하다. 특히 직원이 많아 업무가 세분화되어 있으면 자기 일만 하고 편하게 쉴 수 있다. 무엇을 하든지 한 달만 되면 월급이 꼬박꼬박 나오기 때문이다. 심하게 말해 '월급루팡'이 될 수 있다는 말이다.

회사에서 가치는 '직책'으로 표시된다. 직책은 자신의 성과를 회사가 인정해서 회사가 부여한 자리다. 하지만 자신에 대한 평가는 자신이 가장 잘 안다. 그러기 위해서는 자기 자신을 살펴보는 눈을 '객관화'해야 한다. 주관적인 생각이 더해지면 엄청난 오류를 만들 수 있다.

『성공하는 사람들의 7가지 습관』에서 스티븐 코비는 "사람들은 대부분 반응하면서 살지만, 자기 인식을 가진 사람은 선택하면서 산다."라고 말했다.

자신이 직장에서 간부로 성장하려고 하면 자신의 역할과 가치를 파악해야 한다. 부족한 부분이 무엇인지 알아야 한다. 자신을 냉철하게 객관화해서 살펴야 한다. 그래야만 문제가 보이고 답을 찾을 수 있다. **물음표가 없으면 느낌표도 없다.** 일기를 쓰는 사람은 일기를 쓰는 의미를 알 것이다.

자신이 어떻게 하루를 살았는지를 통해 자신을 돌아보고, 자신을 반성하고, 그렇게 성장해 나가는 것이다.

부록 2

(표2) ## 승진 준비 셀프 점검표

체크 문항	예 / 아니오
나는 상사 앞에서 말과 행동을 조심한다.	☐ 예 ☐ 아니오
나는 일을 시작할 때보다 마무리에 더 신경을 쓴다.	☐ 예 ☐ 아니오
나는 실패를 숨기지 않고 배움의 기회로 삼는다.	☐ 예 ☐ 아니오
나는 회의에서 말할 때 명확하게 말하려고 한다.	☐ 예 ☐ 아니오
나는 맡은 일의 우선순위를 잘 정리한다.	☐ 예 ☐ 아니오
나는 시간 약속을 철저히 지킨다.	☐ 예 ☐ 아니오
나는 작은 일에도 책임감을 가지고 끝낸다.	☐ 예 ☐ 아니오
나는 기회가 왔을 때 머뭇거리지 않는다.	☐ 예 ☐ 아니오
나는 중요한 순간에 결단을 내릴 수 있다.	☐ 예 ☐ 아니오
나는 상사의 스타일에 맞게 보고한다.	☐ 예 ☐ 아니오
나는 다른 팀과 협업할 때 원활하게 조율한다.	☐ 예 ☐ 아니오
나는 위기 상황에서 당황하기보다 침착하게 대처한다.	☐ 예 ☐ 아니오
나는 매일 자기 계발을 위한 시간을 확보한다.	☐ 예 ☐ 아니오
나는 리더로서 모범을 보이려고 한다.	☐ 예 ☐ 아니오
나는 다른 직원의 의견을 경청한다.	☐ 예 ☐ 아니오
나는 내 성과를 드러내되 과장하지 않는다.	☐ 예 ☐ 아니오
나는 결과뿐 아니라 과정을 잘 관리하려고 한다.	☐ 예 ☐ 아니오
나는 실수를 반복하지 않도록 시스템으로 만든다.	☐ 예 ☐ 아니오
나는 CEO처럼 큰 그림을 그리려고 노력한다.	☐ 예 ☐ 아니오
나는 임원이 된다는 것을 단순한 직위가 아닌 책임으로 본다.	☐ 예 ☐ 아니오

판정: "예스" 기준

- **16개 이상** 축하합니다. 당신은 승진 준비가 이미 끝난 사람입니다. 비밀수첩의 주인공 자격이 충분합니다.
- **12~15개** 기본 자격을 통과하였습니다. 이 책을 통해 승진 가속도가 붙을 것입니다.
- **11개 이하** 아직 준비가 덜 됐습니다. 하지만 지금부터 비밀수첩으로 전략과 태도를 완성해 보십시오.

PART 3

사내정치와 관계의 기술

7장

사내정치와 평판 관리의 룰

THE HIDDEN RULES OF PROMOTION

　　회사라고 일반 사회와 다르지 않다. 어떤 경우는 사회보다 더 심할지 모른다. 바로 회사 안에 있는 인맥, 학연, 지연을 두고 하는 말이다. 이것을 통틀어서 '사내정치'라 한다. 회사 내에서 정치라는 것이 이것을 중심으로 이루어지기 때문이다.

사람들은 사내정치를 말하면 싫어한다. 그런 것은 말도 꺼내지 말라고 한다. 누가 사내 정치하는 것처럼 보이면 이상하게 생각한다. 흔히 말하는 '줄'이나 '빽'을 생각하는 것 같다. '그렇게 해서, 위의 사람한테 잘 보여 출세하겠다는 말이지?' 말은 안 해도 그런 생각이 눈에 읽힌다.

신입사원이 직장에 출근하면 가장 먼저 반기는 사람이 학교 선배고 동문이다. 아무것도 모르는 신입사원에게 그들은 형제나 부모 같다. 그렇게 반가울 수가 없다. 얼떨떨한 분위기지만 기분은 좋다. 커피를 한잔하면서 나누는 이야기 속에 선후배의 감정이 싹튼다.

1

사내정치는
피할 수 없는 현실이다

"저는 정치 안 합니다."라면서 "실력으로 승부하겠다."는 사람이 있다. 그 말을 듣고 고개를 끄덕이지만, 직장생활을 조금이라도 해본 사람이라면 그게 쉽지 않다는 것을 알 수 있다. 직장은 사람들이 모인 공간이라 기계처럼 정해진 규칙대로 흘러가지 않기 때문이다.

가끔 회사 안에서 보면 부서장이 자리를 옮기면 얼마 지나지 않아 그 부서장이 있는 부서로 같이 자리를 옮기는 사람이 있다. 가만히 보면 그때 그 부서장과 친한 사람이다. 이것은 드러내지는 않지만, 어느 기업에서나 볼 수 있는 현상이다.

1995년 3월 삼성자동차가 출범하였다. 그룹 계열사마다 삼성자동차로의 관계사 이직을 원하는 사람이 많았다. 필자가 근무하던 부서에도 그런 일이 있었다. 어느 날 갑자기 옆에 있던 직원이 삼성자동차로 자리를 옮긴다는 것이었다. 물론 지금 같으면 그런 생각을 하지 않겠지만, 당시 삼성자동차는 그룹 관계사 직원들에게 또 다른 기회의 땅이었다. 그 직원은 자기를 데려가는 사람이 있다면서 삼성자동차로 자리를 옮겼다. 지금은 어떻게 되었는지 모른다.

그래서 직원 중에는 사내정치에 대한 불만이 있는 것도 사실이다. 열심히 일하고, 능력으로 평가를 받아야 하는데, 사내정치로 그런 일이 생기는 것에 대한 불만이다. 직원들 사기 문제라는 것이다. 실제로 기업에서는 그런 것을 좋게 보지 않는다. 그러나 그럼에도 불구하고 알게 모르게 그런 일이 일어나고 있다는 사실을 알아야 한다.

미국 하버드대 케네디스쿨의 조직행동학 교수인 사만다 크로포드는 이렇게 말한다.

"조직 내에서 정치란 개인의 역량이 아니라, 영향력의 흐름을 이해하고 활용하는 능력이다."

쉽게 말해서 사내정치를 피한다고 해서 피해질 일이 아니라는 것이다. 업무능력만큼이나 그 또한 본인의 역량이다. 그 역량이란 흐름을 알고, 흐름을 활용하는 것이다. 회사는 눈치 게임하는 장소가 아니다. 어떤 팀에서든 부서장의 눈에 '정치적으로 해석되는 사람'과 '정치적 맥락을 모르는 사람'이 존재한다. 두 사람 중에 누가 더 기회를 잡을지는 명확해진다.

삼성그룹은 과거에는 '미래전략실(미전실)'이 총수의 눈과 귀 역할을 했었다. 2017년 해체 후에도 비서실, 경영지원실, 인사팀이 중심이 되었다. 삼성전자 출신이 많았고, 삼성SDS, 삼성물산 출신으로 주요 라인이 구성되었다. '성과 중심'을 내세우지만, 비서실이나 총수 측근 출신이 빠르게 승진하는 경우가 많았다. 심지어는 오랫동안 회장을 보좌했던 일로 인해 '이학수사단'이라는 말이 나올 정도였다.

현대차그룹 역시 정의선 회장 직속 조직 중심으로 기획조정실에서 경영지원본부, EV 사업부로 조직이 개편되었다. 현대차 출신보다는 정의선 부회장과 호흡을 맞춘 신진 그룹이 부상하는 것이 눈에 띈다. LG그룹은 LG전자, LG화학, LG디스플레이 등 계열사별로 인맥 구분이 뚜렷한데, 구광모 회장 취임 이후에 MZ세대 리더 등용이 확대된 것으로 보인다.

스탠포드대 행동과학연구소의 연구에 따르면, 기업 내 고성과자 중 승진에 성공한 비율은 32%였고, 중상위권의 성과자 중 '조직 내 관계와 영향력이 높다'라고 평가된 사람 중 56%가 승진했다. 한국능률협회컨설팅(KMCA) 「2023년도 보고서」에 따르면, 국내 중견기업 임원 승진자 중 68%는 '사내 협업 네트워크'에서 높은 평가를 받은 인물로 나타났다.

미국 GE(General Electric)는 한때 신입 관리자 교육에서 '사내정치 이해 세션'을 따로 운영했다. 이 세션에서는 단순한 인간관계 스킬이 아니라, 조직 내 비공식 구조, 권력의 흐름, 주요 이해관계자의 파악 등을 훈련시켰다. 회사는 정치적 감각을 '리더의 필수 덕목 중 하나'로 인식하고 교육에 포함시켰다.

하버드 경영대학원 존 코터(John P. Kotte) 교수는 "사내정치는 직장인의 승진과 생존에 영향을 주는 가장 결정적인 비공식 변수"라고 말했다. 결국, 회사가 직원을 평가하는 기준은 성과를 중심으로 관계와 신뢰에 대한 것이며, 이를 무시하면 좋은 성과임에도 불구하고 '보이지 않는 사람'이 되고 마는 것이다.

한 국내 IT 기업의 본부장급 임원 후보자가 인사 승진을 눈앞에 두고 탈

락하였다. 이유는 간단했다. 본부장급 이상 승인을 앞두고 필요한 임원 평판에서 좋은 평가를 받지 못한 것이다. 조율하지 않았고, 더 중요한 것은 몇몇 영향력 있는 임원들 입에서 좋은 말이 나오지 않았다. 그들 입에서 나온 말은 "별로."라는 말이 전부였다. 성과는 좋았지만, 임원들과 소통이 부족했다. 위로 올라가면 갈수록 사내정치를 무시 못 하는데, 이 부분을 가볍게 생각한 것이다. 그는 다음번 승진도 기약할 수 없게 되었다.

사내정치는 좋은 것도 아니고 나쁜 것도 아니다. 입장에 따라서 사람마다 생각하는 게 다르다. 분명한 것은 회사는 조직이라는 점이다. 내가 싫어도 조직적으로 움직인다. 사내정치는 한편으로는 기술이다. 이 기술은 인간관계, 정보, 심리, 팀워크, 소통으로 이루어져 있다. 필요 없다고 할 일이 아니다. 눈에 보이게 적극적으로는 하지 않더라도 기회가 닿으면 굳이 마다할 이유가 없다. 그게 현실적이다.

서두에서 말했지만, "저는 정치 안 합니다."라는 말은 조직에서 생존하지 않겠다는 말처럼 들리기도 한다. 사내정치는 권모술수가 아니다. 이해하고, 배우고, 잘 활용하면 자기 성장에 좋은 관계에 대한 처세술이다.

2

평판은 회의실 밖에서 결정된다

　사내정치는 회사 내에서 사람들 사이에 들리는 이야기를 특히 조심해야 한다. 좋은 소문이 아니라 나쁜 소문이 나는 상황에서의 정치란, 결코 좋은 결과를 기대할 수 없다. 만약 그랬다가는 직원들 사이에 '진짜 정치한다.'라는 말을 들을 수밖에 없다. 그런 상황에서는 어느 사람도 끌어 주기가 곤란하다.

　'평판(評判)'이라는 게 있다. 「표준국어대사전」에 보면 '세상 사람들의 비평'이라고 되어있다. 사람들이 말하는 옳고 그름과, 아름다움과 추함같이 가치를 논하는 것이다.

　맛있다고 소문난 집을 '맛집'이라고 하듯이 회사 내에서도 사람들이 많이 모이는 장소가 있다. 바로 휴게실, 구내 편의점이다. 회사 안에서의 소문은 대개 여기서부터 출발한다. 여기에 이야기꾼들이 모이고, 소리와 소문이 사람들 귀로 전해진다. 탕비실도 그렇고, 복도도 그렇고, 메신저 대화에서도 사람 이야기를 한다.

　그리고 회의실에서 나오는 이야기도 무시 못 한다. 간혹 회의 중에 언쟁이 있으면 그 내용은 여지없이 회의실 밖으로 퍼진다. 사람들은 잘잘못을 따지고, 그것으로 사람을 평가한다. 그 평가는 계속해서 사람들 생각에 축적되고, 경우에 따라서는 불리하게 작용하기도 한다.

회사란, 모두가 참여하는 공동체지만, 사람들은 본능적으로 비공식적인 이야기에 더 민감하다. 그래서 누가 누구랑 밥을 자주 먹는지, 점심시간에 누구와 바깥에서 식사하는지, 회식 자리에 누가 빠지는지, 그런 작은 정보로 같이 할 사람과 멀리할 사람, 그렇고 그런 사람으로 나뉜다. 회사조직 내 영향력은 공식적인 것보다 비공식적인 것이 더 크다.

갤럽의 직원 만족도 조사에 따르면, 직장에서의 승진 기준 중에 '정량적 성과'만을 기준으로 한 사례는 전체의 38%에 불과하며, 나머지는 협업 태도, 리더십 잠재력, 팀워크 같은 정성적 요소였다. 「딜로이트코리아 보고서(2022)」에는 임원들이 후임자를 추천할 때 가장 중요하게 생각한 요소로 '일관된 성과(27%)'보다 '신뢰와 인간적 연결(42%)'이 더 높게 나타났다. 즉, 일만 잘하는 사람보다 함께 일하고 싶은 사람이 선택되는 것이다.

IBM은 내부 인재 데이터를 분석하여 한 가지 흥미로운 결과를 도출했는데, 성과가 비슷한 두 인재가 있을 경우, 인맥이 더 넓고 부서 간 호감도가 높은 직원이 더 빨리 승진했다는 것이다. 그래서 감성 네트워크(Emotional Network)를 수치화해서 정서적 영향력이 높은 직원에게 프로젝트를 맡기기 시작했다고 한다.

이 같은 사례는 국내 굴지의 H 중공업에서도 찾아볼 수 있다.
팀장이 업무 실력은 뛰어났지만, 말투가 거칠고 감정 조절이 되지 않아 동료들에게 거부감을 주었다. 그가 새로 팀장이 된 후 1년 안에 팀원의 절반이 퇴사했고, 나머지는 인사팀에 전출을 요청했다. 회사 내에 평판은 '일은 잘하지만 독한 팀장'으로 소문났고, 결국 그 팀장은 더 이상 승진 없이 있다가 다른 곳으로 자리를 옮겼다.

한 번씩 나에게 이전 회사에 좋은 사람이 있으면 소개를 해 달라는 전화가 자주 온다. 임원으로 모시겠다는 것이다. 요즘 같은 시대에 믿을만한 사람 찾기가 보물찾기라서 쉽지 않다는 것이다. 그러면서 나를 알면서도 확실히 보증할 수 있는 사람을 추천해 달라며 '확실한'이라는 말을 몇 번이나 거듭했다.

그런 부탁을 받으면 걱정부터 앞선다. 왜냐하면, 그만큼 추천이 어렵기 때문이다. 한 사람의 이력 뒤에는 그 사람을 추천한 사람의 '책임'이 붙어 다닌다. 누구를 소개해달라는 말은, 사실상 "당신이 믿는 사람을 나도 믿겠다."라는 뜻이다.

그래서 나는 사람을 함부로 소개하지 않는다. 소개 하나가 나의 평판을 바꾸고, 소개 하나가 한 조직의 문화를 흔들 수 있기 때문이다. "누구를 추천하느냐?"는 결국 "당신은 누구인가?"의 또 다른 말이다. 만약 일이 잘못되면 "그 사람 누가 추천했죠?"라는 말이 나올 수밖에 없다. 그럴 때는 상당히 곤혹스럽다.

그래서 사람을 추천할 때마다 나는 스스로 묻는다. '이 사람과 나는 일하고 싶은가?', '내가 이 사람과 일한다면 나는 어떤 일을 맡길 것인가?' 그리고 그 질문에 내가 자신 있게 "예스!"라고 답할 수 있어야 추천한다. 경력이 많다고, 스펙이 좋다고, 전에 성과를 많이 냈다고 무조건 추천하는 것이 아니다. 그럴 때마다 예전에 인도네시아에 책임자를 잘못 보내어 회사가 크게 힘들었던 적이 생각난다. 자기 집 식구도 잘 모르는 경우가 있는데, 하물며 다른 회사에 사람을 추천한다는 것은 더 어렵다.

한비자는 『한비자』「설난(說難)」, 「간간(姦奸)」, 「팔설(八說)」 등의 글에서 반복적으로 이렇게 말한다. "군주는 신하의 말을 직접 믿지 말고, 그 사람이 평소 어떤 소문을 듣고 있는지를 먼저 확인하라." 한비자가 그렇게 말하는 이유는, 소문이란 그 사람의 '집단적 인상'이며, 그것은 어느 한 사람의 말보다 정확할 수 있기 때문이다.

한비는 사람이 직접 말하는 '말'보다, 그 사람을 둘러싼 '소문'을 더 중요하게 여겼다. 말은 의도를 숨길 수 있지만, 평판은 여러 사람의 판단이 축적된 결과기 때문이다. 그는 군주가 사람을 등용할 때 다음과 같은 원칙을 가져야 한다고 조언한다.

"그의 말이 그럴듯해 보이더라도, 세간의 소문과 맞지 않는다면 다시 검토하라."

지금으로 말하면 이력서가 좋아 보여도 이전 직장에서 어떤 이야기를 하는지 먼저 확인하라는 것이다. "사람이 한번 말로 나를 속일 수는 있지만, 여러 사람의 입에서 나온 소문은 속일 수 없다."라는 게 한비의 말이다.

다른 임원들도 나에게 그런 이야기를 슬쩍 흘린다.

"그 친구, 요즘 너무 나대는 것 같지 않습니까? 일하는 것도 그렇고 말입니다."

그러면서 내 눈치를 살핀다. 옆에 누가 있기라도 하면 그를 부추긴다.

"그렇지? 요즘 그런 것 같지?"

임원이 그렇게 말하는 데 "아닙니다."라고 반문할 직원은 아무도 없다. 그도 덩달아서 맞장구를 친다.

그런 말은 들어보면 대충 알 수 있다. 때에 따라서는 확인도 해본다. 잘못된 소문이면 내가 그 사람을 불리하게 평가할 수 있기 때문이다. 그래서 그런 경우 나 역시도 비공식적인 창구를 통해서 그 사람에 대해서 알아본다.

3

보스를 이해하면
판이 보인다

많은 직장인이 놓치는 게 있다. 사내정치를 나만 잘하면 된다는 '일방통행'으로 생각하는 것이다. 내가 성과를 내고, 나만 잘하면 된다는 것이다. 그 때문에 모든 게 자기에게 집중되어 있다. 마치 직선도로를 달리는 차처럼 거침이 없이 달려간다. 너무 빠르게 달리는 나머지 속도도, 신호등도 놓치는 경우가 생긴다. 마치 브레이크 없는 차를 탄 것 같다.

그러나 사내정치는 그렇게 일방통행식으로 혼자만의 정치가 아니다. 당신이 잘해야 하는 것은 맞지만, 상사 역시 당신을 통해서 평가받는 '쌍방통행' 입장이라는 것이다. 즉, 당신은 그에게 전략의 일부이자, 상사 자신의 평판 항목이다. 옷을 입고 거울을 보는 것 같지만 거울을 보는 것이 아니라 자신을 보는 것과 같다.

미국 MIT 슬론경영대학원의 조직심리학 더보라 안코나 교수는 "직속 상사는 단순한 상위자가 아니다. 그는 조직 내에서 생존해야 하는 또 다른 플레이어다. 그의 게임을 이해하지 못하면, 당신은 중요한 순간에 외면당한다."라고 말했다.

상사 역시 실적에 대한 압박을 받고 있고, 상위 책임자에게 보고를 걱정해야 하고, 사내 구도를 생각하는 사람이다. 직원 숫자가 많고 조직 구조가 복잡한 직장일수록 관리해야 할 것이 더 많다. 눈에 보이지 않는 사내 경쟁자, 드러나지 않는 사내 조직이 거미줄처럼 얽혀 있다. 그중에 하나라도 끊어지면 빨리 다른 선으로 복구해야 한다.

상사들은 직급만 관리자인 '상사'에 머물다가 시들기 싫어한다. 자기 자신뿐만 아니라, 인맥 관리와 조직을 관리하는 행동 원칙을 보이지 않게 계속 반복한다. 아마도 그런 것을 본 적이 있을 것이다. 그만큼 비밀이고 조직적이다. 그런 사실이 드러나면 좋을 게 없다. 그 때문에 공석이든 사석이든 그런 모습이 잘 드러나지 않는다. 모르는 사람은 그들이 아무것도 하지 않는 것으로 아는데 그건 착각이다.

그렇게 보면 사내정치에 있어서 중요한 한 가지가 드러난다. 바로 상사에 대한 '이해력'이다. 직장인이 성공하기 위한 여러 조건이 있지만, 직장 상사에 대한 이해력만 높아도 반은 성공했다고 봐야 한다. **사내정치란? 직장 상사에 대한 이해로부터 출발한다.**

사내정치에 관심이 없는 직장인은 상사에 관한 관심이 그렇게 많지 않다. 직장 내에서 업무적인 일로 대면하는 것 외에는 별다른 일이 없다. 그러나 상사에 대한 관심이 많은 직원은 그 관심도가 다른 직원에 비해 월등히 더 높다.

임원이 지방에 있는 지사 근무를 하면 사택이라는 게 있다. 회사에서 임원, 간부들을 위해 제공하는 주택이다. 지금은 회사 명의로 구입해서 제공하지만, 예전에는 전세로 사택을 얻는 경우가 많았다. 그럴 때는 그 일을 전담하는 직원이 있었다. 이사부터 시작해서 사택과 관련된 일을 모두 맡아 하였다. 심지어는 전출입 신고와 각종 세금, 공과금 납부도 담당하였다.

지방 사정을 잘 모르는 임원은 일이 있으면 그 직원을 찾았다. 직원은 손발이 되어서 필요한 일을 도왔다. 자연적으로 친해질 수밖에 없고, 승진과 고과는 말을 하지 않아도 잘 알 것이다.

정치학자 잭 고드윈은 『사무실의 정치학』이라는 책에서 "정치적 행동은 인간의 원시적이고 본능적 요소이며 한 인간이 다른 인간을 더욱 쉽게 통제할 수 있게 하는 권력이 개입되는 상황이 정치다."라고 하였다.

회사 안에서의 정치란 일부러 만드는 것이 아니라, 자연적으로 만들어지는 것이다. 학연이라고 해서 졸업한 학교 동문끼리 모이고, 지연이라고 출생 지역 사람끼리 모이게 된다. 회사 안에서 사람들을 만나도 가장 먼저 묻고 답하는 게 학교와 고향이다. 그렇게 하지 말라고 말해도 그렇게 하게 되어있다.

어떤 부서는 어느 학교 출신자들이 많고, 어떤 부서는 어디 출신 사람들이 많다고 하는 게 다 그런 이유다. 더럽고, 싫다고 말해봤자 자기 손해다. 그렇게 말하는 게 보기에는 대단하고 멋져 보여도, 그건 대단하고 멋진 게 아니다. 사내정치를 세상 '정치'처럼 생각할 필요는 없다. 상대방을 공격하고 자신들의 이익을 위해 수단과 방법을 가리지 않는 그런 정치와는 다르다.

그들 그룹은 잘하고 열심히 하려는 보이지 않는 경쟁심이 있다. 그들을 부추기는 것은 아니지만, 그들은 자신들이 다른 그룹보다 좋은 평을 듣기를 원한다. 그래서 서로 정보를 교환하고, 이전에 모셨던 임원, 간부가 무엇을 좋아하는지, 무엇을 챙겨야 하는지, 알고 있는 모든 것을 전수해 준다.

    S 전자 무선사업부에는 정 과장이라는 인물이 있었다. 그는 특출한 인물은 아니었지만, 매번 핵심 프로젝트에 투입되었고, 상무, 전무의 총애를 받았다. 사람들은 그를 두고 '눈치는 빠르지만, 실력은 중간'이라면서 평범한 인물로 보았다. 그러나 몇 년이 지나서 그는 조용히 임원 승진 명단에 올랐다. 사람들은 의아해했다. 모두 그게 어떻게 가능했을까? 하는 눈치였다.
    나중에 그 비밀이 알려졌는데, 그는 상사의 세계, 특히 직속 상무의 운영 스타일, 말투, 관심사, 리스크 포인트를 철저히 관찰했고 그것에 맞게 자신을 조정했다.
    정 과장이 처음 상무가 있는 부서에서 일했을 때 그는 2주 동안 거의 말을 하지 않았다. 그 대신 그는 매일 메모를 했다. 상무가 쓰는 단어, 표정, 보고서에 붙이는 포스트잇 색깔까지. 그의 메모장에는 이런 구절이 있었다.

"보고서는 숫자를 완벽하게 기억하고 수치를 강조한다."
"반박은 절대 하지 말고, 먼저 수긍한 후에 개선과 제안을 말씀드린다."
"민감한 경쟁 부서 이야기는 말하지 않는다."
"기획보다 실행을 좋아하고 '언제 되냐?'를 자주 묻는다. 일을 빨리 처리한다."

7장   사내정치와 평판 관리의 룰   **217**

4

비공식적인 자리를
놓치지 마라

결혼식과 상갓집은 업무와는 아무 상관이 없다. 실적을 필요로 하는 자리도 아니고, 와서 그냥 밥 먹고 이야기하다가 자기 알아서 가는 곳이다. 회사처럼 눈치 볼 일도 없고, 직장 상사도 없고, 부하도 없다. 자기 일 있으면 가고, 조금 더 있든 금방 가든 아무 상관이 없다. 그런데도 중요한 자리임은 틀림없다. 축하하고 위로할 자리이기도 하지만, 직장생활은 그렇게 무 자르듯이 삭둑 잘라서 할 곳이 아니기 때문이다.

'업무연장'이라는 말을 들어봤을 것이다. 정해진 시간을 넘겨서 일하는 것을 말한다. 정해진 시간을 넘으면 당연히 잔업이든, 야간이든 수당 계산이 달라진다. 일한 만큼 수당이 계산된다.

그런데 직장에서 하는 업무 시간 연장이 아니라, 직장이라는 울타리를 넘어선 '업무연장'이 있다고 하면 어떻게 하겠는가? 무슨 소리냐고 당장 반기를 들 것이다. 회사 일도 아닌데 왜 그러냐고 말이다. 물론 그 말이 맞다. 회사 밖에서는 일을 시키지 않는다. 그렇게 해서는 큰일 난다.

그럼 무슨 말인가? 우리가 밖에서 모일 때 무슨 이야기를 하는가를 말하려는 것이다. 공식적인 업무가 아니라 비공식적인 이야기다. 상가에 모여서 잠시 고인에 대해 이야기하다가 금세 이야기는 회사 이야기로 바뀐다. 오늘 있었던 일을 이야기하고, 자리를 빌려서 속마음을 털어놓기도 한다. 사람들은 감정이 없다. 그 순간만큼은 사람들이 가장 순수해진다. 왜 그런 말이 있지 않은가? '죽은 사람 앞에서 사람은 가장 순수해진다.'라는 말 말이다.

상갓집에 가는 것은 의무가 아니다. 인정으로 가는 것이다. 우리는 유독 '정(情)'에 약하다. 그래서 다른 데는 가지 않더라도 상갓집에는 빠지지 않고 꼭 간다. 예전에는 상갓집에 간다고 하면 밤샘할 각오를 하고 참석했다. 문상 뒤에는 구석에 모여 앉아 넥타이를 풀고 와이셔츠 소매를 걷어붙이고 한국 사람들이 두 사람만 모여도 잘하는 그것을 하였다. 한쪽에서는 외국 카드를 가지고 게임을 하였다. 상가인지 게임장인지 모를 정도로 웃음과 말소리로 시끌벅적했다. 상주는 술과 안주를 나르기에 바빴다.

나는 직원들의 그런 모습을 보면서 일부러 평가하지는 않는다. 그건 아니기 때문이다. 만약 그런 모습을 보이면 직원들은 모두 상갓집에서 밤을 새울 것이다. 그러나 그들의 그런 모습을 통해서 평소에는 보지 못하는, 그들이 어떤 사람인가를 확인하는 데 도움을 준다. 회사 안에서와 바깥에서의 모습을 비교해 볼 수 있기 때문이다. 그런 자리에 무엇이든 제일인 것처럼 솔선수범하는 사람이 있다. 어떤 때는 누가 상주인지 모를 정도로 바쁘다. 우리 회사 강 과장이 그렇다. 상갓집에서도 발에 불이 나도록 쫓아다닌다. 손님들 맞이는 자기가 다한다. 심지어는 상주들 심부름까지 도맡아 한다. 이러니 누가 안 좋아하겠는가. 약방에 감초가 따로 없다.

상갓집 가는 것은 정성이다. 참석하는 것도 정성이 있어야 참석할 수 있다. 참석해서 금방 가는 것을 정성이 없다고는 할 수 없지만, 그렇다고 오래 있는다고 해서 정성이 많다고도 하지 않는다. 그러나 그런 것을 통해 사람들과의 관계를 생각해 보는 것은 사실이다.

회사는 이윤을 추구하는 단체지만, 이윤은 사람을 통해 만들어진다. 즉, 사람을 만나는 조직이 회사라는 말이다. 회사는 관계성을 중요하게 생각한다. 대기업에 있다가 중견기업으로 이직하는 간부들이 있다. 경영 능력과 함께 그들이 가지고 있는 인맥, 인간관계를 염두에 두고 모셔가는 것이다.

위에 간부들은 사람 만나는 직업이다. 어떤 경우에는 회사에 온종일 보이지 않을 때도 있다. 밖에서 노는가? 그렇지 않다. 바깥에서 사람을 만난다. 회사 안에 있어도 마찬가지다. 여기저기서 전화가 온다. 사람들을 통해서 도움을 주기도 하고, 도움을 받기도 한다. 회사에 보면 '고문'이라는 직함을 가진 사람이 있다. 그들은 무엇을 하느냐? 회사가 어려울 때 구원투수로 나선다. 인간관계를 통해 맺어진 인맥을 동원해서 문제를 풀어나간다.

심지어는 상갓집에까지 찾아와서 영업하는 사람들을 봤다. 그들은 평소에 맺은 인간관계를 통해 기회를 만들고자 하는 것이다. 나는 그들을 보면서 정성이 대단한 사람이라고 생각한다. 그런 기회가 어디 있는가? '상갓집에까지 와서?'라고 말할 수 있겠지만, 기회를 찾고자 하는 사람들에게 상갓집만큼 좋은 기회도 없다.

공연장에 가서 2층에 올라가면 1층에 있는 사람들이 모두 다 보인다. 연기자들뿐만 아니라 관람객들의 모습까지 모두 볼 수 있다. 그들이 어떤 표정을 하고, 무엇을 하는지. 1층에서는 볼 수 없는 많은 것을 볼 수 있다.

회사 안에서 보던 그들의 모습이 다르게 보인다. 회사 안에서는 업무적으로만 본 게 다였는데, 상갓집이라는 다른 공간에서는 업무 외적인 모습을 볼 수 있다. 위로 올라갈수록 평가 외 항목에 대해서 관리를 잘해야 한다. 경영자는 눈에 보이는 실적은 다 알고 있다. 그건 자료에 나타나 있다. 그것만 보고 책임자를 뽑지 않는다. 그래서 '다면평가'를 통해 다른 사람들의 생각을 보는 것이다.

비공식적인 것은 주목받지 못한다. 주목하지도 않는다. 언제 어떤 일이 일어났는지도 모른다. 말 그대로 비공식이다. 소리 소문 없이 움직인다. 인정해 주지도 않고 인정받지도 못한다. 그러나 그럼에도 불구하고 그것이 비중 있게 다루어지는 이유는, 공식적인 것만큼 중요하기 때문이다. 차이는 공식적이냐 아니냐 하는 것뿐이다. 다른 것은 없다.

눈치 빠른 직원이 있다. 잘 보이려고 하는 것은 사람이면 누구나 똑같다. 그게 나쁜 것이 아니다. 이왕이면 잘 보여서 점수 좀 따겠다는데 그게 뭐가 나쁜가? 자기는 그렇게 하지도 못하면서 그런 사람들 흉을 본다. 그건 흉볼 일이 아니다. 그렇게 하지 못하는 자기 탓을 해야지. 왜 남을 흉보는가? 회사 안에서만 평가하라고 말한 적은 아무도 없다. 터무니없이 꼬투리만 잡지 않으면 된다.

7장 사내정치와 평판 관리의 룰

5

칭찬 한마디에
상사도 춤춘다

　결혼식장이나 상갓집에서만 직원들을 보는 게 아니다. 직원들은 퇴근길에 보이고, 어떤 직원은 길거리에서도 만난다. 예전에는 저녁에 산책길에서 직원을 만난 적도 있다. 같이 한동네에 살고 있었다. 그래서 저녁에 혹시 슈퍼나 편의점에 갈 일이 있더라도 옷을 아무렇게 함부로 입고 나가지 못한다. 회사에서는 직원들의 말을 들을 기회가 거의 없다. 업무적인 일 외에는 직원들이 간부에 대해서 어떻게 생각하는지 알 수가 없다. 알게 되면 일하는 데 많은 도움을 줄 수 있을 것 같은데, 아쉽게도 그렇지 못하다.

　더욱이 회사에서 임원이라고 하면 간부보다 더 부담스럽다. 직원들이 주로 만나는 사람이 간부들인데, 임원 앞에 가서 보고하고 결재받는 일이 드물기 때문이다. 자연적으로 거리감이 생기고 소통하는 데 어려움이 있다. 자주 시간을 만들어서 이야기하려고 하지만 쉽지 않다. 이래저래 그런 이유가 소통을 어렵게 만들고, 소통이 없다 보니 어렵다.

　여론조사 기관 갤럽이 직장인들을 대상으로 한 2021년 조사에 따르면 직원의 70%가 "경영진과의 대화가 일방적이다."라고 대답했다. 대화라는 게

서로 주고받으며 쌍방통행 식이 되어야 하는데, 아직 우리 기업문화는 임원은 지시하고, 직원은 듣는 그런 구조다. 그런 상황에서는 회사가 아무리 자리를 만들고 이야기를 들으려고 해도 들을 수가 없다.

직원들은 상사나 임원과의 대화를 부담스러워한다. 그렇게 부담스러워하는 이유는 자신감이 부족해서이기도 하고, 혹시나 자신에 대해 부정적으로 생각하면 어떻게 하나 하는 두려움도 있다. 이야기하다 보면 모두 맞는 말만 할 수 없다. 말실수도 할 수 있고, 자기주장을 강하게 펼 수도 있다. 그러나 그것으로 사람을 평가하지 않는다. 만약 그러면 대화가 막힌다. 다음에 아무리 금 방석을 깔아놔도 모이지 않는다.

수직적인 소통방식도 문제다. 상명하복(上命下服)식 구조에서는 직원들이 자유롭게 의견을 말하기 어렵다. 의견을 말하더라도 그냥 의견에 그치는 경우가 허다하다. 말 그대로 의견에 불과하다. 그걸 아는 직원들은 다음부터는 의견을 말하지 않는다. 이미 신뢰를 잃은 것이다. 그다음부터는 아무리 좋은 것을 이야기해도 콧방귀만 뀌지 듣지 않는다.

교육이나 워크숍을 할 경우, 강사는 앞에서 이야기하고, 수강생들은 앞에 앉아서 강의를 듣는다. 강의가 끝난 후 질문하는 시간을 가지기도 한다. 없는 경우도 있다.

나 같은 경우는 앞에서 강의를 하기도 하지만 가능한 직원들에게 말하는 시간을 많이 준다. 강의보다 많이 들으려고 한다. 그래서 직원들이 앉아 있는 사이에 들어가서 이야기를 많이 한다. 그러면 떨어져서 앞에서 이야기할 때보다 더 가까워진다. 공간적인 거리도 가까워질 뿐만 아니라, 감정적인 거리까지 가까워진다.

그런 자리에서는 내가 실수한 이야기나, 내가 가지고 있는 고민, 회사일, 직원들에 대한 평소 생각 등, 직원들이 들어보지 못한 이야기를 한다. 그러면 분위기가 달라진다. 어떤 경우는 교육은 뒷전이고 직원 이야기, 회사 이야기, 고민 이야기만 하다가 강의가 끝나는 경우도 있다. 강의보다 더 큰 수확을 얻게 되는 것이다. 직원들에게는 '완벽한 리더'가 아니라, 나 역시 너희들처럼 '성장하는 사람'으로 보일 때 신뢰감이 더욱 높아진다.

가끔은 혼자, 흔히 말하는 '혼술'하러 회사 부근에 있는 술집에 들를 때가 있다.

술집에 들르면 회사가 가까워서 그런지는 몰라도 아는 얼굴들이 몇몇 보인다. 직원들끼리 모여있는 테이블이 있는가 하면, 부서장과 직원들, 또는 부서장들끼리 앉아서 술을 마시고 있다. 내가 들어서면 나를 발견한 직원들은 일어서서 인사를 한다. 손을 들어서 앉으라고 말리고는 자리를 잡는다.

카페에 가면 '체리브랜디(Cherry Brandy)'를 주문하고, 그냥 술집에 가면 맥주에 치킨이다. 술을 먹으러 간다기보다는 잠시 쉬러 간다고 생각하면 되겠다. 이 생각 저 생각 하면서, 직원들 한 번 쳐다보고, 홀짝 맥주 한 모금하고 치킨 한 조각 뜯고, 그렇게 시간이 지나간다. 그때 조금 떨어진 테이블에서 내 이야기가 들렸다. 들리라고 한 말은 아니겠지만 내 이야기였다. 당연히 귀가 거기로 쏠릴 수밖에 없었다. 들어보니 내 칭찬이었다. 술기운인지는 몰라도 괜히 얼굴이 뜨거웠다.

"전무님 있잖아…." 하면서 이어지는 말들. 듣는 내내 내 모습이 생각났다. 직원들에게 칭찬을 들으니 기분은 좋았다. 내가 있다 해서 그런 말을 할 필요가 없을지도 모른다. 그냥 그들끼리 술만 마시면 되는데, 내 이야기를 하다니? 테이블을 한 번 더 쳐다보았다. 그러다 그들보다 내가 먼저 일어섰다. 간단하게 먹고 일어서는 스타일이라, 직원들도 내가 술에 취한 모습을 한 번도 보지 못했다. 그러면서 계산대에서 술값을 계산했다. 물론 당연히 그들 술값도 같이 말이다. 술값이 얼마라도 내가 냈을 것이다. 칭찬은 고래도 춤추게 한다는데, 직원들은 나를 춤추게 하고 내 지갑을 열게 했다.

직원들이 직장 상사에게 칭찬을 듣는 것만큼 기분 좋은 일이 없다. 마찬가지로 임원이나 간부 역시 직원들에게 칭찬을 듣는다면 기분 좋은 일이다. 칭찬이 인색하다고 말하는데, 다행히 우리 회사 직원들은 그만큼은 아니다. 회사에서는 오래전에 '칭찬하기 운동'을 했었다. 칭찬할 내용을 찾아서 서로 칭찬하자 습관처럼 하던 불평불만이 사라지고, 옆에 직원을 칭찬하기 시작했다. 미워하고 싫어하던 마음이 바뀌기 시작했다.

우리 속담에 '눈치가 빠르면 절에 가서도 젓갈을 얻어먹는다.'라는 말이 있다. 없는 젓갈을 절에서 얻어먹다니 대단한 능력이다. 직장생활은 빠르게 행동하는 '상황판단' 싸움이다. 목석같이 직장생활 하기보다는 기왕이면 눈치 빠르게 하는 게 나쁘지 않다. 눈치는 자기를 위한 것이다. 자기 잘 되는데, 나쁜 것 빼놓고 무엇을 가리겠는가? 회사 생활에서 상사 잘 챙기는 것도 능력이다.

6

지나친 계산은
길을 막는다

여기서 중요한 전략이 있다. 상갓집이든 술집이든 '계산'만 해서는 안 된다는 것이다. '여기 참석하면 나한테 도움이 될까?', '이참에 점수 좀 따볼까?' 그런 생각은 하지 않았으면 한다. 만약에 그런 마음이라면 발길을 돌리기를 바란다. 사람이 평소에 하던 대로 하지 않으면 뭔가 이상하다. 부자연스러워 보이고, 말과 표정이 달라 보인다. 진심이 담긴 태도는 사람이 알게 마련이다. 물론 그렇게 와준 것만 해도 고마운 것은 사실이다.

'조직'이라는 것도 결국은 사람이 만든 것이다. 회사 안에서 알고 지내는 관계를 통해서 그룹이 형성되고, 일이라는 매개를 통해서 협의가 이루어지고, 일이 진행된다. 그리고 그런 일을 통해서 관계는 더욱 굳어지고 회사 안에서 또 다른 '가족'이라는 관계가 만들어진다.

직장생활을 하면 "이기적이다.", "계산적이다."라는 말을 듣는다. 이기적이라는 말은 '자기만 생각한다.', '자기 위주로 생각한다.'라는 말이다. 상대방에 대한 배려가 없다는 뜻이다. 당연히 그런 사람 옆에는 사람들이 가지 않는다. 계산적이라는 말도 마찬가지다. 모든 것을 이익과 손해로 셈을 한다. 나는 손해를 안 보겠다는 생각이 행동과 마음을 지배한다.

이기적이고 계산적인 사람은 자기 역시 그런 손해를 감수해야 한다. 그런 사람은 사람들이 그를 찾아와도 그들 역시 이기적이고 계산적일 수밖에 없다. 사람은 누구나 가지는 보통의 감정이 있다. '인지상정(人之常情)'이다. 사람의 감정을 건드리면 보통의 모습이 사라진다.

지금 바로 자신을 테스트해 볼 수 있다. 직장에서 누가 상(喪)을 당했거나, 누가 결혼을 한다면 당장 무엇이 생각나는가? 돈? 시간? 아니면 다른 것? 가야 할지? 말아야 할지? 그냥 모른 체한다 등 별생각이 다 든다. 그러면 한 가지는 분명하다. 당신은 그와 별 상관이 없는 사람이다. 직장에서 동료라고 말하지만 그건 체면치레에 불과한 말이다.

한 대기업 마케팅팀 이야기다. 이 팀은 한창 중요한 제품을 런칭 준비 중이었는데 일정이 촉박했다. 자연스럽게 야근이 일상이 되어가던 어느 날, 팀장이 갑자기 이렇게 말했다.

"오늘부터 누가 야근하면, 전원 야근이다. 하지만 모두가 퇴근하면, 한 사람도 남아서는 안 된다."

팀원들은 처음엔 농담인 줄 알았다. 사무실에는 일이 많은 사람과 일이 적은 사람이 있게 마련이다. 일이 많아 주말까지 일해야만 하는 경우도 있었다. 주말을 넘어 휴일을 반납하면서까지 일을 해야 하는 경우도 생긴다. 그런데 시간이 지나면서 변화가 생겼다. 누구 하나 야근을 하지 않기 위해 서로 도와주는 문화가 생겼고, 팀원 간의 일정 체크, 업무 지원, 자신의 남는 시간을 다른 팀원의 일을 도와주는 시간으로 활용했다.

그 결과, 예상보다 일정은 앞당겨졌고, 팀 분위기는 역대 최고였다. 모두 자기 일처럼 나선 결과였다. 그런 행동은 한 번만이 아니었다. 그 뒤에 일어나는 일마다 모두 그랬고, 팀을 이끌어가는 문화가 되었다. 다른 부서에도 그런 분위기가 전해졌다. 나중에는 회사 전체가 그렇게 되었다. 당시 일이 많은 부서는 휴일에도 직원들이 나와서 같이 일을 하였다. 한 사람도 불평하는 사람 없이 휴일에도 같이 출근하고 같이 퇴근하였다.

관계를 깊게 만드는 방법 중 하나가 평범한 일상 속에서 하는 행동이다. 점심을 먹고 나면 커피 한잔을 들고 옆자리에 있는 직원을 찾는 것, 직장 동료에게 '고맙다.'라고 전하는 말 한마디, 늦어서 미안하다고 말하는 것, 집에서 아이가 아프다고 할 때 걱정하지 말고 빨리 들어가 보라는 따뜻한 말 한마디, 모두 마음을 얻는 방법이다.

직장생활 하면서 계산만 하며 살 수 없다. 그런 생각으로 살면 사람들 눈에 이기적이고 계산적인 사람으로 보일 수밖에 없다. 계산은 또 다른 계산을 낳는다. 그냥 대하지 않는다. 속셈을 가지고 접근하고, 눈치를 보고, 머릿속으로 셈을 한다.

"저 친구는 오자마자 가?" 그 직원이 가는 것을 보면서 누가 한 말이다. 자리에 앉은 사람들이 모두 그를 쳐다보았다. 서둘러 가는 모습이 눈에 보였다. 그냥 왔다가 가는 형식적인 모습이다. 그런 모습을 너무 많이 봐와서 하는 행동만 봐도 잘 안다. 인간관계는 '말보다 행동'이다. 상갓집에서의 행동은 모두에게 보인다. 임원은 물론이고, 간부도 그렇고, 직원들도 있는 자리다. 때에 따라서는 대표이사가 자리에 참석할 수도 있다.

출장이 잦은 관계로 바깥에 있을 때 직원들 가운데 그런 일이 일어난다.

그럴 때는 대개 화환을 보내는 게 일반적이다. 직원에게 부탁해서 축의금이나 부조를 한다든지, 그게 일반적이다.

그런데 나 같은 경우에는 조금은 유난을 떠는 스타일이다. 그런 자리에 직원을 보내지 않았다. 나 대신 집사람을 보냈다. 나 대신 그 역할을 하게 한 것이다. 나도 처음에는 다른 사람들처럼 직원 편으로 축의금이나 부조금을 보냈다. 그런데 그게 아니라는 생각이 들었다. 그래서 집사람을 보내서 인사를 하게 한 것이다. 덕분에 나만큼 집사람도 직원들에게 얼굴이 알려졌다.

우리는 매일 관계 때문에 고민한다. 좋은 말을 하려고 하고, 좋은 결과를 내려고 애를 쓴다. 그런 고민은 상갓집이나 결혼식을 진심 어린 마음으로 참석하고 이야기를 나누면 모두 해결된다. 말보다 태도가 중요하다. 행동은 말보다 오래간다. 세상이 이기적이라고 하는데, 우리까지 그렇게 따라갈 필요 없다. 직장은 계산하는 곳이 아니다. 사람이 사는 곳이다.

8장

경쟁력을 만드는 차이의 힘

THE HIDDEN RULES OF
PROMOTION

　　기업마다 '자사 제품을 어떻게 하면 소비자들에게 좀 더 알릴까?' 하는 일로 엄청난 광고비를 쏟아붓는다. 닐슨코리아가 한국광고총연합회에 제공한 2023년 100대 광고주의 월별 방송·라디오·신문·잡지 광고비 조사를 보면 삼성전자는 광고비로 2,080억 원, LG전자 1,017억 원, 현대자동차는 990억 원, 기아는 660억 원을 지출한 것으로 나타났다.

기업을 머리에 떠올리면 제일 먼저 생각나는 게 그 회사 제품과 이미지다. 제품은 실물 형태로 우리 눈에 보인다. 그러나 이미지는 우리가 볼 수 없다. 이미지의 형태는 다양하다. 느끼는 감성일 수도 있고, 평가일 수도 있고, 영향력일 수도 있다.

이런 것은 종종 금액으로 환산하기도 하는데, 흔히 '기업가치'라고 하며, 기업이 제품, 서비스, 경험 등을 통해 소비자에게 인식되는 가치를 수치화한 것이다. 브랜드 가치가 높다는 것은 그만큼 소비자들에게 신뢰와 인지도가 높다는 것을 의미한다.

1

'나'라는 가치에 집중하라

　기업이 그렇다면 회사 직원들은 어떠한가? 브랜드가 곧 기업의 경쟁력이라면, 직원들도 스스로의 브랜드 가치를 지니고 있어야 한다. 그러나 가만히 들여다보면 브랜드 가치를 가지고 있는 직원을 찾아보기가 어렵다. 직원들에게서 브랜드 가치란? '차별성'을 뜻한다. 앞에서 말한 우리 회사 K 공장장이나 설계실에서 근무하는 J 과장 같은 사람이다.

　회사에 입사하는 순간부터 '경쟁력 싸움'이라고 말해도 틀리지 않다. 경쟁력으로 우리는 평가하고, 평가받고 있다. 그 직원이 회사에 얼마나 많은 '메리트(Merit)', 즉 '사용 가치', '경제효과'가 있느냐는 것이다. 사람을 가치로 평가하는 것은 이상한 일이 아니다. 일한 만큼 임금을 받아 가는 것을 보면 알 수 있다.

　회사에서 문제가 있을 때마다 찾는 사람이면 가치가 높다. 반대로 일이 있어도 말이 없으면 그냥 직원에 불과하다. 그렇다고 의기소침할 필요는 없다. 가치를 끌어올리는 작업을 하면 되는 것이다. 우리가 브랜드라고 부르는 정체성은 단기간에 만들어지는 것이 아니다. 오랜 시간 동안 쌓여온 결과물이다. 산업재산권이라고 부르는 '특허권'과 같은 무형자산이다. 이 브랜드는 그 사람에게서 볼 수 있는 일관성, 태도, 위기 대처방식, 신뢰, 시간 약속, 표현력, 공감 능력, 그런 것이 합쳐져서 만들어지는 것이다.

MIT 슬론 경영대학원의 2017년 연구에 따르면, 직장 내 '인지적 신뢰'가 높은 직원은 프로젝트 기회, 승진, 리더십 위임 등의 측면에서 다른 사람에 비해 두 배 이상 높은 확률로 기회를 얻는다고 했다. 고객들이 기업의 브랜드를 찾듯이 기업도 브랜드와 일하기를 원한다. 상사도 브랜드를 선호한다. 그 때문에 눈에 띄지 않으면 선택되지 않는다. 그런데 그 눈에 띄는 방식이 단순한 성과지표가 아니다.

초임 간부 때 일이다. 기획실은 늘 회의 연속이었다. 매일 회의자료를 만드느라 눈코 뜰 새 없이 바빴다. 야근은 사흘에 한 번꼴로 일 년 내내 그렇게 일을 했다. 본부 회의 때는 긴장을 풀 수 없었다. 자료는 정확해야 했고, 회의 때 나올 수 있는 예상 질문까지 준비해서 보고해야 했다.

그런데 그게 나만의 강점이 됐다는 것을 뒤에 알았다. 다른 일이 있어 후임 간부에게 그 일을 인계했는데, 그 일을 제대로 처리하지 못한 것이다. 회의가 끝나면 늘 임원에게서 전화가 왔다. 그날 회의 때 있었던 일을 이야기해 주는 것이다. 회의자료가 맞지 않아서 고개를 들 수 없었다는 말부터 시작해서, 네가 다시 이 일을 맡아줘야겠다는 말까지, 나는 그게 나만의 브랜드라는 사실을 알았다. 사람들이 성실하다고 말하는데, 그건 사람들이 나라는 브랜드를 그렇게 인식하고 말하는 것이다.

브랜드라는 것은 내가 느끼는 것이 아니라 사람들이 말하는 '나'를 말한다.

자기계발서에서 말하는 '퍼스널 브랜딩'은 너무 표면적이다. SNS를 잘 꾸미고, 인스타그램에 멋진 말과 이미지를 올리는 것으로는 진짜 브랜드가 만들어지지 않는다. 진짜 브랜드는 내가 자리에 없어도, 사람들이 나를 떠올릴 수 있게 만드는 것이다. 사람들이 '그' 기업을 떠올리듯이 회사가 나를 떠올리게 하는 것이다.

'나'라는 브랜드로 성공한 사람이 있다. 바로 김미경 작가다.

그녀는 누구보다 '자기 자신'을 브랜드로 만든 사람이다. 강연가, 작가, 콘텐츠 제작자, 여성 멘토, 지금 MKYU 대표로 활약 중인 그녀는 처음부터 큰 성과를 이룬 인물은 아니었다. 처음 대학 강사에서 출발해서 입소문으로 시작한 소규모 강연이 그의 브랜드를 만든 출발점이었다.

하지만 그녀는 자신만의 '언어'를 만들었다. '드림 파노라마', '성공은 습관이다.', 『김미경의 인생미답』, 『언니의 독설』 등 그의 책과 강연은 단순히 지식 전달이 아니라, 사람들 마음속에 남는 말의 힘으로 브랜드를 만들어 나갔다.

그녀의 브랜드는 '말투'와 '메시지'다. 김미경의 강연을 들어본 사람들은 공통으로 말한다. "그 사람이 나에게 말하는 것 같았다.", "엄마 같고, 언니 같고, 친구 같았다." 그것은 우연이 아니다. 그는 말투, 호흡, 단어 선택까지 전략적으로 설계한 사람이다. 그녀의 콘텐츠를 소비한 사람들은 그의 이름만 들어도 어떤 분위기, 어떤 메시지, 어떤 방향성을 기대하게 된다. 그게 바로 브랜드다.

성과가 뛰어난데도 자리를 잃는 사람이 있다. 그들은 '나'라는 브랜드를

8장 경쟁력을 만드는 차이의 힘

만들지 못했기 때문이다. 반대로, 큰 성과가 없더라도 사람들에게 신뢰를 얻으며 오래가는 사람이 있다. 그런 사람이 결국에는 조직에서 가장 오래 기억되는 브랜드다.

"나는 뭘 잘하지?"가 아니라, 사람들에게 나는 "누구지?"로 기억되어야 한다. 브랜드는 시간이 흘러도 가치를 잃지 않는다. **"사람들은 당신을 어떤 사람으로 알고 있는가?"**

2

무조건
예스맨은 아니다

조직 내에서 브랜드 가치는 '좋아하는 것'으로 평가될 수 있다. 사람마다 기호가 다르듯이, 조직 내에서 부서장의 스타일에 따라 좋아하는 기준이 다르다. 결국, 좋아하는 기준을 어떻게 충족시키는가 하는 '선호도' 문제로 귀결된다.

회사는 '말 잘 듣는 사람'을 좋아하는 것처럼 보인다. 윗사람이 하는 말에 반박하지 않고, 고개를 끄덕이며 순응하고, 질문보다는 "예, 알겠습니다."라고 대답하는 사람. 그래서인지 많은 사람이 말 잘 듣는 사람이 오래 살아남는다고 생각한다.

하지만 그렇지 않다. 진짜 오래 살아남는 사람은 순종하는 사람이 아니라, 대답은 늦더라도 문제를 해결하는 능력을 갖춘 사람이다. 그 사람은 지시를 그대로 따르는 사람보다 지시자의 의도를 파악하고 현실에 맞게 일을 맞추어 가며 일이 되게 만드는 사람이다. 결국은 그들이 오래간다.

임원들 사이에서도 그런 소문은 묵시적으로 알려져 있다. 그렇게 "예!" 하면서 대답한 사람들이 대답만큼 일을 깔끔하게 처리하지 못하더라는 것이다.

"예!"라는 말만큼 일을 처리해야 하는데, 따라가지 못한다는 것이다. 임원들은 그 대답을 듣고 일을 맡겼는데 대답과는 거리가 멀더라고 이야기했다.

그리고 더 중요한 것은 책임 있게 하지 못하더라는 것이다. 이런저런 이유를 들면서 시종일관 변명과 핑계로 책임에서 빠져나갈 궁리만 하고, 나중에는 그동안 알게 모르게 맺은 관계마저 멀어졌다. 그래서 그런 '예스맨'은 본인은 잘 모르겠지만 임원들은 예스맨을 그냥 대답만 하는 예스맨으로 생각한다. 예스맨은 조직이 위기 상황에 놓이면 조직을 불안하게 만든다. 말은 잘 듣지만, 결과를 장담할 수 없기 때문이다.

1986년 미국 우주왕복선 폭발 사고가 있었다. NASA는 미국 전역이 생중계로 지켜보는 가운데 우주왕복선 챌린저호를 발사했다. 그러나 발사 73초 만에 폭발해서 탑승자 전원이 사망하는 대참사가 발생했다. NASA로서는 치명적인 타격이었다. 이 문제는 우주왕복선으로 우주를 비행한다는 것은 위험하다는 말까지 나오는 계기가 되었다.

참사가 발생하고 NASA는 이 문제 원인에 대해 오랫동안 조사를 하였다. 그 결과 엔지니어들은 이미 발사 전에, 연료탱크 부분에 장착하는 부품 'O-ring'에 대한 결함과 당일 기온이 떨어지면 이 부품에 심각한 영향을 끼칠 수 있다는 문제를 제기했다. 그러나 NASA 고위층과 파트너사(Thiokol)는 일정을 미룰 수 없다며 우려를 묵살했다. 현장 기술자들은 안 된다고 했지만, 조직의 상층부는 그 말을 듣지 않았고, 결국 기술보다 '조직 내 정치'가 우선되는 결정이 이루어진 것이다.

회사도 마찬가지다. 회사 내에 직원이 있고, 간부가 있고, 임원이 있다.

최종 결정은 최고 경영자가 한다. 앞에 예시한 NASA의 문제를 들여다보자, 현장 엔지니어들은 우주선에 대해 수많은 테스트를 하면서 'O-ring'에 대한 결함을 발견하였다. 그 내용은 그다음 상급자에게 보고되었다. 그리고 그 내용은 계속 상급자에게 보고되었다. 중요한 것은 그 단계에서 얼마만큼 '위험'에 대한 심각성을 보고했냐는 것이다. 현장 기술자들은 분명 안 된다고 전했다. 그러나 조직 상층부는 그 말을 듣지 않았다. 그 결과 끔찍한 재앙이 NASA를 덮쳤다. 조직 구성원들이 위를 향해 "예스"만 외치고, 조직의 현실적인 우려를 외면할 때, 재앙은 시간문제다. 이런 문제는 비단 NASA뿐만이 아니다. 기업의 이익이 걸린 문제에서 언제든지 일어난다.

S그룹도 '내부 고발자' 때문에 몸살을 앓은 적이 있다. 기업마다 크고 작은 문제는 다 있다. 건전한 조직문화는 고발자로 인한 문제가 없다. 그러나 대다수 기업은 그렇지 못하다. 조직적이기도 하고, 묵시적, 은폐가 관행적으로 일어난다. 직원들의 반발도 묵살한다. 직원들이 숨 쉴 수도 없다. 직원들의 이탈이 늘어나고, 회사는 결국 도산하고 만다. 그 과정에서 경영자 몰래 기술 유출이 생기고, 파산하게 된다.

정상적인 조직은 '명령을 그대로 실행하는 사람'이 아니라, 회사에 문제가 발생했을 때, 문제를 파악하고 냉정하게 분석하고 방향을 제시하는 사람이 있어야 한다. 상사의 말에 반박하지 않으면서도 현실적인 대안을 제시할 수 있는 사람. 상사의 기분을 나쁘지 않게 하면서도 실질적인 해결을 끌어낼 수 있는 사람, 그런 사람이 진짜 해결사다.

그 과정에 해결사는 어려움을 감당할 수 있어야 한다. 상사의 결정에 반대하는 것을 두려워하지 않아야 한다. 정년 따지고, 승진 따지면 그런 일을 할 수 없다. 조직에서는 반대하면 적으로 간주되기 때문이다. 문제를 지적하면 '팀워크를 해치는 사람'이 된다. 따돌림을 당하게 되고, 협조하지 않는다. 그래서 문제를 알면서도 침묵할 수도 있다. 괜히 나섰다가 잘릴 수 있다는 생각이 들기도 한다.

때에 따라서는 이상하다고 느끼면서도 아무 말도 하지 않는 수천 명의 사람이 모두 예스맨이 될 수도 있다. 파산한 기업들은 극소수의 사람만 문제를 아는 게 아니다. 모두 알고 있는 경우가 많았지만, 누구도 말하지 않았다.

조직의 실패는 리더 한 사람만의 문제가 아니다. '예스'하면서 침묵하는 다수의 책임이다. 당신이라면 어떻게 하겠는가? 보는 것과 실제 경험은 다르다. 그런 결심이 있는 사람은 사직(辭職)을 불사한다. 자기 혼자 살자고 무조건 "예스"라고 말하지 않는다. 전체 공동체를 생각하며 기꺼이 희생을 감수한다. 해결사가 기업을 지킨다. 회사의 가치는 그들을 통해 만들어지고 키워진다.

3

브랜드는
무엇이 다른가

　회사 생활하면서 제일 많이 들었던 말이 "열심히 해라.", "성실하면 된다.", "정직하면 된다."라는 말이다. 그러나 회사에 다녀보면 알겠지만, 그런 말이 맞는 말이기는 해도 100% 모두 맞는 말이 아니다. 누구보다 성실하고, 누구보다 조용히 자기 일을 잘 해낸 사람인데도 인정받지 못하는 경우를 주위에서 많이 보기 때문이다.

　그와는 반대로 유난히 눈에 띄고, 존재감이 크고, 사람들 사이에 이름이 자주 언급되는 사람이 있다. 문제는 '잘하느냐?', '못 하느냐?'와 같이 어떻게 다르냐는 것이다. 강조하는 것이지만 똑같아서는 안 된다.

　직장은 시험장이 아니다. 테스트를 거쳐 물건을 시장에 내놓는 것과는 다르다. 시험을 거치는 단계는 생략하고 바로 실전이다. 누가 더 정확하게 문제에 관해서 이야기하는지, 누가 먼저 해결책을 제시하는지 하는 것이 중요하다. '포스트잇'을 처음 개발한 스펜서 실버(Spencer Silver) 박사처럼 누가 예상치 못한 방식으로 문제를 해결해 내는지를 평가하는 곳이다. 다시 말해서 같은 직원이라도 '다르게 보는' 능력을 선호한다. 문제라는 것은 결국 그런 사람들의 머리로 움직이는 것이기 때문이다.

'브랜드'의 본질은 '차별성'이다. 다르게 보이고, 다르게 작동하고, 사람들 눈에 다르게 보여야 한다. 차별화는 선택이 아니라 생존이다. 기억되는 브랜드만 살아남는 것처럼, 사람도 기억되어야 살아남는 법이다. 그냥 단순하게 잘하는 사람은 많다. 그러나 지금은 잘하는 단순함이 아니라, 어떻게 차별성이 있는가 하는 것이다.

글로벌 소비재 기업인 유니레버는 수십 개의 브랜드를 운영하면서도, 제품 하나하나에 고유한 언어와 메시지를 담았다. 같은 카테고리지만, '다른 것'이라는 차별성을 내세우며 시장을 공략했다. 개인도 마찬가지다. 일 잘하는 것은 기본이고, '무엇을 잘하는지'에 대한 브랜드가 보여야 한다. 예전에는 이것을 '특기', '장점'이라고 했다.

국내 식품 브랜드인 '푸드나무'는 '닭가슴살'이라는 평범한 아이템을 건강, 라이프 스타일이라는 콘텐츠로 차별화된 브랜드를 만들었다. '닭'이라는 제품만으로는 경쟁이 힘든 상황에서 브랜드를 만들어 제품만으로는 불가능한 시장에서 브랜드 경쟁으로 성공한 사례다.

연구에 따르면 스스로를 브랜드화한 직원은 리더나 동료로부터 신뢰와 기대를 더 많이 받고, 기회와 책임을 선제적으로 부여받을 확률이 높다는 결과가 나왔다. 특히 고성과자 중에 많은 비율이 일을 잘한다기보다, 일을 다르게 한다는 것을 알게 되었다. 사람마다 특징이 있는데, 눈에 띄게 스타일이 다른 사람이 있다. 평범하면 눈에 띄지 않지만 특이하면 눈에 띈다. 그래서 그런 사람을 한 번 더 유심히 보게 되고, 자주 생각하게 된다. 일이 생기면 그 사람을 생각하는 게 당연하다. 차별화된 스타일이 시선을 끄는 것이다.

조직은 평범한 사람에게 평범한 일을 맡긴다. 회의하면서 마지막에 "이번 일은 누가 맡아서….."라는 말을 들어봤는지 모르겠다. 회의실에 앉은 간부들을 둘러보면서 얼굴을 살핀다. 내가 말하면 대표이사는 대부분 수용한다. 때에 따라서는 나를 쳐다보면서 "이번 일은….." 하면서 나를 쳐다보고는 간부 중 한 사람을 지목하기도 한다. 그럴 경우는 내 생각을 접는다. 경영자가 생각하는 게 있다고 생각하기 때문이다. 그러나 중요한 일에는 대개 경영자와 사전에 조율이 되어있다. 그렇기 때문에 내가 일을 할 수 있는 것이다.

똑같아서는 안 된다. 그건 너무 많다. 잘하는 사람도 많다. 성실한 사람도 차고 넘친다. 나는 아침에 회사에 출근해도 출근 시간에 맞춰 고만고만하게 출근하지 않았다. 다른 사람들보다 먼저 일찍 출근하였다. 몇십 년 동안 그렇게 일했다. 다른 사람이 나보다 빨리 오면 그 사람보다 더 일찍 출근했다. 이유 없이 그냥 그렇게 하고 싶었다. 퇴근도 맨 마지막에 했다. 그 덕분에 일찍 출근하는 간부, 임원들과 이야기할 기회가 많았다. 커피 한 잔을 나누면서 사소한 일부터 시작해서 회사 일까지, 때로는 바깥일까지 이야기를 주고받았다.

직장에서 살아남는 것은 빠른 사람도 아니고, 똑똑한 사람도 아니다. 자기만의 방식으로 일관되게 행동하는 사람이다. 조용하고 평범해 보이지만, 자기만의 기준으로 꾸준하고 흔들리지 않는 사람. 조직은 그런 사람을 선호한다. 차별화는 선택이 아니라, 생존이다. 선택받고 싶으면 선택의 방법을 알고, 행동해야 한다.

브랜드마다 충성 고객 유치에 심혈을 기울인다. 조금이라도 충성 고객이 이탈할 조짐을 보이면, 전사적으로 대응책을 찾아 나선다. 기업의 생존과 직결된 문제이기 때문이다. 대응이 늦어 충성 고객이 도미노처럼 이탈하는 현상은 주위에서 얼마든지 목격할 수 있다.

기업만 브랜드 경쟁이 있는 게 아니다. 자신을 지금 잘 만들어 놓으면 브랜드 가치를 보고 누가 스카우트해 갈지 모른다. 시장을 크게 봐야 한다. 지금 당장 크게 될 수 없더라도 자신의 미래를 위해 투자하고 만들어야 한다. 같은 사람들 속에, 똑같이 행동하고 움직여서는 안 된다. 다르게 해야 한다. 같은 것은 금방 모방당한다. 다른 사람이 따라올 수 없을 정도로 간격을 벌려야 한다. 쉽게 되지 않는다. 끈기가 필요하고, 노력이 필요하다. 쉬운 것은 누구나 똑같이 따라 한다.

'생존'이라는 게 썩 기분 좋은 말은 아니다. 살아남는 게 꼭 서바이벌 게임처럼 느껴져서 기분은 좋지 않지만, 한번 겨뤄볼 만한 것은 사실이다. 기업도 살아남기 위해 최선을 다한다. 경쟁제품이 하루가 멀다고 쏟아진다. 국내 업체는 물론이고 중국의 가격과 물량 공세 때문에 기업의 생존까지 걱정하는 업체들이 많다. 마지막에 살아남는 자가 강한 자라고 했다. 당신은 끝까지 살아남아야 한다.

4

듣기만
잘해도 된다

　직장인의 성장에 있어서 '경청'은 보이지 않게 가장 실질적인 힘을 가지고 있다. 누구나 말은 잘하지만, 정작 말을 잘 듣는 사람은 드물다. 그리고 조직은 말을 잘하는 사람보다는, '상대가 무슨 말을 했는지를 정확하게 잘 아는 사람'이 많아야 한다.

　그런데, 직원들이 경청이 잘 안되는 이유는 말을 잘 듣는 것이 아니라, 듣는 것과 함께 말을 '해석'하고, '기록'하고, '파악'해야 하기 때문이다. 이것은 동시에 일어나는 문제지만, 행동도 같이 따라야 한다. 말을 저장하는 습관과 훈련이 되어있지 않으면 어렵다. 잘 듣는 사람은 듣는 것으로 끝나지 않고, 잘 기록하는 습관이 있다. 듣고 나서도 잊어버리지 않으려고 메모하고 노트한다.

　행동학 연구학자인 래리 바커(Larry Barker)는 "우리는 하루 평균 45%를 듣는 데 사용하지만, 효과적으로 듣는 데 성공하는 경우는 25%도 안 된다."라고 말한다. 그만큼 듣는 행위는 단순하지 않다는 것이다.

　GE 전 CEO 잭 웰치는 "리더는 말을 잘하는 사람이 아니라, 잘 듣는 사람이다."라고 말했다. 그는 회의에서 말하는 것보다는 질문과 침묵을 통해서 상대방과의 신뢰를 쌓았다. 빌 게이츠는 회의 중에는 메모를 거의 하지 않지만, 상대방의 말을 끝까지 다 듣고 나서 정확히 핵심을 다시 짚어 주는 것으로 유명하다. 실제로 회의 영상을 보면 그는 직원이 발표를 시작해서 마칠 때까지 그 직원에게서 눈을 떼지 않았다.

삼성그룹 창업주 이병철 회장은 후계자인 이건희 회장에게 두 가지를 남겼는데, 하나는 '경청(傾聽)'이고, 하나는 '목계(木鷄)'다. '목계지덕(木鷄之德)'은 『장자(莊子)』「달생편」 우화에서 나온 말인데, 호암의 경영 15계명에 있다. 그중 14계명인 이 말은 경영자가 가져야 할 '나무 닭'과 같은 평정심을 의미한다. '경청'과 '목계'는 '외 수양'과 '내 수양'과 같은 것으로 공부를 연마해 어떤 이중인격자나 아첨꾼을 만나도, 모진 경영의 위기가 닥쳐도 마음을 바위처럼 흔들리지 않게 하라는 말이다. 이건희 회장은 보통 열 마디를 듣고 한마디를 한다고 해서 '듣기형 리더'라 불렸다. 탱크처럼 지시하고 밀어붙이는 '말하기형 리더'들과는 대조적이다. 듣기에 몰입하는 것은 성격 탓도 있겠지만 부친 이병철 회장의 가르침이 큰 영향을 미쳤다. 이건희 회장은 업무 브리핑에서 사실을 직시할 뿐 현란한 부사와 형용사를 사용하지 못하게 했다.

이 회장은 늘 "나는 임원들보다 시간이 많고, 많은 전문가를 알고 있다. 그래서 내가 더 많이 듣고 배워야 한다."라고 말했다. 경영진이 단기적 성과에 매진할 때 오너는 끊임없이 미래 비전을 찾고 글로벌 경제 흐름을 읽어야 한다는 의미다.

실제로 이 회장 주변에는 삼성에 속하지 않는 사람이 많았다. 그들로부터 조언을 받으며 중요한 의사결정을 한 것이다. 1993년 삼성의 체질을 바꾼 신경영 선언 뒤에는 후쿠다 다미오, 당시 삼성전자 디자인 고문의 「후쿠다 보고서」가 있었다. 이 회장은 일본 도쿄에서 후쿠다 고문과 오후 7시부터 다음 날 오전 6시까지 이어지는 밤샘 회의를 벌인 뒤에 독일 프랑크푸르트로 날아가 '신경영 선언'을 했다. 반도체 공법 하나를 정할 때도 주니어 기술자들 이야기까지 귀담아듣고 공부한 뒤 결정을 내렸다.

신입사원일수록 경청을 통해 실수를 줄일 수 있다. 상사가 하는 말 중에서 어느 부분이 가장 중요한 말인지를 구분하지 못하면 일이 꼬인다. 경청은 이야기를 잘 듣는 것만이 아니라, 핵심 내용을 잘 파악하는 것이 중요하다. 대부분의 실수가 여기서 나온다. 결재 서류를 작성하고, 품의서를 작성해서 올라오는 것을 보면 핵심만 이야기하면 되는데, 장황하게 내용을 써서 올라오는 서류가 많다.

중간관리자가 되면, 팀원들이 '무엇을 말하는지'를 읽는 눈이 생긴다. 보고를 받을 때, 전체 그림 중에서 어떤 부분이 잘 되었고, 어떤 부분을 고쳐야 할지 단번에 알아차린다. 우리가 하는 모든 일이 경청이라고 말해도 틀리지 않는다. 직장이나 일상 사회생활이나 다를 게 없다. 말하고, 듣고, 이야기하는 모든 것에 적용된다.

국내 한 기업은 직원들에게 매주 10분간 '묻지 않고 듣기' 시간을 가진 결과, 3개월 내 해당 팀의 이직률이 감소하고 팀 회의 만족도가 상승했다는 내부 보고가 있다. 그 시간에는 신입사원을 포함하여 모든 직원이 듣는 데 집중했으며, 집중한 결과 내용을 모두 알 수 있었다. 문제를 지적하기보다는 문제 해결 방안까지 제시하는 결과를 낳았다. 회의에서 보이는 경청의 모습은 발표하는 사람으로 하여금 내 말을 듣고 있다는 느낌을 주고, 회의를 안정적으로 만든다.

경청은 많은 부분에서 효과를 발휘한다. 넷플릭스의 콘텐츠 전략은 이용자 행동을 '듣는' 데서 출발했고, 스타벅스의 제품개발도 고객의 피드백과 직원들의 이야기를 듣는 데서 탄생한 메뉴가 대부분이다.

"듣기만 잘해도 된다."라는 말이 거짓말이 아니다. 시험을 잘 보기 위해서는 선생님 말씀만 잘 들어도 된다는 말을 어릴 때부터 들어왔다. 반복적인 경청은 생각하는 사고구조를 강하게 만들고, 발표할 때 말을 설득력 있게 하며, 감각적이고 전략적인 행동가로 만든다.

5

무엇을
들었는가가 중요하다

　직장에서 좋은 상사는 말로 팀원을 이끄는 사람이 아니라, 팀원들의 말을 귀담아 잘 듣는 사람이다. 상사의 지시로 직원들의 일 방향을 결정짓는 대부분 조직에서는 '무엇을 말할 것인가?'보다 '무엇을 들었는가?'가 더 중요하다. 그 때문에 경청은 단순하게 직원들 간의 의사소통이 아니라, 사람을 성장, 발전시키는 방식이며, 조직이 발전하는 데 큰 힘으로 작용한다.

　콜롬비아대 심리학 연구소에 따르면, "뛰어난 상사의 공통점 중 하나는 '반복적인 피드백'을 요청한 것이다."라고 했다. 그러나 이 피드백은 말 많은 상사에게서가 아니라 잘 듣는 상사에게서 자주 일어나는데, 말보다 듣기를 잘하는 상사는 부하직원의 발전 가능성을 놓치지 않고, 자기 계발을 할 수 있도록 돕는 헬퍼로서의 역할을 감당한다.

　GE의 잭 웰치 회장은 후계자를 키울 때 이렇게 말했다. "나는 먼저 묻고, 끝까지 듣는다. 그리고 짧게 방향을 정리한다." 그는 자주 직원들의 이야기를 듣기 위해 비공식 면담을 진행했다. 그 자리에서 조직의 문제와 개인의 갈등을 파악하고 문제를 사전에 정리했다. 듣는다는 것은 단순히 의견을 수용하는 것이 아니라, '성장을 위한 전략'이라는 것이다. 한 연구에 따르면, 듣는 법을 훈련받은 팀의 갈등 건수는 30% 이상 줄었고, 팀원들의 만족도는 눈에 띄게 높아졌다는 보고가 나왔다.

실제로 삼성에서는 회장단 직속 임원 교육과정에 '경청 워크숍'을 별도로 운영한다. 이 교육은 단순히 듣는 법을 가르치는 것이 아니라, 회의에서 말보다 흐름을 읽는 연습, 후배나 실무자의 말 뒤에 숨은 불안을 파악하는 법 등을 중점적으로 다룬다. 특히 과거 이건희 회장은 사내 회의에서 다른 사람의 말이 끝나기를 기다린 후, 한두 문장으로 결론을 내는 스타일로 유명했다. 말을 얼마만큼 오래, 많이 하느냐가 아니라, 듣는 자세가 리더십의 기준이라는 철학이 조직 전반에 스며들었다. 한 임원은 이렇게 썼다. "회장님의 침묵이 길어질수록 모두 긴장했고, 그분이 고개를 끄덕일 때 그것은 그 어떤 지시보다 무거웠다."

삼성 SDS는 프로젝트 리더들을 대상으로 '조용한 리딩'이라는 파일럿 프로그램을 운영하였다. 말보다 상황을 듣고, 보고보다 맥락을 파악하고, 회의 후에 남겨진 직원들의 표정을 기록하는 훈련까지 포함되었다. 이 프로그램에 참여한 리더들의 팀은 평균 회의 시간이 12% 줄었고, 실행 전환 속도는 오히려 빨라졌다는 보고가 있다. 말로 밀어붙이는 리더보다 듣고 공감하는 리더가 실행력을 높인다는 증거다.

CJ ENM 역시, '리더 경청 교육 프로그램'을 통해 팀장급 이상에게 듣기 기술을 정기적으로 훈련시킨다. 프로그램 참여자 중 73%가 "팀원과의 대화가 더 많아졌고, 피드백 품질이 높아졌다."라고 응답했다. 듣는 리더는 말을 많이 하지 않지만, 팀원으로부터 더 많은 보고를 받고, 더 적은 저항으로 실행력을 높인다는 것이다.

직장이 이런 분위기라면 직원들은 더 빨리 성장한다. 자신이 존중받고 있다고 느끼면, 더 많은 아이디어를 공유하고, 실수에 대해 더 빨리 솔직해진다. 조직은 그런 소통 속에서 문제를 빠르게 파악할 수 있고, 위험 요소를 줄일 수 있다. 심리학자 칼 로저스는 "진심으로 들어주는 사람 앞에서 우리는 진짜 자기를 꺼낸다."라고 말했다. **직원이 성장하는 환경은 단지 시스템에 있는 것이 아니라, 그 옆에 어떤 사람이 있는가에 달려 있다.**

그러나 반대 경우라면 어떨까? 우리 회사 직원을 통해 다른 회사 직원 이야기를 들은 적이 있다. 그 회사는 직원들에 대한 존중은 찾아볼 수 없고, 대표 역시 그런 것과는 먼 사람이라고 했다. 그 회사 직원이 지인을 통해 큰 계약을 할 기회가 있었음에도, 직원은 그 프로젝트를 회사에 이야기하지 않았다는 것이다. 이유는 단순했다. "회사 경영자가 직원들을 존중하지 않아서."라는 게 이유였다. 회사 직원과 경영자가 함께하지 못하고 서로 존중하지 못할 때 일어난 좋지 않은 사례다.

회사는 직원들의 협조 없이는 일할 수 없다. 그렇다고 경영자 역시 직원들에게 무조건 저자세를 보이라는 것이 아니다. 서로 간의 협의, 인격 존중, 인화 단결 등이 뒷받침되지 않으면 이런 일들이 발생할 수 있고, 기업으로서는 손해인 것이다.

일본의 미라이 공업은 자유로운 분위기로 '괴짜 회사'라는 별명이 붙었는데, 이 회사의 경영자로 알려진 창업자 야마다 아키오는 '제안 제도'를 조직

문화의 핵심으로 삼았다. 그는 말하기를 "직원은 말이 필요 없다. 동기부여가 전부다.", "승진시키면 누구나 일 잘한다."라는 말로 구성원 개개인의 가치를 인정해 왔다. 실제로 이곳 직원들은 사내 시스템 개선부터 신제품 아이디어에 이르기까지 매년 1만~2만 건의 제안을 쏟아낸다.

최근뿐만 아니라 기업에서 수년, 수십 년간 연구 노력해서 만든 기술이 불법으로 해외에 유출되거나 팔아넘겨지는 일은 참으로 가슴 아픈 일이다. 회사에는 순한 양만 있는 것이 아니다. 언제든지 기회나 상황이 바뀌면 어떻게 될지도 모르는 잠재된 사람들이 있기 마련이다. 회사 차원에서는 직원들 복지를 위해 최선을 다해야 한다. 그런 일을 불식시키기 위해서라기보다는, 직원들을 생각하면 그렇게 하는 것이 당연한 일이다. 경영자 중에도 그렇게 하는 것을 손해라고 인식하는 사람들이 있는데, 그것은 크게 잘못 생각하는 것이다.

직원들에게 잘해준다고 해서 그게 다른 데로 가는 것이 아니다. 그 이익과 수고는 모두 회사로 돌아온다. 예전처럼 일만 하는 시대는 지났다. 지금은 직원들이 아무 부담 없이 열심히 일할 수 있는 '직장 분위기'를 만들어야 한다. 그런 의미에서 경청을 통해 '무엇을 들었는가?'라는 질문은 직원들의 의사를 반영한 것이고, 직원들 역시 오너의 말을 어떻게 들었는가 하는 것이다.

6

경청, 타인의 세계에
진입하는 것

　직장에서 듣는 것은 말하는 사람 쪽으로 몸을 돌리는 행위만을 뜻하지 않는다. 상대방이 말할 때, 상대방의 눈빛과 몸짓, 말을 멈추고 시작하는 것들을 세심하게 보고 생각하면서 상대방의 말을 이해해야 한다. 그러기 위해서는 '먼저 판단하지 않는 마음 자세'가 필요하다. 상대방이 말하는 내용을 비판 없이 받아들이고, 이해하려는 태도가 바탕이 될 때 말의 의미를 제대로 이해할 수 있다.

　'경청'이라는 것은 궁극적으로 말을 듣고 이해하고 적용하는 '해결 중심적 사고'다. 말을 들어서 얻은 정보와 감정은 문제의 핵심을 꿰뚫는 단초가 되고, 더 나은 방법을 만들 수 있는 기반이 된다. 듣는 것을 통해서 상대방에게 '내가 당신을 존중하고 있습니다.'라는 간접 메시지가 되며, 그런 대화를 통해 일이 진행되는 것이다. 우리 뇌는 듣는 것을 단순한 정보 수집 과정이 아니라, 다른 사람의 감정과 의도를 해석하는 고차원 신경 작용으로 받아들인다.

　네덜란드 암스테르담 대학의 행동 신경과학자 로베르트 잔더(Robert

Zander) 박사팀은 2017년 뇌신경 실험을 통해 상대방의 말을 경청하는 것을 연구했는데, 그 결과 잘 듣는 사람일수록 뇌가 긍정적으로 피드백을 자동으로 강화하며, 다른 사람들의 신뢰를 얻는 토대를 마련한다고 한다. 듣는 신경학적 메커니즘이 조직 네트워크에서 중심 노드가 되는 필수 조건이라는 것이다.

2019년 스탠퍼드 사회 신경과학 연구소 실험에서는 경청 중인 참가자들이 듣기 전보다 다른 사람에 대한 판단력과 문제 해결 능력이 평균 35% 상승하는 결과가 확인되었다. 집중해서 듣는 동안 뇌는 정보를 단순하게 저장만 하지 않고, 말의 맥락과 연결 지어서 처리하기 때문이라는 것이다. 회사 안에서도 말을 집중해서 이야기를 듣는 사람은 불필요한 오해가 발생하지 않고, 협업하는 데 크게 문제를 일으키지 않는다.

하버드 비즈니스 리뷰(HBR)는 2020년 '적극적 경청(Active Listening)'이 주도한 프로젝트팀이 그렇지 않은 팀보다 생산성이 30% 높았다고 발표했다. 이것은 단순히 회의 시간을 줄인 덕분이 아니라, 핵심 포인트를 정확히 파악해서 신속히 해결 방안을 도출했기 때문이다. 적극적 경청은 단순히 듣고 끝나는 것이 아니라, 듣고 요약하고 질문하면서 재구성하는 프로세스를 포함한다. 이런 과정을 통해서 듣는 사람은 자연스럽게 '정보 허브'의 역할을 맡게 되고, 조직 구성원들은 가장 먼저 그의 말을 듣게 된다.

국내에서는 LG전자가 'Voice of Employee' 프로그램을 시행했다. LG전자는 2021년부터 매월 전 사원을 대상으로 '허심탄회 경청 세션'을 운영하며, 조직문화와 업무 프로세스에 대한 현장의 목소리를 수집하고 있다. 이 프로그램을 통해 제품개발 부문은 고객 사용성 개선 아이디어를 직접 직원에게서 받아들여, 2022년 출시된 스마트 TV 개편에 반영하였다. 결과적으로 제품 초기 불량률은 18%에서 10%로 낮아졌고, 시장 점유율은 전년 대비 5% 상승하는 성과를 거두었다. 직원들의 의견을 잘 들어서 생산성과 매출 증가로 직결시킨 경우다.

실전에서 잘 듣는 사람이 중심이 되는 구체적인 이유를 다섯 가지로 정리할 수 있다.

첫째, 경청은 단편적 사실을 종합적 통찰로 재구성하여, 빠른 의사결정을 가능하게 한다.
둘째, 듣는 행위 자체가 신뢰를 형성하는 '초기 조건'으로 작용해서 팀 내 상호 신뢰와 친밀감이 있는 라포(Rapport)를 형성한다.
셋째, 서로 다른 이해관계자 사이에서 목소리를 조율하면서 공통 이익을 끌어내는 '조정자' 역할을 하게 한다.
넷째, 들은 정보를 곧바로 조직원들과 공유함으로 정보의 '유통경로'의 중심에 서게 된다.
다섯째, 듣기를 통해 수집한 지식과 경험이 누적되어 개인과 조직을 발전적으로 만든다.

회의를 하거나 이야기할 때 눈을 마주치지 않으려는 직원이 있다. 그런가 하면, 반대로 내 눈을 보면서 말을 쏙 쏙 빨아들이듯이 듣는 직원이 있다. 말해도 시원하게 대답하는가 하면, 회의자료에 내가 한 말을 기록하거나, 업무수첩에 메모하면서 하나도 놓치지 않으려고 한다. 관리자로서는 그런 직원에게 호감이 갈 수밖에 없다.

'아이컨텍(Eye-Contact)'이 바로 그런 것이다. 잘 듣는 사람은 표정부터 다르다. 졸지도 않고, 딴짓도 하지 않을뿐더러 매사에 의욕이 넘친다. 생각 없이 그냥 앉아 있는 직원은 질문을 하면 그냥 원론적인 이야기뿐이다. 그러나 듣기에 집중하는 직원은 그런 원론적인 대답이 아니라, 자신이 들은 말을 생각하고, 자신이 생각하는 것을 말한다. 이것을 가리켜서 '반영적 경청(Reflective Listening)'이라고 한다. 상대방의 말을 주의 깊게 듣고 그 감정을 적절히 반영하여 표현하는 것이다. 이는 상대방의 마음을 여는 데 효과적이다. 이러한 경청 방법은 상대방이 자신을 이해하고 있다고 느끼게 하여 소통을 원활하게 만든다. 상대방의 말을 단순히 반복하는 것이 아니라, 상대방의 생각을 담아서 말하는 것이다. 말에 공감이 담겨있다.

잘 듣는 사람의 경청 태도는 앉는 자리에서도 알 수 있다. 나는 강의나 교육이 있으면 맨 앞자리 중앙에 앉는다. 강사들의 이야기를 메모하고, 그들과 눈을 마주치려고 노력한다. 이건 학교 다닐 때부터 있었던 오래된 습관이다. 학교 다닐 때 대부분의 학생은 강사를 피해서 멀리 뒷자리에 앉는다.

그렇게 해서 강의가 들릴 리 없다. 주위가 어수선하고, 강사가 보이지 않으니 딴짓을 할 수밖에 없다. 그래서 어느 날부터 맨 앞자리에 앉기 시작했다, 강의가 끝나면 질문 시간에 한 가지라도 질문하려고 노력하였다. 강의 중에 질문할 내용이 있으면 표시해 뒀다가 반드시 질문했다. 나중에 교수님이나 강사들은 질문 시간이 있으면 나를 주목했다.

CEO가 되고 임원이 되면 듣는 것이 필수다. 바깥에서 많은 사람과 손님을 만나는 것도 좋지만, 직원들의 말도 귀담아들어야 한다. 일을 시키고 일만 하는 곳이 직장이 아니다. 직원들이 무엇을 말하는지 직원들 안으로 들어가야 하고, 그 중심에서 직원들의 말을 경청해야 한다.

잘 듣는 기술 하나만으로도 얼마든지 효과를 발휘할 수 있다. 직원들의 말을 듣고 피드백하는 것도 잘 듣는 훈련이 되어있어야만 정확하게 도움을 줄 수가 있다. 듣기를 통해 얻은 목소리가 조직 발전의 혁신적인 아이디어가 될 수 있다. 잘 듣는 사람이 자연스럽게 의사결정의 상층부로 진입할 수 있다.

사장단 모임이나 임원들 모임을 보아도 사업에 대한 구체적인 논의보다는 사업에 관한 토론이나 의견으로 이루어지는 게 대부분이다. '의사(意思)'라는 것은 무엇을 하고자 하는 생각이나 뜻이다. '일 잘하는 사람은 듣기를 잘하는 사람이다.'라고 말하는 것이 틀리지 않다.

9장

임원 곁에서 배우는 성공 전략

THE HIDDEN RULES OF PROMOTION

주차장에서 임원들이 탄 차는 대개 표시가 난다. 차는 물론이고 몇 번만 지나면 누가 임원인지 금방 알게 된다. 회사 구내식당은 물론이고, 회사 안에서 어느 곳에서든 임원은 눈에 띈다. 임원은 쉽게 구별된다. 간혹 임원을 볼 때 뛰어가서 인사하는 직원을 보기도 한다.

자신이 임원이 되려고 하면 임원이 되려고 하는 것에 모든 것을 집중해야 한다. 회사 안과 밖 구별이 없다. 시간과 장소를 구별해서도 안 된다. 화장실 안에서 인사하는 것을 실례라고 말하는데 그런 실례를 하는 사람을 더 인상 깊게 볼 수 있지 않을까? 다른 사람이 만들어 놓은 '에티켓(Etiquette)'이라는 함정에 빠질 필요 없다. 앞에 그런 행동이 실례라는 전제를 깔고 이야기하면 되는 것이다. "화장실 안에서 인사드리는 것은 실례라는 것을 알지만, 너무 뵙고 싶어서 인사드립니다." 이 말 한마디면 당신이 실례하는 이유를 충분히 알 것이다.

1

눈앞에 있는 사람이
기회를 잡는다

회사 복도를 지나다 보면 멀찌감치 오던 직원이 순식간에 사라지는 경우가 있다. 모습을 감춘 것이다. 무슨 불편한 게 있는지는 모르지만, 누군지 아는데 굳이 모습을 감출 필요가 있을까. 그런 경우는 신입사원에게서 많이 볼 수 있다. 무슨 일인지 모르지만, 그런 모습을 볼 때마다 안타까운 마음을 감출 수 없다.

"눈에 띄는 사람이 기회를 잡는다."라는 말이 있는데, 이는 단순한 말이 아니라 조직심리학이나 경영학 연구에서 일관되게 보여주는 말이다. 사람은 반복적으로 노출된 대상에 대해 긍정적인 감정을 가지게 된다는 것이다. 이것을 가리켜서 '단순노출효과(Mere-Exposure Effect)'라고 하는데, 1968년 사회심리학자 로버트 자이언츠는 반복적으로 제시된 자극이 대상을 더 친근하게 느끼게 만든다는 것을 밝혀냈다. 이런 현상은 회사 안에서도 마찬가지다. 임원들은 수많은 보고서와 프레젠테이션, 회의 속에서 반복적으로 모습을 드러내는 직원을 주목하고, 그를 중요한 사람 계열 군에 의식적으로 분류해 놓는다.

경영학 관점에서 '가시성(Visibility)'은 단순히 눈에 보이는 것을 넘어 가치 있는 정보를 꾸준히 제공하는 것을 의미한다. 한 연구에 의하면 기업 내에서 가시성이 높은 직원이 그렇지 않은 직원보다 승진 기회를 50% 이상 더 많이 얻는다는 통계적 상관관계를 발견했다. 연구에 따르면, 연간 보고회나 월간 회의에서 단 한 번이라도 성과를 발표한 직원은, 뛰어난 실적을 거두고 일하는 직원보다 기억 속에 오래 남는다는 것이다.

삼성전자에서 매주 임원진이 모이는 사업부별 전략회의가 열렸다. 이 자리에서 현장 직원들이 직접 프로젝트 진행 상황을 발표하는 '현장 리포터' 제도가 있었다. 2019년 도입된 이후, 현장 리포터로 세 번 이상 발표한 직원이 임원 면담 기회를 얻을 확률이 크게 상승했다. 당연히 눈에 띌 수밖에 없다.

반도체 사업부의 이 모 과장은, 초기에는 자원팀 소속으로 뒤편에서만 일하던 엔지니어였으나, 미래 기술 로드맵 발표회에서 네 차례 연속 우수 발표자로 선정되면서 경영진의 주목을 받았다. 그 결과 2년 만에 그룹 차원의 혁신 프로젝트에 발탁되어 팀장으로 승진했다.

롯데그룹도 '경영진과의 오픈 토크'라는 비정기 세션을 운영해서 부서별 현안과 아이디어를 임원들에게 직접 제안하도록 했다. 2021년 세션에서 '온라인몰 사용자 경험 개선 방안'을 발표한 영업지원팀 정 사원은 세 번의 제안을 통해 개선 예산을 확보했고, 이후 '특별 프로젝트 리더' 역할을 부여받았다.

회사에서도 무의식적으로 자주 보게 되는 사람이 있다. 이야기도 그 사람과 많이 나눈다. 시간이 지나면서 관심으로 바뀌고, 관심은 나중에 어떤 일이 생기고 필요하면 그 사람을 찾는 것으로 변한다. 그렇다면 지금 현재 내가 누구와 이야기하든지, 그 사람을 중요하게 생각해야 한다. 만약 지금 내가 이야기하는 사람이 임원이라고 한다면 그 시간을 아주 중요하게 생각해야 한다. 회사 내에서 사람 일은 그렇게 결정되는 경우가 많기 때문이다.

글로벌 물류 기업인 페덱스 CEO였던 더커는 한 인터뷰에서 이렇게 말했다. "기회를 말하는 보스에게 가십시오. 함께 성과를 나눌 준비가 된 이들 말입니다. 그들 곁에서 배우고 그들이 건네는 기회를 움켜쥐어야 합니다. 페덱스와 나는 그런 식으로 함께 성장했습니다." 더커가 말한 보스란 직급이 단순히 '관리자'인 상사가 아니라, 사람들에게 기회를 주고 조직 전체를 성장시키는 리더를 말한다. 시급 1만 원 인생도 리더를 잘 만나면 글로벌 기업의 정상까지 오를 수 있다는 것이다.

회사에서 직원들을 보면 '자기 한계(One's Limitations)'에 자기를 가둬버리는 경향이 많다. 도전 의식보다는 자기 수준에서 미래까지 스스로 결정지어 버리는 것이다. 그래서 아무리 이야기해도 들으려고 하지 않는다. '나는 할 수 없고, 될 수 없다.'라는 생각이 지배적이다. CEO, 임원은 나와는 상관이 없다는 벽을 만들어 버리는 것이다. 나는 그렇게 생각하는 직원을 볼 때마다 생각을 다르게 했으면 좋겠다는 생각을 많이 한다.

내가 한 가지 해보지 않은 게 있다. 신입사원이라면 이런 객기도 한 번쯤은 부려볼 만한 일이라서 소개한다. 회사에 있으면 하루 이틀만 지나면 누가 임원인지 금방 알 수 있다. 대그룹이 아닌 이상 임원들을 한 번쯤은 만나게 된다. 그럴 때면 대개 그냥 가볍게 고개 숙여 인사만 하고 지나가는 경우가 다반사다. 다음에 또 만나도 역시 마찬가지다. 그렇게 해서 그 임원이 자신을 기억할까? 회사 생활은 무엇이든지 자기 것이 되도록 해야 한다. 그런 기회를 그냥 지나쳐서는 안 된다.

적극적으로 자신이 가지고 있는 명함을 활용하는 것이다. "이번에 새로 입사한 신입사원 누구입니다."라면서 공손한 태도로 두 손으로 명함을 전해드리는 것이다. 명함은 회사 바깥에서 일할 때, 자신을 모르는 사람에게 자신을 알리는 것이다. 회사 안에서 임원은 그가 누군지 당연히 모른다. 오래 근무해서 얼굴은 간혹 몇 번 보지만 그가 어느 부서에서 근무하는지, 무슨 일을 하는지, 이름이 무엇인지 모르는 사람이 많다.

회사 내에서는 항상 명함 지갑에 명함을 넣어서 다닌다. 그래서 만나는 사람에게 자신의 명함을 전달하면서 자신을 소개한다. 한번 그렇게 자신을 각인시켜 놓으면 다음에 만날 때는 임원의 모습이 달라진다. 그냥 보는 게 아니라, 반가운 얼굴 표정과 함께 서서히 당신이 어느 부서에서 근무하는지를 알게 되고, 당신이란 존재는 그렇게 알려지는 것이다. 임원이라고 딱딱하게 생각할 필요 없다. 임원을 만나면 기회를 그냥 버리지 말아야 한다.

2
직장생활은
눈치게임이 아니다

 '보이는 것만큼 확실한 것이 없다.' 그렇게 당신이라는 존재가 알려졌다면, 그다음은 자신이 어떤 사람인가를 보여줘야 한다. 이제 그들에게 존재 차원을 넘어 기억에 남는 사람이 되도록 해야 한다. "이 사람과 일하고 싶다.", "이 친구에게 일을 맡겨도 되겠다." 단번에 그렇게 되지는 않겠지만, 그런 일이 한두 번 계속 반복되다 보면 결국 당신에 대한 기억은 이제 더는 신경 쓸 필요 없는 위치에 이르게 된다.

 직장에서 '조직의 일원이다.'라는 인식을 심어주는 것은 단순히 친밀감을 넘어 조직이 당신을 어떻게 생각하는가를 결정짓는 중요한 요소다. 사회 정체성 이론에 따르면, 구성원은 자신이 속한 집단의 일원으로 인정될 때 높은 자부심과 주인의식을 갖게 되며, 신뢰와 존중, 헌신 수준이 높아질수록 승진, 성과, 보상에서 유리한 위치를 차지한다고 한다.

 어떤 사람이든지 그 조직에 속하기 위해서는 그 구성원처럼 보여야 한다. 임원은 오랫동안 그 회사에 몸담아 왔기 때문에 구성원들이 잘 사용하는 언어와 태도 등을 관심 있게 본다. 이제는 그가 무엇을 좋아하는지 등 관심사에 대해서 많이 알아야 한다. 싫어하는 것 등 반대적인 것도 빼놓을 수 없다.

회사는 코드가 맞아야 하는 게 맞다. 나는 그것을 많이 느낀다. 생각과 성향이 같으면 일하는 데 별로 충돌이 없다. 사고가 같으니 문제에 대한 접근 방식과 해결 방식이 비슷하다. 임원이 아랫사람을 찾는 것도 이와 같다. 아무리 일을 잘해도 계속 걸리거나 충돌만 일으키면 본인은 물론이고 결국 회사가 손해다. 그래서 "끼리끼리 어울린다."라는 말이 맞다. 그 말은 듣기에는 어감이 좋지 않지만, 그렇게 어울릴 수밖에 없다. 그래야만 일이 편하다. "잘 모르는 천사보다 잘 아는 악마를 선발하는 편이 낫다."라는 말이 있다. 즉 경영자는 잘 모르는 사람을 택해서 보이지 않는 위험을 감수하기보다는 조금 결점이 있더라도 편하게 그 사람과 일하겠다는 것이다. 결점이라는 것은 고치면 되고, 고치려고 하기 때문에 잘 아는 사람이 낫다는 것이다.

S 전자에 있을 때였다. 당시 이사 한 분을 모시고 있었는데, 어느 날 그 자제(子弟)가 회사 사무실을 방문하였다. 그런데 그가 걷는 모습이 내가 모시던 그분과 같아서 놀랐다. 뒷짐을 지고 걷는 모습이 모시던 상사로 착각할 만큼 같았다. 같이 오래 있으면 닮는다고 하지만, 평생 그렇게 닮은 행동을 본 적이 없을 정도다.

시간이 지나면 임원 밑에 가서 일하게 될 때가 있다. 그때는 자기도 모르게 임원과 같이 일하는 스타일이 같아지는 것을 경험하게 된다. 당연히 임원이 맡기는 일을 하다 보면, 그 스타일을 닮아가게 된다. 자연스럽게 몸에 배게 되는 것이다. 그래서 간혹 주위 동료들이 '누구를 닮았다.'라고 하는 말을 들을 수 있다. 그리고 그런 말이 알게 모르게 그 임원의 귀에도 들어가게 된다. 그런 것을 싫다고 할 임원은 아무도 없다. 기분 좋아하면 좋아했지, 싫다 할 사람이 없다.

그런데 그런 과정에서 간혹 불평불만이 생길 수 있다. 사람은 완벽하지 않기 때문에 모시던 임원이 자기와 다른 면을 보일 수 있다. 그런 경우 신중하게 판단해야 한다. 당신이 그 회사에 오래 있을 생각이라면 그런 것은 '불편한 것'으로 여기고 지나가야 한다. 그렇지 않고 외부 다른 사람에게 임원에 관한 이야기를 하게 되면 당신은 즉시 임원 되는 것을 포기해야 한다. 실제로 회사 안에서는 물론이고 바깥에서 술자리에서나 다른 사석에서도 자기가 모시고 있는 상사를 욕하거나 험담하는 것을 종종 볼 수 있다. 그런 사람은 아마도 승진이나 임원 같은 것은 생각지도 않을 것이다. 당신이 한 말은 누가 말했는지는 모르지만 즉시 전해지게 되어있다. 그런 분위기를 감지하게 될 것이다.

무엇보다도 자기 스스로 닮고 싶다는 생각이 강해야 한다. 혹시라도 다른 사람이 그렇게 생각하고 말하더라도 그들과 같이 부화뇌동(附和雷同)하지 말아야 한다. 상사 앞에서와 다른 사람 앞에서의 모습이 다를 수 없다. 그들이 상사를 욕하거나 험담하거나 하면 즉시 틀렸음을 이야기하고, 상사를 대변해야 한다. 자기 생각이 그들과 같더라도 그 순간만큼은 자신을 잊어야 한다. 그렇지 않으면 그 사람들과 똑같은 사람이 되는 것이다. 그런 과정에서 당신을 이상하게 생각하거나, 이런저런 불편한 말을 듣게 되는 것은 당연한 일이다. 반대로 생각하면 그게 나쁜 것이 아니라 좋은 것이다. '굳이 그렇게까지'라고 생각할 수도 있겠지만, 내가 생각하는 것은 그렇게 해야 한다는 것이다. 사람들이 "○○맨"이라고 말하는 게 그런 이유다.

심지어는 놀랍게도 임원이 사는 집 옆으로 이사한 직원을 본 적도 있다. 마침 공교롭게도 집을 이사해야 하는 관계로, 집을 찾던 중 우연인지 어떤 이유인지는 모르지만 임원이 사는 집 옆으로 이사 한 것이다. 당연히 임원을 자주 볼 수밖에 없다. 나중에는 운동도 같이하고, 회사에서나 바깥에서나 그렇게 자주 어울리는 것을 볼 수 있었다. 사람들은 색안경을 끼고 볼지 모르지만, 나는 자신이 목표가 뚜렷하다면 무슨 일이든 자신 있게 해보라고 한다. 멀찌감치 서서 다른 사람 잘 되는 것을 보고 배 아파할 바에야 자기 스스로 그 안으로 들어가라고 말한다. 그게 배 아픈 것보다는 백배 낫다. 그런 수고도 없이 무엇을 바라겠는가.

직장에는 많은 사람이 있다. 그들을 다 알 수 없다. 두 번 말하지만, 눈에 띄지 않으면 알기 어렵다. 임원이 될 각오라면 그렇게 비전과 계획을 세워도 나쁘지 않다. 실력은 기본이고, 전략도 필요하다. 직장생활을 오래 하려고 하면 힘 있는 사람 옆으로 가야 한다. 변방에 있으면 절대 중심으로 이동할 수 없다. 사정 따지고, 이유 따지면 아무것도 할 수 없다. 살아남는 사람이 이긴다는 것을 알지만, 실천하는 사람은 많지 않다. 사람들은 시간이 지나면 과정은 잊어버리고 현실만 보게 된다. 당신의 미래를 상상하라.

3

승진을 부르는
인맥의 힘

임원이 되려면 모든 것을 현실적으로 받아들여야 한다. 회사 안에는 사람과 사람을 잇는 보이지 않는 '인맥'이라는 끈이 있다. 이것은 종종 눈에 보이는 실적만큼 강력한 기회를 만들어 낸다.

우리 회사 J 부장의 경우, 입사 초기부터 '뒤에서 묵묵하게 일 잘하는 사람'이었지만, 입사 3년 차가 되던 해에 회사 내부 혁신 워크숍에 참여해서 다른 부서의 중간관리자들과 자연스럽게 네트워크가 맺어졌다. 직급 차이가 있으므로 쉽지 않아 보였지만, 그는 자신이 가진 친화력으로 그런 문제를 해결해 나갔다. 이후 신제품 기획이 있을 때 그는 여러 부서장의 추천으로 담당으로 발탁되어 그 일을 수행할 수 있었다. 그리고 그는 몇 년 뒤 부서장으로 파격적인 승진을 하였고, 이후 임원 승진 대상자 명단에 이름을 올릴 수 있게 되었다.

경영자는 늘 대상자들을 살핀다. 나는 경영주와 미팅을 하면서 "그 직원 지금 무슨 일을 하고 있습니까?"라는 질문을 자주 받는다. 그러면서 일하는 스타일은 어떤지, 일은 잘하는지 등을 세세하게 묻는다. 나 역시 그런 질문을 자주 받기 때문에 그 직원에 대한 관심을 소홀히 할 수 없다. 어떤 경우는 다른 경쟁사에서 그 사람에 관한 이야기가 나오면 경영주는 바짝 긴장하면서 나에게 한 번 더 물어본다. 혹시 이직 등 다른 생각은 하고 있지 않은가 하는 것 때문이다.

그렇다고 인맥만 너무 내세워서도 안 된다. 내가 사람을 볼 때 눈여겨보는 것은 자기 관리를 평소에 어떻게 하는가 하는 것이다. 그래서 '레퍼런스 네트워크'에 관심이 많다. '레퍼런스(Reference)'라는 말은 '참조', '참고', '언급'이라는 말이다. 당신이 앞으로 일할 때 필요한 당신만의 참고할 사람, 도움받을 수 있는 사람, 관계망 형성을 보는 것이다. 여기에는 지금은 물론이고, 과거에 당신과 일을 한 직원, 상사, 그리고 거래처의 인간관계, 인맥까지 모두 포함된다. 회사가 이런 부분에 관심을 가지는 이유는 당신이 앞으로 일을 할 때, 그들의 영향력은 곱절로 돌아오기 때문이다. 단순히 회사 안에서만 일하는 것이 아니라, 바깥 전 영역이 업무 영역이라는 것이다.

임원이 되면 '대인관계'만큼 중요한 게 없다. 심지어는 경쟁사 직원, 임원까지도 인맥 대상이다. 그들을 통해 경쟁사 정보를 빼 오는 것이 아니라, 그들을 통해서 우리가 미처 알지 못한 기술이나 정보들을 공유하고 얻을 수 있다. 기술은 기술 전문가들에게 맡기고, 임원들, 경영진이 해야 할 일은 그런 정보를 모아서 직원들에게 알려주고 검토해 보라는 것이다. 그런 인맥 관리가 되어있지 않으면 바깥에서 무슨 일이 일어나는지, 무엇을 해야 하는지를 전혀 모른다. 임원의 역할을 놓치는 것이다.

조직의 리더들이 가장 흔히 저지르는 실수가 '사자 갈기'다. 그들은 이른

아침부터 회사에 출근해서 가장 늦게까지 사무실에 남아 자신의 건재함을 과시한다. 마치 수컷 사자가 가장 좋은 자리에 드러누운 채 갈기를 휘날리며 존재감을 나타내듯이, 지금 거의 모든 리더가 그런 '위엄'이라는 갈기를 두른 채 자신의 강인함과 위력으로 조직원을 압도하고 있다. 그런 사람을 가리켜 '불쌍한 존재감'이라 말한다.

S 전자 가전사업부에 근무할 당시 그룹 회장의 친구분이 상사로 있었다. 기억에 참 열심히 일하셨던 분이었다. 친구가 그룹 회장이어서가 아니라, 자신이 지금 어떤 자리에 앉아 있는지 때문에 더 열심히 하는 것 같았다. 모두 그런 것은 아니지만, 인맥 자랑하면서 편하게, 쉽게 일하는 사람도 많다. 낮에 골프 치러 다니고, 대표가 어디 해외에 장기 출장을 가거나 하면 늘 자리를 비우는 사람이 있다. 그런데 그런 것을 그 회사 대표가 모를까? 어떻게 들었는지 모두 안다. 그런 회사를 볼 때마다 안타까운 생각이 든다.

다른 나라는 어떤가? 중국과 미국 두 나라는 각기 다른 역사와 문화 토양 위에서 자라며, 비즈니스뿐만 아니라 사회 전반을 움직이는 보이지 않는 힘이 있다. 중국에서는 '관시(關係)'라고 불리는 '관계'라는 단어가 인맥 네트워크로 불리는데, 오랜 유교적인 전통과 공산주의 이후의 조직문화가 교차하는 지점에서 특별한 위상을 지닌다. 우리가 어떤 다른 지역으로 장소를 옮기더라도 그 지역의 영향력을 유지하듯이 한번 맺은 관계는 평생 재산이라는 인식이 깊게 뿌리내려져 있다. 기업 협상 과정에서 단순히 명함을 교환하는 것을 넘어, 술자리에서의 호의와 가족 행사에 초대하는 식의 사적인 친분이야말로 사업 성패를 좌우하는 결정적 요소가 되기도 한다. 특히 지방정부와의 긴밀한 개인적 연결고리가 사업 허가나 정책적 지원을 끌어내는 지렛대로 작동한다.

반면, 미국의 비즈니스 네트워크는 더 공식적이고 공개적인 '네트워킹 이벤트'나 전문 모임, 온라인 플랫폼을 통해 구축되는 경향이 강하다. 하버드, 스탠퍼드 동문 네트워크, 업계 협회와 같은 모임이 대표적인 예다. 여기서는 개인의 전문성과 성과가 곧 인맥의 질을 결정짓는 기준으로 작용하며, '누구를 아느냐?'보다는 '어떤 가치를 제공할 수 있느냐?'가 더 중요하다. 물론 사적인 만남과 친분이 부차적으로 중요하기는 하지만, 그것이 공식적인 사업 기회와 연결되기 위해서는 명확한 경력 이력과 구체적인 협력 제안이 필수다.

일하다 보면 위로 직급이 올라갈수록 일보다 사람, 인맥의 영향이 크다는 것을 느끼게 된다. 작은 문제는 쉽게 풀리지만, 큰 문제가 발생할 경우, 사람을 움직여서 문제를 해결해야 하는 때도 있다. 그러기 위해서는 도움이 필요할 때만 연락하지 말고, 평소에도 관리를 잘해야 한다. 시간이 날 때마다 안부를 묻고, 관심을 나타내야 한다.

회사에서 명절이나 기념할 날에는 관련되는 거래처나 관계되는 사람들에게 많은 선물을 한다. 감사 인사를 담은 엽서를 넣어서 사람을 시켜서 보낸다. 굳이 그렇게까지 많이 할 필요가 있냐고 하지만, 아직 우리나라 정서상 그렇게 하는 게 도리라고 생각한다. 허례허식이나 보이기 위한 과시가 아니라, 감사에 대한 표시로 생각하면 된다. 물론 마음을 담아 전화 한 통으로도 충분하지만, 그건 별개라 치더라도 그런 정성을 통해서 다시 한번 생각하는 것이다.

그래서 예전에는 업무 인수인계를 할 때면 '족보(族譜)'라는 게 늘 따라다 녔다. 지금 직원들은 그게 뭔지 궁금하겠지만, 당시에는 업무 인수인계할 때, 그동안 자기가 업무를 하면서 만났던 사람들, 중요한 사람들에 대한 정보를 반드시 인계하도록 했다. 왜냐하면, 그가 모르는 내용을 알려줘서 상대방에 대해 알 수 있고, 업무를 수월하게 할 수 있기 때문이다. 그래서 다른 일보다 우선해서 중요하게 생각했다.

인맥은 단순히 줄이 아니다. 일을 잘해 나가기 위한 관리 도구다. 편법을 쓰는 것이 아니다. 사람과 사람으로 엮여 일하기 때문이다. 그 때문에 자기 성장을 위해 누구를 의지한다기보다는, 자신의 능력이 어느 정도인지를 가늠할 수 있는 척도가 되는 것이 인맥이다.

4

최고 자리를 향한
로드맵 만들기

누구나 임원을 꿈꾼다. 그러나 임원이라는 자리는 이론적으로는 알지만 명확하게 보이지 않는다. 이건 대그룹이나 중견기업, 어느 기업이든 똑같다. 생각이 명확한 사람이 있는가 하면, 그냥 직장생활하는 것으로 만족하며 사는 사람들이 있다.

많은 직장인이 막연히 기대를 품고 살지만, 실제로 임원이 되기 위해서는 철저한 전략과 준비가 필요하다. 한 연구에 따르면, 글로벌 기업 임원의 85%는 자신의 경력 초기에 이미 명확한 계획과 준비를 시작했다고 한다.

미국 포춘지(Fortune) 조사에 따르면, 글로벌 기업 대기업 임원들의 공통점은 목표 설정과 자기 관리를 철저히 한다는 것이다. 한국의 대표적 기업인 삼성, LG, 현대, SK 등 기업들은 임원 승진자들의 공통된 특징으로 '전문성'과 '자기 관리 능력'을 꼽았다. 이들 기업에서는 특히 경력 관리에 대한 명확한 '목표 설정'과 '단계별 실행 전략'이 매우 중요하다고 강조한다.

그렇다면 임원이 되기 위한 전략적인 준비는 구체적으로 어떻게 하면 좋을까?

첫째, 자신이 목표로 하는 분야에서 전문성을 키워야 한다. 임원이 되려면 단순히 업무수행 능력뿐만 아니라, 자신이 하고 있는 분야에서 인정받는 전문가가 되어야 한다. 글로벌 컨설팅 기업 맥킨지(McKinsey)의 임원들은 입사 초기부터 자신의 전문 영역을 설정하고 끊임없이 관련된 지식과 네트워크를 확장시킨다. 이런 준비가 그들을 조직 내에서 필수적인 인재로 자리매김하게 만든다.

둘째, 인적 네트워크를 전략적으로 구축해야 한다. 많은 직장인이 인맥 형성을 단순히 친분 관리로 생각하지만, 실제 임원이 되는 과정에서 중요한 것은 목적 지향적 네트워크를 만드는 것이다. 회사 내에서 승진하는 사람을 보면 사내외에서 신뢰받을 수 있는 사람들과 전략적으로 네트워크를 형성해서 중요한 프로젝트에서 중심 역할을 맡게 되었고, 결국 임원 승진에 결정적인 기회를 잡았다.

셋째, 지속적인 자기 계발과 학습이다. 기존의 전문 지식을 포함하여 임원으로서 경쟁력을 갖춰야 한다. 글로벌 기업 IBM의 연구에 따르면, 임원이 되는 사람들은 평균적으로 매년 1,000시간 이상 학습에 시간을 투자하며, 최신 트렌드와 기술에 대해 끊임없이 업데이트한다고 한다. 한국에서도 현대자동차와 같은 주요 기업들은 임원 후보자들에게 인공지능(AI), 빅데이터, ESG 등 최신 이슈와 관련된 교육을 정기적으로 실시하고 있다.

넷째, 리더십 역량을 명확하게 갖추는 것이다. 세계적인 경영학자 짐 콜린스(Jim Collins)는 자신의 책 『좋은 기업을 넘어 위대한 기업으로』에서 위대한 기업의 공통된 특징으로 뛰어난 리더십을 지적했다. 단순한 관리자가 아닌, 진정한 리더가 되기 위해서는 비전 제시 능력과 조직 구성원의 신뢰 확보, 변화 관리 능력 등을 구체적으로 개발해야 한다는 것이다. 삼성전자 전직 윤종용 회장은 자신의 저서 『CEO 윤종용』에서 "직원들을 위한 비전을 구체적으로 제시하고 공감을 이끌어내는 '리더십'이 임원이 되기 위한 결정적 요소다."라고 강조했다.

많은 기업이 미래 임원 후보자들을 전략적으로 관리하고 있다. SK그룹은 임원 후보자들을 해외 시장에 장기 파견하거나 해외 기업과의 프로젝트를 맡겨 글로벌 역량을 강화하고 있다. LG그룹은 '하이포텐셜(Hight Potential) 인재 프로그램'을 운영하면서 임원 후보자들을 미리 선발하고 전략적으로 중요한 프로젝트를 맡겨 관리한다. 포스코 역시 직급별 핵심 인재를 선정하여 맞춤형 멘토링과 전략적 프로젝트 수행을 통해 임원 승진의 기반을 다지도록 하고 있다.

그렇다면 그런 후보군에 들어갈 수 있도록 준비하는 것이다. 기업마다 요구하는 수준이 있을 것이다. 먼저 임원이 된 상사들이 걸어갔던 길을 살피면서 준비해야 한다. 글로벌 환경에서 외국어 하나 정도는 소통할 수 있도록 준비되었으면 한다. 대표이사가 출장 갈 일이 있으면 사내에 영어나 일어, 중국어, 프랑스어를 잘하는 직원을 항상 찾는다. 지금부터 전략적으로 잘 준비하면 늦지 않다. 먼저는 마이너리그에 들어가야 한다. 그래야만 메이저에 들어갈 수 있다.

5

목표는 사람에게서 배운다
: 멘토 활용법

임원이 되고자 하는 사람뿐만 아니라, 성공하고자 하는 직장인이라면 누구나 자신의 가능성을 극대화하고 발전시키기 위해 다양한 전략을 모색해야 한다. 그중에 자기 계발 전략 중 가장 강력한 방법은 '임원을 멘토로 삼는' 전략이다.

다른 말을 하지 않더라도 임원은 조직 내 영향력과 경험이 풍부하다. 경영학자 헨리 민츠버그(Henry Mintzberg)는 "조직 내 실질적으로 영향력을 가진 인물과의 관계는 직장생활의 본질을 이해하는 데 큰 도움이 된다."라고 말했다. 즉, 임원을 통해 조직의 복잡한 관계와 의사결정 구조를 빠르게 파악할 수 있어 커리어 관리에 큰 이점이 있는 것이다.

그뿐만이 아니다. 임원을 멘토로 삼으면 임원의 시야와 사고방식을 자연스럽게 습득할 수 있다. 임원과의 긴밀한 멘토링은 직장인이 자신의 역할을 넘어 조직 전체를 보는 전략적 관점을 키우는 데 결정적이다. 그리고 임원의 추천이나 지지를 통해 인맥을 넓힐 기회가 많아지며, 이는 궁극적으로 커리어의 중요한 자산이 된다.

실리콘밸리의 주요 기업 임원이자 페이스북 초기 멤버였던 나탈리 캐본(Natali Cavanagh)은 자신이 커리어 초기에 받은 임원 멘토링이 조직 내 리더십 감각과 전략적 사고를 키우는 데 결정적이었다고 회상했다.

그러나 막상 이렇게 이야기만 들으면 처음부터 어떻게 해야 할지 막막할 수 있다. 큰 용기가 아니고서는 회사 내에서 고위 임원을 멘토로 삼기가 쉽지 않다. 마치 군대에서 일반 병사가 사단장을 찾아가서 교사가 되어 달라는 것과 같다. 강심장이 아니고서는 나서는 게 쉽지 않다.

조직 심리학자 애덤 그랜트(Adam Grant)는 저서 『기브 앤 테이크』에서 멘토 관계의 핵심은 상호 호혜적인 관계에 있다고 말한다. 임원이 관심을 가지는 프로젝트를 발견하고 같이 참여함으로써 자연스러운 관계 형성이 가능하다는 것이다. 이를테면 '공통 관심사'를 찾는 것이다. 그것이 취미생활이어도 괜찮고, 사회 봉사활동 등 어떤 것이든 상관없다. 단, 주의할 점은 진정성을 가지고 접근해야 한다. 물론 목적이 없다고는 할 수 없다. 그러나 멘토가 되어주기를 원하는 간절한 마음이면 충분하다.

그런 자연스러운 관계를 통해서 이야기를 들을 기회가 생기는 것이고, 기회를 얻고 자신이 목적하는 바를 이야기하며, 정기적인 짧은 미팅을 요청하는 것이다. 미국 경제지 포브스(Forbes)는 15분~20분 정도의 짧고 규칙적인 만남이 가장 효율적이라고 말한다.

넷플릭스의 전설적인 인사 책임자, 패티 맥코드(Patty McCord)는 전 세계 HR 리더십의 교과서로 불리는 인물이다. 그녀가 만든 '자유와 책임의 문화'는 실리콘밸리의 인사 철학을 완전히 바꿔 놓았다. 그런 그녀에게 어느 날 누군가가 다가와 "커피 한잔하실 수 있겠습니까?" 하고 물었다. 그렇게 말한 사람은 이제 막 데이터 분석팀에서 일을 시작한 조나단이라는 이름을 가진 신입사원이었다.

조나단은 회의에서 리더들이 전략을 이야기할 때면, 그는 단지 숫자만 보는 자신의 시야가 얼마나 좁은지 절감했다. 그러던 어느 날, 그는 사내 인트라넷에 올려진 패티의 메모를 읽고는 감동하였다. 거기에는 이렇게 쓰여 있었다.

"회사는 가족이 아니다. 우리는 프로페셔널의 팀이다."

이 문장을 반복해서 읽던 조나단은 망설이다가 결심을 하고 메일을 보냈다.

"저는 이 문화가 어떤 의미인지 아직 이해하지 못했습니다. 배우고 싶습니다. 짧게라도 시간을 내어 주실 수 있겠습니까?"

그 메일을 받은 패티는 즉시 그에게 연락했고 그를 만났다. 단 한 번의 만남은 그 후 여러 번의 대화로 이어졌고, 조나단은 단순한 데이터 분석가에서 조직 전략을 이해하고 제안하는 전문가로 성장했다. 결국, 그는 조직 구조 개선 프로젝트에 참여하며 자신만의 영역을 넓혔다.

"용기 있는 질문이 인생을 바꾼다."라는 말이 있다. "기회는 준비된 자에게 온다."라고 말한다. 기회는 오기도 하지만, 만들어야 할 필요도 있다. 어떻게 보면 임원이라는 자리는 조직을 통해서 만들어지기도 하지만, 자신이 준비하는 것을 통해 만들어지기도 한다. 나는 욕심 같아서는 이 책을 보는 모든 이들이 그런 꿈을 꾸고, 감히 한 번쯤 도전해 봤으면 하는 마음이 간절하다. 글을 쓰는 내내 마음속에서 '어렵지 않은데.'라는 말이 계속 맴돈다.

혹자는 우리 회사에 그런 패티가 없다고 할지도 모르겠다. 멘토로 삼을 만한 사람이 없는데 어떻게 하면 되냐는 것이다. 좋은 질문이다. 나 역시도 사람 욕심으로 멘토로 삼는 것은 원하지 않기 때문이다. 그렇다면 나는 여러 가지 멘토를 대신할 내용 중에서 한 가지를 정한다면 사람이 아니라, '지식'을 멘토로 삼았으면 한다. 멘토는 꼭 사람일 필요는 없다. 좋은 책 한 권, 좋은 강연, 인터뷰 영상 하나가 지적 멘토 역할을 훌륭하게 해낼 수 있다.

지식과 관련된 책을 들자면 경영 철학과 미래 사회에 대한 탁월한 통찰력으로 우리에게 널리 알려진 피터 드러커(Peter F. Drucker)가 쓴 『프로페셔널의 조건』을 소개한다. 이 책은 프로페셔널로서의 자기 관리, 프로페셔널을 위한 몇 가지 기초 지식, 자기실현을 향한 도전을 내용으로 하는데, 자기 방향성을 잡는 데 유익한 도움을 주고 있다.

그리고 또 다른 책은 나이키 창업자 필 나이트(Phil Knight)가 쓴 『슈독』이 있는데, 이 책은 '신발 연구에 미친 사람'이란 은어인 'Shoe Dog'이 말하는 것처럼, 지금의 나이키가 있기까지 겪어야 했던 수많은 위기, 참담했던 좌절의 순간들, 무자비한 경쟁자들, 숱한 의혹과 비난들, 적대적이었던 은행들, 이런 어려움을 극복하고 승리를 거두었을 때와 구사일생의 순간들을 세세히 회고한다. 그의 실패와 통찰을 통해 성장에 도움이 될 것으로 보인다. 지식은 우리에게 좋은 멘토가 된다.

6

결국은 일에 대한
열정과 태도 차이다

 삼성 임원들만큼 치열하게 일하는 사람도 없다. 삼성 임원들은 하루 평균 20시간씩 일을 한다. 주말, 주일도 없다. 그럼에도 불구하고 열정이 더했으면 더했지 식지 않는다. 물론 주어지는 여러 가지 보상이 있는 것은 사실이다. 그러나 그 보상보다 중요한 것이 있다. 한 인터뷰에서 임원에게 기자가 그렇게 열심히 하는 이유를 물었다. 그러자 이렇게 대답했다. "회사에서 저를 믿고 큰일을 맡겼는데, 당연히 최선을 다해서 열심히 해야 하지 않겠습니까."

 '일'하면 사람들은 삼성을 떠올린다. 오래전부터 '삼성'은 직장인들 사이에서 대명사가 되었다. 경제는 물론이고 직장인들 사이에서 모범이 되었고, 기준이 되었다. 그래서 삼성에서 하는 연수 과정 중에는 삼성을 따라 배우려고 하는 직장인, 회사를 대상으로 삼성의 DNA를 전해주는 연수도 개설되어 있다.

 사람들이 무엇을 배우려고 하면 고수를 찾는다. 그 이유는 고수는 이미 많은 시간과 노력을 투자해서 성공 경험을 축적했기 때문이다. 초보자가 처음부터 시작하는 것보다는 훨씬 빠르게 자신이 만든 목표에 도달할 수 있도록 도와주기 때문이다. 고수에게 배우는 과정을 통해서 시행착오를 줄이고, 시간과 비용을 절약할 수 있다.

직장인은 자기 계발을 위해 직장을 다니면서 많은 수고와 투자를 한다. 그러나 하다 보면 어떤 경우 회의감이 밀려온다. 주위를 돌아보면 그런 것 신경 쓰지 않고 마음대로, 자기 하고 싶은 것 하면서 사는 사람들이 있기 때문이다. 그렇기 때문에 지금 자기가 하는 일이 별 소용없어 보이고, 하고 싶은 의욕이 사라질 때도 있다. 그런 것을 보고 삼성의 한 임원은 이렇게 말한다.

"목표가 분명하면 무슨 일이 있어도 계속해야 합니다. 주위를 둘러보면 여기저기 하다 말고 포기한 사람이 너무 많습니다. 직장 일이 바빠서 자기 계발하는 데 힘들 수도 있지만, 그렇더라도 포기하지 말아야 합니다. 지금 포기하면 시간은 다시 오지 않습니다. 시간이 주어진다고 하더라도 그때는 지금보다 더 많은 수고를 해야 합니다."

쉬는 시간에 가만히 생각해 보라. 앞으로 10년, 20년 뒤, 당신이 어떤 모습으로 있을지 말이다. 어떻게 되어있기를 바라는가? 그리고 주위 친구들이나 직장 동료를 쳐다보라. 그들은 시간이 지나면 어떤 모습이 되어있겠는가? 그중에는 분명히 당신처럼 자신의 미래에 대한 목표와 계획을 세우고 있는 사람도 있을 것이다. 눈에 보이지 않는다고 당신처럼 계획을 가지고 있지 않다고 말할 수 없다.

"삼성에서 10년 이상 버틴 사람은 이미 그것으로 최고가 될 수 있는 모든 검증을 마친 사람이다."라는 말을 듣는다. 삼성이 그만큼 일의 강도나 일에 있어서 타의 추종을 불허한다는 의미다. 그래서 삼성이라는 명함을 내밀면 사람들은 명함 그대로 받아들인다. 의심하지 않고 그대로 인정한다. 삼성에서 나온 전직 임원들을 중견기업에서 예우하여 모셔가는 것도 그런 맥락이다.

처음부터 대단하게 뛰어난 사람은 없다. 시작은 모두 같다. 필자도 삼성에서 근무해서 알지만, 근무하면서 마음이 달라지고 태도가 변했다. 故 이건희 회장이 "2등은 알아주지 않고, 1등만 알아주는 세상이다."라는 말이 틀린 말이 아니다. 회사에서는 2등만 해도 된다는 말은 들리지 않았다. 최고가 되어야 한다. 1등이 되어야 한다는 말을 귀에 딱지가 앉도록 들었다. 목표는 최고가 되는 것, 1등이 되는 것이었다. 그리고 마침내 모두가 선망하는 최고의 기업이 되었다. 태도의 차이가 삼성을 그렇게 만든 것이다.

이탈리아의 디자이너 거장으로 불리는 조르지오 아르마니(Giorgio Armani)에게 "당신에게 일은 무엇입니까?"라고 묻자 그는 이렇게 답했다. "일은 나의 열정이다. 나는 주말이면 절망에 빠진다. 무엇인가에 집중할 만한 것이 없기 때문이다. 결국, 삶에 활력을 유지하기 위해선 계속 일을 해야 한다."

『리더십 챌린지』의 저자 짐 쿠제스(Jim Kouzes)와 베리 포스너(Barry Posner)는 델 컴퓨터의 마이클 델이 컴팩의 도전에 대항하기 위해 직원들의 마음을 하나로 모으는 과정을 지켜봤다. 그는 컴팩에 구두로 전쟁을 선언하는 것에 그치지 않고, 사무실 전체를 전장으로 만들었다. 그는 군복을 입고 본부 곳곳에 위장막을 설치했으며, 영업 및 생산팀에게 마치 복귀 불가 임무를 위한 브리핑을 하듯이 말했다. 그런 방식이 차이를 가져온 것이다. 마케팅의 아버지라 불리는 필립 코틀러(Philip Kotler)는 "CEO가 밤잠을 자서는 안 된다는 것입니다. 우리는 지금 24시간 곱하기 7일의 세계에 살고 있습니다."라고 말했다. 모두 일에 대한 열정이 대단한 사람들이다.

계속 성장하고 발전하는 차이는 멈추느냐, 그렇지 않으냐의 차이다. 회사를 봐도 어떤 기업은 계속 상승세를 유지하는 기업이 있는가 하면, 반대로 정체 상태에 그대로 머물러 있는 기업이 있다. 그런 기업들 CEO를 보면 더 이상 발전하려고 하는 의지를 찾아볼 수 없다. 시간만 나면 골프 치러 다니고, 지인들과 어울려 해외에 놀러 다니기 바쁘다. 그런 태도로는 기업이 발전할 수 없다. 직원들은 일 시키고 자기만 그렇게 놀러 다니면 직원들이 일은 하지만 성과가 없다. 회사는 시간이 지나도 그 수준밖에 안 된다.

일에 대한 태도는 자기가 결정해야 한다. 임원이 되고자 하는 것도 자신이 결정하는 것이다. 자기 스스로 굉장한 일이라 생각하면서 일하면 자신감이 생긴다. 성취욕도 생기고, 어느 순간 보람과 함께 내가 이 회사 대표구나, 대표가 되어야겠다는 욕구가 생긴다.

주위에는 신입사원으로 시작해서 임원이 되고, 최고 경영자, CEO가 된 인물이 너무도 많다. 신입사원으로 시작해서 사장 자리까지 오른 삼성중공업 박대영 사장, 신입사원으로 입사해 사장이 된 고동진 고문, 여상을 졸업하고 삼성전자 반도체 부문에 취직해서 말단 연구원 보조에서 상무에 오른 양향자 국회의원, 모두 신입사원에서 출발했다. 비단 삼성뿐만 아니라, 국내외 기업을 돌아보면 많은 이들이 그렇다.

태도가 나를 만든다. 직장생활 열심히 하고, 다니고 있는 직장에서 임원이 되고, 최고 경영자가 되겠다는 꿈을 가졌으면 한다. 언제까지 남들처럼 놀 수만 없다. 지금 나에게 유일하게 남아있는 게 시간이라면 참으로 다행한 일이다. 이제 일에 대한 태도만 바꾸면 된다. 분명 오늘 당신의 태도가 내일 당신을 만들 것을 믿어 의심치 않는다. 모두에게 행운이 있기를 바란다.

부록 3

(표3) **관계·정치 역량 체크리스트**

체크 문항	예 / 아니오
나는 평판이 회의실 밖에서도 형성된다는 사실을 잘 안다.	☐ 예 ☐ 아니오
나는 공식 자리뿐 아니라 비공식 자리도 중요하게 생각한다.	☐ 예 ☐ 아니오
나는 상사를 이해하려고 노력한다.	☐ 예 ☐ 아니오
나는 다른 사람을 칭찬하는 데 인색하지 않다.	☐ 예 ☐ 아니오
나는 내 평판을 관리하려고 노력한다.	☐ 예 ☐ 아니오
나는 인간관계를 단순히 이해관계로만 보지 않는다.	☐ 예 ☐ 아니오
나는 무조건 '예스맨'이 아니라 합리적인 의견을 제시한다.	☐ 예 ☐ 아니오
나는 상대방의 말을 끝까지 경청한다.	☐ 예 ☐ 아니오
나는 불필요한 정치 싸움은 피한다.	☐ 예 ☐ 아니오
나는 내 브랜드가 무엇인지 설명할 수 있다.	☐ 예 ☐ 아니오
나는 내 멘토에게 조언을 자주 구한다.	☐ 예 ☐ 아니오
나는 중요한 사람과 네트워크 관리를 한다.	☐ 예 ☐ 아니오
나는 다른 사람의 의견을 존중한다.	☐ 예 ☐ 아니오
나는 동료를 경쟁자이면서 동시에 협력자로 본다.	☐ 예 ☐ 아니오
나는 상대방의 세계에 들어가려 경청한다.	☐ 예 ☐ 아니오
나는 상대의 강점을 활용할 줄 안다.	☐ 예 ☐ 아니오
나는 갈등을 풀기 위해 대화 채널을 연다.	☐ 예 ☐ 아니오
나는 상사의 신뢰를 얻기 위해 노력한다.	☐ 예 ☐ 아니오
나는 인맥을 단순히 '줄서기'가 아니라 '기회 만들기'로 본다.	☐ 예 ☐ 아니오
나는 열정과 태도가 차이를 만든다는 것을 안다.	☐ 예 ☐ 아니오

판정: "예스" 기준

16개 이상 당신은 이미 관계의 기술을 터득한 사람입니다. 전무님의 비밀수첩을 읽을 자격이 충분합니다.

12~15개 기본 자격을 통과하였습니다. 이 책을 통해 더 단단한 인간관계를 만들 수 있습니다.

11개 이하 관계의 힘이 약한 상태입니다. 비밀수첩이 당신의 가이드가 될 것입니다.

참고문헌

곽정수, 『서정진, 미래를 건 승부사』, 위즈덤하우스, 2021.

김남인, 『태도의 차이』, 어크로스, 2013.

김남인, 『회사의 언어』, 어크로스, 2016.

김경준, 『통찰로 경영하라』, 원앤원북스, 2014.

김한경, 『CEO의 결정들』, 스노우폭스북스, 2019.

노경목·김보라 외, 『리더처럼 질문하라』, 프런티어, 2014.

다케우치 가즈마사, 『엘론 머스크, 대담한 도전』, 이수형 역, 비즈니스 북스, 2014.

후루카와 히로노리, 『상사는 싫지만 내 일은 잘합니다』, 이해란 역, 현대지성, 2020.

리치 칼가아드, 『팀이 천재를 이긴다』, 김성남, 오유리 역, 틔움, 2017.

마우로 기엔, 『2030 축의 전환』, 우진하 역, 리더스북, 2020.

마이크 샌델, 『정의란 무엇인가』, 이창신 역, 김영사, 2010.

말콤 글래드웰, 『아웃라이어』, 조정태 역, 김영사, 2009.

매건 댈러커미나·미셸 매퀘이드, 『공감이 이끄는 조직』, 문수혜 역, 다산북스, 2020.

박상주, 『부의 지도를 넓힌 사람들』, 예미, 2018.

박용승, 『책임경영』, 율곡, 2021.

밥 프록터, 『밥 프록터 부란 무엇인가』, 이주만 역, 월북, 2023.

백강녕·안상희·강동철, 『삼성의 CEO들은 무엇을 공부하는가』, 웅진씽크빅, 2015.

버네 하니시, 『록펠러식 성공 습관 마스터』, 김경애 역, 알파미디어, 2023.

사이먼 사이넥, 『나는 왜 이 일을 하는가』, 이영민 역, 타임비즈, 2013.

서우경, 『무엇이 CEO를 만드는가』, 김영사, 2015.

샘 혼, 『적을 만들지 않는 대화법』, 이상원 역, 갈매나무, 2022.

시부야 쇼조, 『선을 넘지 마라』, 박재헌, 흐름, 2020.

쑤춘리, 『이기는 사람들의 게임의 법칙』, 정영선 역, 시그마북스, 2010.

앨러 피즈, 바바라 피즈, 『결국 해내는 사람들의 원칙』, 이재경 역, 반니, 2016.

왕경국·장윤철, 『조조 같은 놈』, 스타북스, 2009.
윌리엄 데이먼, 『무엇을 위해 살 것인가』, 한혜민, 정창우 역, 한국경제신문사. 2012.
유꽃비, 『프로일잘러』, 알에이치코리아, 2021.
이경윤, 『나를 나로 리셋하라』, 북네스트, 2020.
이지훈, 『결국 이기는 힘』, 21세기북스, 2018.
이지훈, 『혼 창 통』, 쌤앤파커스, 2010.
자오위핑, 『판세를 읽는 승부사 조조』, 위즈덤하우스, 2014.
정도성, 『최고의 서비스 기업은 어떻게 가치를 전달하는가』, 갈매나무, 2017.
제프 스마트·랜리 스트리트, 『누구를 어떻게 뽑을 것인가』, 전미경 역, 부키, 2012.
조우성, 『리더는 하루에 백 번 싸운다』, 인플루엔셜, 2019.
짐 콜린스, 『위대한 기업은 다 어디로 갔을까』, 김명철 역, 김영사, 2010.
최복현·오정화, 『돈 꼴레오네의 문제해결 방식』, 책든사자, 2009.
칼리 피오리나, 『칼리 피오리나, 힘든 선택들』, 공경희 역, 해냄, 2006.
캐롤린 듀어·스콧 켈러·비크람 말호트라, 『세계 최고의 CEO는 어떻게 일하는가』, 양진성 역, 토네이도, 2022.
테아 싱어 스피처, 『협업의 시대』, 이지민 역, 보랏빛소, 2019.
토드 홉킨스·레이 힐버트, 『청소부 밥』, 신윤경 역, 위즈덤하우스, 2006.
톰 피터스, 『톰 피터스 탁월한 기업의 조건』, 김미정 역, 한국경제신문, 2022.
프릿 바라라, 『정의는 어떻게 실현되는가』, 김선영 역, 흐름출판, 2020.
피터 드러커, 『피터 드러커 일의 철학』, 피터 드러커 소사이어티 역, 청림출판, 2018.
피터 드러커·프랜시스 헤셀바인·조안 스나이더 컬, 『피터 드러커의 최고의 질문』, 유정식 역, 다산북스, 2017.
필립 델브스 브러턴, 『하버드 경영학 수업』, 조윤정 역, 어크로스, 2015.
헨리 민츠버그, 『이것이 경영이다』, 김진희 역, 한빛비즈, 2016.
하마구치 다카노리, 『사장의 일』, 김하경 역, 쌤앤파커스, 2013
호시 와타루, 『신의 멘탈』, 김정환 역, 21세기북스, 2019.